GAVARNI

L'HOMME ET L'ŒUVRE

GAVARNI

L'HOMME ET L'ŒUVRE

PAR

EDMOND & JULES DE GONCOURT

PRÉFACE

DE

GUSTAVE GEFFROY

DE L'ACADÉMIE GONCOURT

OUVRAGE ILLUSTRÉ DE TRENTE-DEUX PLANCHES-HORS TEXTE

PARIS

EUGÈNE FASQUELLE

ÉDITEUR

1925

PRÉFACE

DE LA PRÉSENTE ÉDITION

Qu'il me soit permis, sur le désir qui m'en a été exprimé par mon éditeur et ami Eugène Fasquelle, d'ajouter quelques notes à cette nouvelle et belle édition illustrée du « Gavarni » des Goncourt. Ce livre est un de leurs plus beaux livres, celui où ils ont révélé, par le récit de la vie d'un artiste, leur manière d'écrire l'histoire moderne. En apportant mon hommage à ce chef-d'œuvre d'analyse, je ne fais qu'explorer à nouveau l'intelligence foncière de Gavarni, et remettre en lumière la qualité scientifique de son esprit.

Immédiatement, aux premiers jours de sa jeunesse, cette qualité se révèle, apparaît pour ne plus disparaître. Guillaume-Sulpice Chevallier partit de Paris, s'en alla chercher dans les Pyrénées, parmi les rochers abrupts et les ravins noirs, ce nom de Gavarni qui devait prendre une signification élégante et mystérieuse de pseudonyme de bal masqué, de domino de carnaval. C'est comme employé du cadastre qu'il séjournait à Tarbes et aux environs, qu'il plantait des jalons, mesurait des routes, traçait des chiffres. Au commencement de sa vie, alors que les prédilections s'affirment, à travers les journées légères et instinctives de l'enfance, il s'était révélé mathématicien et on l'avait destiné à l'École polytechnique. A quinze ans, il fabriquait un sextant de marine, et si, à ce moment, le goût du dessin lui vint, on a pu dire avec infiniment de raison qu'il lui vint par la géométrie, la connaissance et l'amour des lignes et des surfaces, le carré, le triangle, le cercle, le cube, la sphère, — qui sont aux points de départ de toutes les combinaisons des formes.

Cette passion fut une dominante chez Gavarni. Toute sa vie, il lui fut fidèle, malgré la destinée différente et la triomphale renommée artistique. Toujours la préoccupation des sciences exactes hanta son esprit, toujours la région des nombres lui fut un aventureux mirage vers lequel cinglaient secrètement ses désirs, sa passion spirituelle, la poésie de son imagination. Pendant la seconde période de sa vie, après les années de beau travail et de légitime succès, quand il a la sensation qu'il va maintenant redescendre le versant de son existence, il fait l'effort suprême pour se réfugier aux abstraites spéculations.

De 1847 à 1851, à Londres, où l'on avait cru voir venir en lui le dessinateur prédestiné des incidents de la vie aristocratique, il trompe les espérances du snobisme, il affirme sa liberté d'esprit, l'indépendance de son observation. Il néglige le portrait de la reine, se fait le violent et apitoyé crayonneur de la misère anglaise. N'avait-il pas prié son garçon d'hôtel de lui louer une chambre dans les quartiers de White-Chapel parmi les mendiants et les pickpockets ? Le garçon répondit que cela était impossible, parce que la respectabilité s'opposait à ce qu'on mît les pieds dans ces repaires, et c'est Gavarni qui alla louer sa chambre où il passa des journées et des nuits.

Et il ne se repose pas de l'effrayant spectacle de la rue dans les décors d'élégance où il était convié. Il s'enferme et il s'isole dans les froides cellules des théorèmes. Il y fait tenir l'infini du rêve, il y entend la musique des sphères, et désormais, jusqu'à la fin de sa vie, malgré les belles périodes de production artistique qu'il va connaître, il restera soumis aux forces attractives des mathématiques : il y aura des tracés de chiffres et des recherches de formules en marge de ses plus beaux dessins.

Peut-être, entre un tel commencement et une telle fin d'existence, n'a-t-il fait qu'obéir sans cesse au même démon intérieur. Il est en apparence récréé par les aspects des fêtes, par la fugace élégance de la mode, par la délicieuse futilité du costume de la femme, si nouveau au premier jour, suranné le lendemain, par le bruit de fins talons et l'envolement de légers rubans. Au début de sa carrière de raconteur de mœurs, il se complaît dans la figuration du dandysme, dans l'extériorité mondaine. Lui-même, en ces hivers joyeux de sa jeunesse, il fut un dandy parmi les dandies, et il souriait et se moquait plus tard, au cours de ses conversations en retour vers le passé, de cette époque où il portait des bagues par-dessus ses gants jaunes.

En réalité, à bien regarder son œuvre de ces premiers temps, ce ne fut qu'une apparence, une mousse d'esprit, une manifestation de jeunesse, un besoin d'activité physique, et surtout la conséquence d'une perpétuelle recherche amoureuse de la femme qui fut chez lui une curiosité d'esprit aussi vive, aussi ardente, qu'une passion du cœur, qu'une surexcitation des sens.

Malgré tout, quelles que soient les formes prises par son activité, l'homme ne change pas sa nature, et ses facultés se retrouvent toujours au total. Géomètre et mathématicien d'essence, Gavarni aura été géomètre et mathématicien en toutes occasions, dans toutes les phases de son parcours d'esprit, avec tous les outils que le sort lui mit en mains.

Dessinateur, observateur d'humanité, écrivain de dialogues, trouveur de pensées, il est tout cela... Mais comment il l'est, quel sens individuel il manifeste, quelle cérébralité il révèle, c'est ce qu'il importe de savoir, et c'est ce que l'on sait par la divulgation de sa nature intime, de sa hantise permanente. En vérité, Gavarni fut toujours fidèle aux sciences. Son champ d'expériences apparaît changé, il a quitté les abstraites spéculations et il n'y est revenu qu'après avoir passé la grande partie de son existence dans la foule des hommes, mais il gardait dans ces changeantes expériences un esprit pareil, il n'y perdait pas un atome de ses facultés.

C'est ainsi que les choses se passèrent. L'œuvre de Gavarni est une œuvre de mathématiques appliquées à l'homme. Le calculateur est devenu artiste, mais s'il s'est arrêté de faire des chiffres, il a continué ses calculs.

Il établit des planches lithographiques qui sont des plans d'âmes, des levés géométriques de sentiments, des réductions de passions en formules algébriques.

Depuis le commencement jusqu'à la fin, avec des étapes de progression extraordinaire, il a le souci de l'épure morale exacte, du résumé linéaire essentiel. Son dessin et sa légende, perpétuellement et de plus en plus, veulent être véridiques dans la synthèse, se signifier aux yeux et à l'esprit en hypothèses scientifiques et en axiomes rigoureusement démontrés.

Sa manière de dessiner, tout d'abord étroite et méticuleuse, appliquée à une mince et dure imitation des objets et des êtres, révèle pourtant très vite une aptitude à voir les mouvements significatifs, à deviner les intentions et à figurer les expressions par les attitudes et par les gestes.

On peut feuilleter les cahiers en quantité prodigieuse dans lesquels il inscrit l'énoncé de ses recherches et le total de ses trouvailles, depuis les premières vignettes, les gravures de modes, dans *la Mode* d'Émile de Girardin, les costumes de théâtre, pour Mlle Georges, pour Déjazet, de ses débuts, jusqu'aux magnifiques et magistrales compositions où il se manifeste dans toute sa puissance, en passant par toutes les séries intermédiaires, où son talent est en route et en formation, s'augmentant et s'individualisant chaque jour. La constatation que l'on pourra faire, c'est celle d'un désir de vérité qui va grandissant, des timidités de la jeunesse aux volontés savantes de l'âge mûr. Gavarni, tel qu'il apparaît définitivement, fut en possession de ce don particulier qui est le génie du dessin et qui fait au cerveau concevoir, et à la main fixer par quelques lignes, par quelques traits, par quelques indications d'ombres et de lumières, un résumé personnel de la vie remuante et complexe traversée par l'homme en ses quelques années d'existence.

Un crayonnage de blanc et de noir ou quelques taches limpides d'aquarelle sur une feuille de papier, ce sont les moyens par lesquels il fait se refléter comme en un merveilleux miroir les visages renseignants et les formes significatives. Il sait les constructions des corps, les modèles des faces, il indique avec certitude l'appareil physiologique présent sous le vêtement, il met réellement des torses qui respirent sous les habits et sous les corsages, des jambes qui marchent sous les pantalons et sous les robes, des bras qui se meuvent dans les manches. Il est habile à donner la sensation des torsions de tailles de femmes enserrées par les corsets, des petits seins qui se dressent sous les blouses de soie, il varie à l'infini les agitations et les repos des mains expressives. Il a étudié le port de tête, la façon dont cette tête se lève, vire, s'abaisse, se tourne, se détourne, se penche vers une épaule, se projette en un souple mouvement du cou. Il connaît le modelé du visage, son ossature, ses plans, il inscrit les instincts, les appétits, les idées dans les pommettes, les mâchoires, entre les os frontaux, il déchiffre et révèle les sentiments et les passions par la forme de la bouche, la direction du regard, l'abaissement des paupières.

Par les matérialisations éloquentes d'un métier pleinement possédé, il indique aussi les tempéraments, les habitudes, il dégage les lignes irréfutables du vice, du plaisir, de la paresse, de l'élégance, de la fatigue, de la méfiance, de la colère, il rend transparent l'individu physique qu'il scrute, qu'il fouille de son fin crayon, il le montre vivant, agissant, d'apparences réelles, et en même temps il le dépouille jusqu'à l'âme.

Les costumes qui auraient pu être si gênants et qui sont en effet soulignés et puérils dans les scènes où Gavarni s'essayait, se cherchait, balbutiait la préface de son œuvre, les costumes servent aux mêmes enquêtes et mettent en clarté les mêmes interprétations. En même temps que le renseignement physiologique et le renseignement moral, le renseignement social s'ajoute à ces tableaux d'une époque. De même qu'il veut marquer les milieux, faire surgir les fonds et les entours, donner à présager l'endroit et la saison par quelques harmonies, quelques signes caractéristiques de l'été, de l'hiver, de la rue, de la campagne, de même qu'il emplit les arrière-plans de carnaval par une houle de foule, une mêlée de bras et de têtes, un entassement de corps dans les baies des loges, une retombée de grappes humaines au rebord des balcons, une fin de souper en cabinet particulier, de même qu'il meuble les chambres où il loge les acteurs de sa comédie, en metteur en scène consommé des intérieurs luxueux, bourgeois, galants, misérables, de même Gavarni veut l'enveloppe vraie de ses personnages. Il la veut sobre, ne jouant pas le grand rôle, ne supprimant pas l'attitude, le regard, la parole, mais il la veut significative, à sa place, aidant à l'intelligence et à la véracité de l'incident humain qu'il évoque. C'est ainsi que tant de corrects habits noirs, tant de robes souples, onduleuses, chuchoteuses, tant de déguisements de mardi-gras, tant de négligés costumes de bohème, tant de costumes râpés de pauvreté honteuse, tant de haillons de misère et tant de haillons de crime jouent leur rôle dans ce défilé de trente années du dix-neuvième siècle.

Que ces costumes aient vieilli, et encore pas tous, car Humann, le célèbre tailleur, disait : « Il n'y a qu'un homme qui sache faire un habit noir, c'est Gavarni. Voilà un habit fait par lui il y a vingt-cinq ans, il est toujours à la mode. Toutes les fois qu'un homme distingué me demande un habit, c'est toujours le même que je fais » ; qu'il soit possible de défalquer les apports fugaces de la mode de ces ensembles de vérité, ce n'est là pas un élément de réquisitoire contre l'art de Gavarni. L'expérience semblable peut être faite sur la production d'art de toutes les époques. Les vêtements grecs ont vieilli aussi, et aussi les vêtements de la Renaissance, et ceux du dix-huitième siècle.

Les personnages de Balzac ne sont pas vêtus comme les personnages de Saint-Simon. Les hommes et les femmes de Gavarni sont habillés comme on s'habillait en 1850 et en 1860, mais leurs costumes ne sont qu'accessoires, puisqu'ils sont, avant tout, des hommes et des femmes, puisque, la mode défalquée, il reste l'humanité. Cette humanité subsiste, résiste aux années, prend un sens véridique et général à travers les circonstances particulières qu'elle traverse en un point de l'étendue et pendant un moment du temps. Je viens de relire la belle étude qui a été écrite sur l'homme et sur l'artiste par les Goncourt ; je viens de parcourir en entier l'œuvre, je viens de faire un voyage dans ce domaine d'observation et d'esprit, et c'est cette constatation de persistante humanité, c'est cette croyance de survie que je rapporte et que j'essaie de faire tenir en ces quelques pages.

N'est-ce pas indépendant des peignoirs, des coiffures, des robes à volants et des crinolines, ce qui se passe en lueurs d'intentions, de finesses, de sous-entendus, de regrets, sur un visage de femme de Gavarni, n'importe laquelle ; la bourgeoise et fine Mme Dachu, ou la femme du peuple qui parle de son homme. Le costume de la débardeuse nuit-il à la marche glissante, à l'allure féline de celle-ci qui entre rapidement au bal, en boutonnant ses gants, ou à la grâce fatiguée et mélancolique de celle-là, appuyée contre une loge, et qui est si femme par la taille flexible et roulante, la douceur de la gorge, l'arabesque des bras, le regard qui filtre sous les paupières abaissées, la contradiction entre le haut et le bas du visage.

Et voici, pour compléter la démonstration, voici que s'inscrivent au bas de ces beaux dessins les saisissantes, les profondes légendes, les dialogues brefs où s'enclosent les drames, les comédies, les caractères, les manœuvres de l'intérêt, les désirs de plaisir, les cynismes, les lamentations, les justes révoltes des pauvres hères, les étiquettes exactes, d'un étonnant raccourci, qui désignent pour toujours des catégories sociales et des variétés d'êtres. Ces légendes, il est bien impossible

de les cataloguer et de les citer ici, pas plus que ne peuvent être reproduits tous
les dessins. Tout le monde les connaît, il suffit de les évoquer, de nommer *les
Fourberies de femmes en matière de sentiment, les Etudiants, les Lorettes, le Carnaval, Clichy, les Enfants terribles, les Anglais chez eux, les Invalides du Sentiment,
les Lorettes vieillies, les Parents terribles, la Foire aux Amours, les Partageuses,
les Propos de Thomas Vireloque,* pour voir se profiler les individus, s'agencer
les scènes, pour entendre les paroles, prises au vol, pour relire les incisives,
hautaines et amères réflexions :

« Les poètes de mon temps m'ont couronnée de roses, — et ce matin, je n'ai
pas eu ma goutte ! et pas de tabac pour mon pauvre nez ! »

« Tiens, mon ami, voilà ta pipe, ta casquette et ton Montaigne. »

« Aux avaricieux, les coups de chapeau ! Aux menteurs, aux voleurs, les coups
de chapeau !... Et le petit monde ?... malmené !... vu que pauvreté n'est pas
vice. »

« L'histoire ancienne, mes agneaux, c'est mangeurs et mangés. Blagueux et
blagués, c'est la nouvelle. »

Et d'autres et tant d'autres pourraient être rassemblées, de même que les
dessins, en un recueil qui prendrait place sur l'étagère des bibliothèques auprès
des maximes spirituelles, cruelles, désenchantées des hommes d'esprit et des
moralistes, ceux qui ont condensé leurs observations en flacons d'essences subtiles,
en granules philosophiques, en gouttes concentrées de style. Gavarni, qui n'est
pas un littérateur de longue haleine, est un écrivain de la race de ces condensés.
Il élague les descriptions, les dissertations, les analyses, il fait tenir une situation, une existence dans une phrase de dialogue, dans un fragment de soliloque,
dans un cri, il ramasse et emporte la vie dans une phrase. C'est un grand
artiste, et c'est aussi un grand esprit, étendu et complexe quant à l'intellectualité
synthétique, et fort quant à l'expression. D'ailleurs, il n'y a rien à séparer en lui,
et il faut le chercher et le trouver dans sa définition complète. Comment parler
seulement de la technique de son art, comment confiner dans les pratiques
expertes d'un métier cette haute intelligence, ce génie misanthropique ?

Ainsi que l'a hardiment et bien désigné Barbey d'Aurevilly, misanthrope,
oui, certes, il le fut et était déjà en passe de le devenir alors qu'il était
préoccupé de l'inattendu du plaisir, du décor de la fête. C'est là, dans le plaisir,
et non ailleurs, c'est dans les pratiques toujours semblables de la vie joyeuse, c'est
dans l'ennui qui surgit de la joie en dehors que fut le génie de cette misanthropie.
Une telle conception devait fatalement entrer en une telle cervelle, et
les phrases plaintives des *Invalides du Sentiment* et des *Lorettes vieillies*

devaient répondre aux appels joyeux des viveurs imprévoyants et des belles filles inconscientes d'autrefois, la ricaneuse et rauque philosophie de Vireloque devait clore le défilé des folies masquées et des hypocrisies sociales. Plus que jamais le mathématicien apparaît aux conclusions, l'artiste inquiet veut formuler des théorèmes, résoudre des équations, chercher des inconnues, des problèmes à résoudre parmi les combinaisons sociales et les fatalités humaines.

GUSTAVE GEFFROY,
de l'Académie Goncourt.

PRÉFACE

DE LA PREMIÈRE ÉDITION

Nous avons aimé, admiré Gavarni.

Nous avons beaucoup vécu avec lui. Pendant de longues années, nous avons été presque la seule intimité du misanthrope. Il éprouvait pour le plus jeune de nous deux une sorte d'affection paternelle ; et la solitude du Point-du-Jour s'ouvrait à notre visite avec cet aimable mot d'accueil : « Mes enfants, vous êtes la joie de ma maison ».

Ce sont, dans leur vagabondage libre et leur franche expansion, les causeries, les confidences de cette intimité que nous donnons ici. Ce sont des journées entières passées ensemble, des soirées où nous nous attardions, oublieux de l'heure et de la dernière gondole de Versailles ; ce sont les lentes et successives retrouvailles d'un passé revenant à Gavarni au coin de son feu, ou au détour d'une allée de son jardin, — une biographie, pour ainsi dire parlée, — où la parole du causeur, de l'homme qui se raconte, est notée avec la fidélité d'un sténographe.

Le fils de Gavarni, Pierre Gavarni, que nous ne saurions trop remercier, a complété notre travail sur la vie de son père par la communication entière de ses papiers. Il nous a confié ses fragments de mémoires, ses carnets, ses notules, ses récits de voyages, ses cahiers de mathématique au parchemin graissé et noirci par une compulsation continue, et où la littérature écrite à rebours se mêle aux X, enfin les feuilles volantes qui livrent des épisodes de son existence.

Gavarni, en effet, fut toujours très écrivassier de ses impressions, de ses sensations, de ses aventures psychologiques, et, sauf les dernières années de sa vieillesse, où le philosophe ne formule plus sur ses journaux que des pensées, toute sa vie, il l'a écrite.

Nous trouvons, jeté sur un mauvais morceau de papier, avec le désordre d'une note :

« *Il me manque le premier volume de ma vie d'enfant... J'ai presque tout le reste en portefeuille... J'aimerais qu'on écrivît sans esprit. On ne s'écrit pas, on s'imprime.* »

Le soir où il écrivait cela, Gavarni avait près de lui une maîtresse' d'ancienne date ; et, pour se tenir compagnie, il avait tiré d'un tiroir secret « *un petit livre rouge, à coins usés, usés, usés* ».

Le volume laissé sur la table de nuit, il se faisait par avance une joie, sa maîtresse couchée et endormie, de se plonger dans le petit livre rouge « *avec recueillement, solennité, religion* ».

Il y avait déjà quelque temps qu'il entendait, sans y prendre garde, crier du papier derrière lui, quand il se retourna.

Elle en avait fait des papillotes... Et c'étaient deux années de la vie de Gavarni.

.   .   .   .   *.*   .

Donc, il y a des années dans la vie de Gavarni dont les femmes ont fait des papillotes, il y a encore des années égarées et perdues ; mais, malgré ces petits malheurs, nul artiste jusqu'ici, croyons-nous, n'a laissé sur lui-même autant de documents que Gavarni.

Et avec l'inconnu et l'inédit[1] de ces documents authentiques et sincères, nous essayons aujourd'hui, dans ce livre, de faire connaître à la France son grand peintre de mœurs.

EDMOND ET JULES DE GONCOURT.

Auteuil, janvier 1870.

---

1. Dans cette édition, tout cet inédit, pour mieux le faire sentir et apprécier par le lecteur, nous le donnons en italique.

GAVARNI

I

Guillaume-Sulpice *Chevallier* (*sic*), qui devait se faire connaître sous le nom populaire de Gavarni, est né le 21 nivôse an XII (13 janvier 1804), rue des Vieilles-Haudriettes, n° 5, dans la maison du chaudronnier, à l'enseigne de *Sainte Opportune*. Il naît ainsi dans une rue du vieux cœur de Paris.

Il est de sang bourguignon, d'une famille de tonneliers-vignerons, que les actes nous montrent établis dès 1727 au Mont-Saint-Sulpice, entre Auxerre et Joigny, dans le pays qui avait déjà donné au Paris du dix-huitième siècle le peintre de mœurs Restif de la Bretonne.

Son père[1], Sulpice Chevallier, né en janvier 1745, veuf d'une première femme du nom de Nicole Aubry, avait près de soixante ans lorsque ce fils lui avait été donné par Marie-Monique Thiémet, plus jeune que lui de vingt-six ans. Son père, ce vieillard à tête énergique, ce vieillard aigu et ratatiné de la petite lithographie du *Journal des gens du monde* sous laquelle on lit : *Quatre-vingt-dix ans*, l'homme aux yeux roux d'un signalement de passe-port (1818), se trouvait à Paris en 1789.

Dans les papiers de famille, nous le voyons, au 1er octobre 1789, nommé par Bailly à l'emploi d'une compagnie non soldée de la garde nationale parisienne, la compagnie Chevigny. Puis, avec le concours des choses et des catastrophes, l'habitant du boulevard Saint-Martin devient membre du comité révolutionnaire de la section de Bondy.

Le 9 thermidor arrive ; il est compromis, passe en jugement, est acquitté ; de nouveau arrêté lors des affaires de prairial, il envoie à la section de Bondy une adresse où il demande si cette qualité de membre

---

1. Fils de Louis Chevallier et d'Anne Titey.

de l'ancien comité révolutionnaire, qu'il n'a pas recherchée et dont il ne pouvait se désister sans courir le risque d'être incarcéré, sera auprès des citoyens un titre de réprobation.

« Pour moi, ajoute-t-il, après avoir été tant de fois honoré de votre confiance, puisque depuis 1789 je n'ai cessé d'être employé dans vos comités ou gradé dans le bataillon, après n'avoir dû qu'à vous, au témoignage éclatant que vous avez rendu de mon patriotisme pur et de ma probité exacte d'être sorti victorieux du tribunal révolutionnaire au mois de fructidor pour l'affaire du 9 thermidor dernier ; après, dis-je, tant de marques réitérées d'intérêt et d'estime, n'ai-je pas encore lieu d'espérer que vous voudrez bien me comprendre dans l'honorable exception que vous avez déjà faite ? »

Sa demande est appuyée et suivie de certificats à décharge d'un banquier chez lequel il avait mis les scellés, et de la veuve Custine, née Sabran, dont il avait eu mission d'examiner les papiers par ordre du Comité de sûreté générale.

Sur sa réclamation et le vu de ces pièces, un arrêté du comité civil de la section de Bondy, signé Guyomard, Courtois, etc., décide qu'il sera provisoirement mis en liberté sous sa surveillance, mais que néanmoins « ledit Chevallier restera désarmé jusqu'à ce qu'il en soit ordonné autrement ».

Enfin arrive un rapport de la commision des Neuf, fait à l'assemblée générale, le 10 messidor, lequel déclare « qu'il appert, d'après la levée des pièces et les informations les plus amples prises sur la conduite du citoyen Chevallier, l'un des membres de l'ex-comité révolutionnaire, qu'il n'a jamais cessé, même dans ses pénibles et désagréables fonctions, d'être un homme probe, humain, ami de la Révolution et des honnêtes gens, et qu'on n'a eu lieu à lui reprocher que d'être membre de ce comité, etc. » Ce certificat est signé par Giraud, secrétaire de l'assemblée générale, et l'un des membres de la commisison des Neuf, qui ajoute que c'est grâce à lui qu'il n'a pas été victime de la férocité des ennemis de l'ordre social.

Cette vie de l'ancien révolutionnaire, sur laquelle nous n'avons que ces fragments de lumière et ces documents incomplets, s'éteignit avec l'apaisement des événements et rentra peu à peu dans l'effacement bourgeois de tant d'autres acteurs oubliés de 93, vétérans de la liberté, qu'il semble voir tisonnant, aux longs soirs d'hiver, la mémoire de leur passé, parmi les cendres éteintes et encore chaudes de leur foyer.

Gavarni nous disait, de son père lui racontant la Révolution, qu'il restait froid, impartial, avec une pointe de républicanisme, fort dégrisé des hommes et pas tout à fait des choses.

Son prénom de Guillaume, l'enfant de Sulpice Chevallier et de Marie Thiémet le devait à son oncle, le frère de sa mère, le peintre et l'artiste dramatique Thiémet, l'imitateur, le farceur, le mystificateur, le grimacier populaire et fameux dans les chroniques de la fin du dix-huitième siècle, l'amuseur des « balladères » du Directoire qu'il égayait de sa *Chasse au moulin* et de son *Arracheur de dents*. En nous montrant sa comique série gravée des *Moines gourmands*, le grand triomphe de son oncle, Gavarni nous le peignait tel que sa mémoire d'enfant le lui faisait revoir dans son petit appartement du quai de la Ferraille en ses vieux jours, tout vêtu de peau de daim, avec une veste à mille poches, et goutteux à ce point qu'il ne pouvait aller d'un bout de la pièce à l'autre qu'en s'aidant des mains et s'accrochant à tous les meubles.

Il nous racontait qu'à son baptême, qui ne se fit qu'à ses trois ans, son parrain ventriloque dérida jusqu'au curé de Saint-Nicolas, en imitant les vagissements d'un filleul de six semaines.

II

Lorsqu'il remontait sa vie avec nous, dans le plus lointain de ses souvenirs, Gavarni se revoyait tout petit, si petit qu'on lui mettait une chaufferette sous les pieds pour qu'il fût au niveau de la table de travail, chez un architecte de la rue des Fossés-du-Temple, derrière toutes les sorties d'artistes des théâtres du boulevard.

L'architecte était un vieillard du nom de Dutillard, encore poudré à blanc. L'enfant n'y travaillait que jusqu'à midi, et encore avait-il la distraction de faire pour Mme Dutillard, grande liseuse de romans, des courses pour lui chercher des livres, courses qu'il prolongeait en musant par tous les petits passages et les ruelles en escalier qui descendaient alors du boulevard à la rue des Fossés-du-Temple.

Le cabinet de lecture, où il allait chercher le plus généralement des romans d'Anne Radcliffe, était situé dans la maison d'où devait partir, à bien des années de là, la machine infernale de Fieschi ; et la bossue qui le tenait avait pour commis un certain garçon que Gavarni retrouva plus tard « Amour » aux Funambules, puis plus tard encore libraire et éditeur de plusieurs séries de ses dessins.

Quand M. Dutillard sortait avant cette heure de midi, et que Mme Dutillard ne l'envoyait pas en course, s'il avait devant lui à copier les ordres de Vignole ou l'ennuyeux plan d'un quatrième étage, le gamin ouvrait un compas, puis, l'instrument ouvert, il le faisait tourner, se promettant à lui-même, si la pointe s'arrêtait du côté du boulevard, de se donner congé : il est vrai que, si elle ne s'arrêtait pas de ce côté, il recommençait.

C'était, dans sa mémoire, tout ce qui lui était resté de lui-même et de son temps de dix à onze ans, avec un détail sur la précocité d'une volonté déjà formée. L'envie lui avait pris d'avoir le *Dictionnaire des amusements mathématiques*.

Il se résolut à le copier : le dictionnaire avait huit cents pages. Il ne copia, il est vrai, que le premier mot : « Abeille » ; puis, changeant d'idée, il économisa pour l'acheter. — « Le beau, nous disait-il, n'était pas de le copier... mais de l'entreprendre. »

III

Il dessinait déjà ; mais, sur le commencement de ses enfantins débuts, le souvenir de Gavarni était assez vague. Il eut une petite joie, peu de mois avant sa mort, à retrouver par hasard dans un carton un de ses plus anciens croquis, et qui portait au bas la naïve première légende de l'artiste : « *Poure représenté une nymphe portant une corbeille de fleurs* ».

Nous pouvons heureusement suppléer à l'insuffisance de ses souvenirs avec une dizaine de lignes écrites sur une feuille volante retrouvée dans ses papiers :

Tout petit garçon, on me faisait charbonner des yeux de profil : cela m'a bien ennuyé ; j'en ai fait quatre sans y rien comprendre, et puis ç'a été tout, et le maître est parti ; j'ai fait trois cahiers de cavaliers, de brigands, de maisons avec de la fumée, de chevaliers Bayard, de petits chiens et de

petits garçons qui tirent des cerfs-volants ; après, j'ai fait des Cosaques,
quand j'en ai vu. Plus tard, c'était la grille de la pension Butet, avec ses
deux boulets (des boulets ramassés à la bataille de la barrière de Clichy),
et le ballon de M. Magest, et si de tout cela je n'avais fait des pétards ou
des capucins, j'en ferais faire un beau livre doré sur tranche [1].

Mais s'il n'eut pas ce talent d'enfant prodige que les légendes des
biographes prêtent toujours aux peintres célèbres, son œil eut, très
jeune, l'instinct de voir et de garder intérieurement fixé, arrêté et ligné,
le croquis des choses. Son vif et coloré souvenir nous peignait un soir,
comme s'il retrouvait ses yeux de onze ans, les boulevards près de la
Galiote, Bobèche et Galimafré ; Galimafré avec ses petites moustaches
noires, son marteau de machiniste à la ceinture, et les parades que tous
deux jouaient en sortant de petites loges de chaque côté des tréteaux.

Un soir, il nous faisait revoir le 20 mars, comme si l'image s'en était
empreinte et gravée dans son regard d'enfant : « ...Un beau soleil, un
beau temps... un beau jour de printemps... beaucoup de marchandes
de bouquets de violettes vendant leurs bouquets avec des rubans tri-
colores... Beaucoup de marchands de coco... Une foule... Mon père me
tenait par la main aux Tuileries, à côté d'un mameluck de la garde...
A une fenêtre ouverte du pavillon de Flore, il montait par moments
la tête d'un homme avec un grand front, une mèche en accroche-cœur
sur l'œil... Quand cette figure grandissait et arrivait devant la fenêtre,
une frénésie de hourras... La figure s'inclinait un peu, redescendait et
disparaissait... C'était l'Empereur qui se promenait d'un bout du salon
à l'autre, les mains derrière le dos... »

IV

De l'atelier Dutillard, nous ne savons par quelle force majeure ou
par quel goût d'une carrière nouvelle le jeune homme de treize à quatorze ans passe à l'atelier d'instruments de précision de Jecker, où il
fait œuvre de ses doigts et commence peut-être à entrevoir la méca-

---

1. Nous trouvons sur un vieux calepin d'adresses un crayonnage donnant la valeur de ses
dessins à l'âge de quinze ans : c'est un pauvre petit croquis d'un loge remplie de gens en habit
noir, géométriquement dessinés ; au-dessous est écrit : *Odéon, Dimanche gras,* 1819.

nique mathématique, en se livrant au travail ouvrier des outils de la
science. Un jour, bien longtemps après, se promenant avec un de ses
plus anciens amis, M. Morère, Gavarni s'arrêtait à la devanture d'un
marchand de vieux fer, et, y avisant un sextant, il le tourna et le retourna dans tous les sens, disant :

« Je n'en ai fait qu'un, je voudrais bien le retrouver. »

De l'atelier de Jecker, après avoir passé par la pension Butet de la
rue de Clichy, dont, avec son goût de garder tous les vieux papiers, il
avait conservé des cahiers de calcul intégral portant la date de 1818, il
entrait, vers les seize ou dix-sept ans, à l'école du Conservatoire, dans
l'atelier de Leblanc, où il apprenait le dessin des machines[1] sous la
direction de ce maître, le fondateur, comme il l'appelait, de cette science.

C'est vers ce temps qu'il commença à chercher à gagner, avec de
petits dessins, l'argent de ses menus plaisirs. Il fait des sépias qu'il s'en
va vendre sur la place du Carrousel à une demoiselle Naudet[2], pauvre
marchande de gravures. Elle parlait du jeune homme à Blaisot, faisait
voir au doyen actuel des éditeurs d'art et des marchands de dessins, des
croquis dans lesquels Blaisot démêlait je ne sais quelle veine à la Callot,
qu'il essayait de développer chez le débutant en lui montrant la *Tentation de saint Antoine*, et il lui commandait des planches de diableries.

La mode était alors à ce qu'on appelait de ce mot expressif : des
dépliants, de longues bandes de papier pliées dans un cartonnage.
Le vrai début lithographique de Gavarni fut donc un *dépliant*, dont
peut-être n'existe-t-il plus, à l'heure qu'il est, que l'exemplaire de dépôt
conservé à la Bibliothèque nationale. C'est un cartonnage de format à
peu près in-octavo, de couleur lilas. Un de ses plats porte, sous un dra-
gon fantastique, un montreur de lanterne magique ayant à ses pieds :
Chez Blaisot, Alphonse Giroux, Gide. Sur l'autre plat, au milieu d'un
cadre formé de diablotins, de chevaux microscopiques, d'homuncules
en chapeaux à la Bolivar et en pantalons à la Cosaque, un Pierrot mul-
ticolore élève en l'air un titre sur lequel on lit : *Etrennes de 1825. Ré-
créations diabolico-fantasmagoriques, par H. Chevalier.*

---

1. C'est sans doute dans ce temps que Gavarni dessina et grava plusieurs dessins de machines,
dont quelques-uns font partie du Recueil de la *Société d'encouragement.*

2. Chez Mlle Naudet parut, à la date de 1824, et portant la signature H. C., la première planche
publiée sous le titre de *Macédoine.* Hippolyte est un nom de baptême d'emprunt sous lequel
Chevallier a signé ses premières lithographies.

Déplié, le petit album développe, dans sa criarde enluminure verte, jaune, rouge, de petits diablotins à toutes figures et de toutes couleurs, tourmentant des pendus grotesques ; des diables qui font des farces à la Pigault-Lebrun, des diables qui pénètrent dans la chemise d'une femme, des diables insectes, des diables papillons, des diables oiseaux, des diables qui jouent *au diable* avec une petite poupée de femme minuscule, des diables à queues et à seringues, des hommes comiques, des femmes comiques, des Parisiennes à gigots dont le vent relève la jupe, des charlatans, des danseurs de corde, des arlequins, des démons farceurs couvrant le papier dont les blancs sont criblés et tachetés d'un semis de bestioles, de moucherons, au milieu desquels rampent de petits serpents tordus comme des vers coupés ; et encore des fantaisies comme une tête qui passe au fond d'une culotte avec une pipe à la bouche. Une espèce de cauchemar polisson, scatologique et enfantin, appartenant au *fantastique bête* de la Restauration, — le début le moins prometteur d'un artiste ayant ses vingt ans.

Cependant les diables *du jeune homme de Blaisot* s'enlevaient. Mais ce petit succès ne donnait pas à l'auteur un gagne-pain assuré. L'indépendance déjà formée de son caractère n'ayant pu se plier à la roideur et au rigorisme du professeur Leblanc, il gagnait sa vie au jour le jour, chez Adam le père, à graver des traits à l'eau-forte. Il en était là, lorsque, dans un moment d'anxiété d'avenir et de besoin d'un traitement fixe, il se décidait à accepter la proposition que lui faisait Adam, d'aller graver le pont de Bordeaux ; et il partait, aux appointements de douze cents francs par an, avec un ami de l'atelier, du nom de Clément.

V

Les deux voyageurs arrivaient à Bordeaux dans les premiers jours d'octobre 1824, et descendaient dans une maison de la rue Courbin. Le 1er novembre, ils commençaient leur travail, sous la direction de M. Deschamps. Désargentés à ce point que M. Deschamps était forcé de leur rembourser leur voyage, ils allaient de l'hôtel Marin à l'hôtel des Colonies, restaient un mois à l'hôtel Feuillant, faisant de leur misère bourse commune. Enfin, dans l'espoir de vivre plus économiquement,

et sur la proposition d'une vieille femme qui venait en journée à l'hôtel
des Colonies, ils se décidaient à prendre leur logement et leur nourriture
dans un appartement meublé par cette femme, rue des Minimettes.

Voici la description de cet intérieur dans une lettre écrite par le
jeune Chevallier à sa mère, en janvier 1825 : « ...*J'occupe avec M. Clément un petit appartement garni, impasse des Minimettes, paroisse Saint-
André, quartier très retiré de Bordeaux et correspondant à peu près au
Marais de Paris. Ce petit appartement, situé sur un jardin, est composé
de trois pièces, une chambre à coucher commune, un atelier et une pièce
qui sert de salle à manger et en même temps d'antichambre... La personne
chargée de notre entretien, de notre nourriture, est une femme d'un certain
âge (les mœurs avant tout), elle est aux petits soins pour nous... Nous avons
loué ce petit logement à raison de deux cents francs par an, tu vois que c'est
bon marché...* »

VI

A Bordeaux, le travail sec et ennuyeux de graver le pont, l'exil
loin de Paris, de ses parents, de ses amitiés, de ses habitudes et de ses
plaisirs, jetaient bientôt le jeune homme dans une mélancolie profonde,
dont le tirait la distraction d'un roman, d'une rencontre de femme.

Un jour, un 11 juin, allant acheter des couleurs chez un marchand,
sur le cours de l'Intendance, aux étincelles d'un briquet battu par une
femme, il aperçut, dans la boutique à côté, un gracieux profil, et, la
lumière allumée, il reconnut un souvenir et un désir de son adolescence,
de son temps de chez M. Leblanc. C'était la jeune brune au châle rouge
qu'il avait suivie depuis les boulevards jusqu'au faubourg Saint-Honoré,
à la porte de la maison d'un potier d'étain, mais sans oser lui parler ;
c'était cette même brune qu'il avait retrouvée un dimanche dans la
salle de la Loterie royale de France, causant et riant avec une amie
très tachée de rousseur, et qui tirait d'une bonbonnière les quarante sous
d'un numéro. Et quoique, sur cette impression, eussent passé six années, toutes sortes « de Rosalie, d'Athalie, de Virginie, d'Eugénie, de
Léonie, de Nelly, de Nathalie, de Julie, de Thérèse, d'Estelle, de Célina,
de Sophie, de Jenny, d'Adèle, de Floride, de Manette, sans compter,
par là-dessus, le jeu de billard, la danse, le punch et la pipe », — celle

qu'il nommait du beau nom d'*Hébé* lui était restée au fond du cœur.

Il entra dans la boutique, qui était un cabinet de lecture, demanda un livre, et, s'asseyant cavalièrement à côté de la jeune personne, il l'intrigua avec le peu qu'il savait d'elle. Quelques jours après, une correspondance s'engageait entre la couverture et la première page, un peu collée au bord, d'un volume des *Puritains d'Écosse*. Et tous les soirs, chassé doucement par Héloïse de la boutique à l'heure de la fermeture, il venait à l'amoureux une tentation de son métier. Il songeait à faire de ce moment un effet de clair obscur : son Héloïse lui disant adieu, lumineuse derrière le battant noir de la porte, avec sa robe blanche « garnie à la neige », sa ceinture de couleur toute pleine de plis gracieux, son petit pied dans un soulier couleur café. Un tableau où sa jeune ambition rêvait « de mêler le talent de Girodet à celui de Rembrandt ».

VII

Mais, ce doux bonheur, les réalités et les nécessités de la vie le traversaient cruellement. Avec toute leur économie, les deux amis avaient bien de la peine à joindre, selon l'expression vulgaire, les deux bouts. Et le jour où, pour la première fois, l'amoureux sortait avec sa belle, le couple tombait sur l'ami Clément, qui montait sa première faction à la porte de la Préfecture en capote grise.

Il avait déserté la communauté, et, découragé de la bureaucratie et des privations, il s'était fait soldat, laissant toutes les dettes du ménage à la charge de son compagnon. Ces dettes, retombant sur la pauvreté de celui-ci, la changeaient en vraie misère. Il lui fallait vivre de ses effets mis au mont-de-piété, et il y eut des jours où l'amant manqua des rendez-vous parce qu'il n'avait plus gardé, ainsi qu'il l'écrivait sur son Journal, que le vêtement de l'artiste, *la blouse*.

C'était alors qu'une amitié vraiment providentielle venait à son secours. Un M. Marcadé, vieillard inoccupé, badaud, flâneur de bureaux et espèce de contrôleur bénévole de toutes les constructions et de tous les travaux de la ville, qui avait rencontré le jeune homme dans une des baraques des employés du pont, se prenait d'intérêt pour lui, et l'accueillait dans sa maison à la seule condition qu'il donnerait des leçons à son fils.

Une étrange maison, cette maison Marcadé, et dont la description, longuement détaillée, pleine de couleur et d'effet, semble, sous la plume de l'écrivain de vingt et un ans, un tableau feuillu de vieille maison provinciale, pareil à une copieuse page de Balzac, écrite dix ans avant lui. Elle est située dans la Rousile, après les fossés de Bourgogne, la première rue à gauche, — une rue étroite, étranglée, obscurée par les piliers d'une halle ; empuantie par les odeurs et les fermentations mêlées de la morue, du fromage, des salaisons et du sucre ; animée par un mouvement de commis, de négociants, de portefaix, d'attelages de bœufs, de déballage de balles de café et de barriques de cassonade versées sous des portes cintrées aux volets étroits.

La maison était immense, éparse en une suite de bâtiments aux grands corridors, aux cours encombrées d'industries, où les balcons enchevêtrés de verdures, les fenêtres étoilées de feuilles de vigne, les jeux violents de lumière, mettaient le plus pittoresque décor. Un salon là-dedans, oublié quelque part, avait été donné à l'artiste pour être son atelier : c'était là qu'il faisait sa première huile — sa *Marine* — dans l'été de 1825.

De sa chambre dans la maison Marcadé, de sa haute cellule aux fenêtres d'une ancienne église, l'artiste nous a laissé l'inventaire : une tapisserie de l'histoire de Joseph avec deux clous dedans ; au bout du crochet de l'un, un crucifix d'ivoire ; au bout du crochet de l'autre, un vieux violon. Un lit à baldaquin aux rideaux d'ancienne perse rouge. Une immense cheminée, une énorme bergère jaune rayée de vert ; un lit de repos de satin blanc aux fleurs passées, « réduit en lambeaux par son chien qui y habite », et encore son chevalet, sa chambre noire, et cette table à pieds tordus, bureau de son Journal, de ses lettres, et de la *désespérance de ses pensées intimes, au milieu du silence des murs épais.*

VIII

L'amour ne le remplissait pas, ne le détachait pas des soucis de sa situation présente, des ambitions de son avenir ; ne lui donnait rien de l'oubli absolu et bienheureux que l'amour donne d'ordinaire à la jeunesse. Il n'avait pas la passion de la femme. Il n'en avait déjà que la curiosité, amusé bien plus du coquetage et du jeu de la séduction que de l'attachement tendre ou du plaisir sensuel. L'amour commençait à être pour lui une suite d'expériences, de reconnaissances, de victoires, où le tout jeune homme essayait ses activités sans emploi, sa force et le sang-froid de son cœur, à l'image de ces héros cruels des romans du dix-huitième siècle. Et c'était au milieu de sa liaison avec Héloïse, traversée d'un caprice ébauché avec une Angélique, qu'il écrivait :

Je suis incapable d'amour ; je ne l'aurais pas plus aimée que je n'ai aimé les autres. Quel est donc le sentiment que j'ai, quand je vois une femme ?... Je te désirais, tu ne m'aurais pas échappé. Je t'aurais donné la perfide assurance d'un amour que je n'avais jamais conçu... Je t'aurais reçue dans mes bras avec toute la froideur que j'aurais conservée jusqu'alors, mais avec une apparence d'ivresse... Tu m'aurais cru le plus heureux des hommes... J'aurais écrit en bâillant ton nom sur mon Journal à la suite de bien d'autres et je t'aurais quittée pour préparer une nouvelle intrigue.

On le voit : l'amoureux, à ce moment, est presque un Valmont. Tout l'homme, chez le jeune homme de vingt ans, et aussi bien le penseur que l'amant, semble passer alors par cette heure d'amertume méchante qu'ont souvent les talents de grand avenir dans ces années où ils se sentent refoulés, méconnus, sans place dans la société, perdus parmi le commun des êtres, avec le malaise et le tourment de leur génie inquiet et non encore débrouillé. On dirait qu'ils éprouvent le besoin de venger sur le monde leurs souffrances, leurs mécomptes, les misères présentes de leur orgueil et la rage dévorée de parvenir. Nous trouvons un curieux document sur cet état d'âme de l'artiste en cette triste année de 1825 : la copie d'une lettre écrite en septembre à Édouard Loizelay, un de ses camarades de Paris, lettre dans laquelle, lui prêchant le travail et l'ambition, il lui expose l'expérience, la vue supérieure et le sens pratique de la vie, avec la sagesse froide et la désillusion d'un vieillard.

C'est comme un corps de philosophie machiavélique s'élevant au-dessus des idées bourgeoises, de la morale courante, des scrupules médiocres, des religions vulgaires ; c'est une déduction des principes rigides par lesquels il démontre à son correspondant la nécessité de monter par la science, par l'acquis de chaque jour, à la domination sur les autres ; de l'urgence qu'il y a à conquérir certaines forces ; du besoin d'acquérir la considération pour atteindre. de là, à la fortune. Il lui recommande encore de cacher ses pensées et ses jugements au fond de son âme, et de déguiser, sous la comédie d'une soumission et d'une complaisance ironiques, son dédain de la bêtise humaine, de ses erreurs et de ses conventions consacrées.

Voici cette lettre, datée de Bordeaux, le 9 septembre 1825 : « *Il faut être quelque chose dans la société, il faut y faire une figure ; — né dans la société, obligé, forcé de plier sous son joug, il faut au moins jouir des avantages qu'elle procure, il faut reconquérir la liberté de penser qu'elle enlève à l'homme dès l'enfance... il faut enfin avoir quelque part à sa considération ; pour y parvenir, il ne faut pas s'occuper à des riens... Il faut y savoir trouver son plaisir, il faut chaque jour savoir quelque chose de plus que la veille, il faut apprendre à manier un jour ceux qui sont restés dans le limon de la société. La considération apporte de l'or, on ne peut se passer ni de l'un ni de l'autre.* » Et il le pousse au travail pour arriver, lui prêche de s'affranchir des préjugés, lui recommande l'hypocrisie indispensable pour vivre dans la société, avec un jugement et une raison saine.

« *Je vous dis d'avoir de l'hypocrisie, c'est indispensable... les neuf dixièmes des membres d'une société sont imbus de préjugés sans lesquels la société n'existerait pas ; les autres, ce sont les philosophes...* » Il se classe dans les philosophes et dit : « *Cette contrainte d'ailleurs ne doit rien coûter à un philosophe, il doit prêter complaisamment l'oreille aux caquets des hommes comme à ceux des petites filles, et comme son intérêt n'est pas de les faire fâcher, puisqu'il a besoin d'eux, il doit flatter leurs erreurs et avoir pour leurs hochets cette comique vénération qu'on a pour ceux d'un enfant. Le cas est le même...*

« *Ne vous faites donc remarquer parmi les hommes que par quelque grande connaissance et quelque grand talent, et les hommes vous rendront heureux.* »

Disons, pour l'excuse et l'explication de toutes ces amertumes, qui semblent, à ce moment, crever en lui et déborder de sa tête, de sa plume, de son Journal, de ses lettres, qu'il y avait là le fiel de toute une longue année d'ennuis, de tracasseries d'administration ; d'un contact blessant avec un chef antipathique, un sot vaniteux, ignorant du cadastre, se piquant de versifier et de dessiner ; et que la lettre à Loizelay était datée du lendemain du jour où il venait de se brouiller complètement avec ce Deschamps, quittait le bureau du pont, et demeurait sans car-

Une loge au Théâtre italien

rière, sans ressource, sans épargne, dans toutes les anxiétés d'un petit
employé démissionnaire et sur le pavé, auquel ne restait que ce gagne-
pain : son crayon, le crayon naïf d'un commençant inconnu [1].

IX

Il a rompu avec M. Deschamps ; il est affranchi des travaux du bureau. Il a en poche juste de l'argent pour quelques jours de voyage.
Il laisse derrière lui le *triste* Bordeaux, où il est venu, il y a un an de
cela, avec l'espérance et la jeune confiance d'y trouver une carrière
et un avenir, et dont il sort découragé, sans but, sans destination,
« fuyant un sort obstiné contre lequel il ne peut plus lutter ». Il se lance
à l'aventure, allant à l'inconnu devant lui, comme vaguement attiré
vers ces grands paysages par une vocation de peintre, jusque-là pris
et retenu dans des travaux avoisinant l'art, mais n'étant pas l'art même.
Et le voilà, le 26 novembre 1825, sur le pont du bateau *l'Estafette*, en
frac anglais, camisole rayée, guêtres de cuir et bonnet de poil d'ours.
Dans une carnassière tient tout le bagage du voyageur : quelques dessins, un peu de linge, une pipe et des crayons ; un costume où se mêle,
à un reste de splendeur élégante, le débraillé d'un marin voyageant
avec sa feuille de route. Il a pour arme un poignard « aiguisé sur les
Pyramides », au dire du Gascon qui le lui a donné.
    Débarqué à Langon, il se lance sur les routes, à la main un bâton
coupé dans une quenouille de fileuse et devant lui son chien Trilby,

---

1. Cette brouille arrivait à la suite de longues difficultés entre le chef et lui. D'abord, au lieu
des deux mille quatre cents francs que les deux camarades lui avaient demandés en échange de
leur travail commun, il n'avait consenti à leur donner de fixe que quinze cents francs avec une
gratification qui ne pouvait être inférieure à cinq cents francs ni supérieure à neuf cents ; payement pour lequel Clément était obligé de citer M. Deschamps devant le juge de paix. En outre,
c'étaient de sa part des plaintes continuelles contre les deux jeunes gens, les accusant à faux de
manquer des quinze jours, leur reprochant, quand ils venaient, de ne venir que deux ou trois
jours, et encore pour manquer l'ouvrage. — Et, à ce propos, Hippolyte racontait que M. Cor-
billet, le directeur du travail, lui ayant donné des teintes à mettre à la main à deux planches, des
teintes de pointe sèche, les teintes à l'eau-forte, qui étaient de grands massifs à pocher en noir
tout noir, étaient devenues abominables ; mais il alléguait pour son excuse qu'on ne l'avait pas
chargé de mettre les traits ; et il en appelait au jugement de M. Adam, entre les mains de qui
étaient les pièces.

son cher compagnon, courant et jouant. Il traverse ainsi La Réole, Marmande, Tonneins, Nicole, Aiguillon, Port-Sainte-Marie, Agen, Nérac, Lectoure, Fleurance, Montfort, Mauvezin ; et, dans la matinée du 1er décembre, près d'Auch, la première vue soudaine des Pyrénées lui donne un tressaillement de surprise.

Le lendemain, sur la route de Tarbes, il était rattrapé par un camarade de sa dernière couchée qui l'avait fait rire avec son baragouin germain. Il le retrouvait clopinant sous un sac de peau d'où sortaient de lourds marteaux, gai, plaisant, comique, et sans le sou, avec une blessure au pied qui le faisait boiter. C'était un pauvre diable d'ouvrier strasbourgeois, un cloutier en train de faire son tour de France. L'artiste partageait avec lui le fond de sa bourse, se mettait à porter son sac, et, s'égayant de la bonne humeur du malheureux, il *lopait* autour d'un plat de *garbure* avec tous les compagnons que rencontrait Joseph Schmit dans tous les cabarets. Et cheminant ainsi que dans un de ces voyages d'artisans de la vieille Allemagne, l'artiste, le forgeron et Trilby, après avoir passé Mirande et Rabastens, arrivaient tous trois, accablés de lassitude, à Tarbes, le 3 décembre.

X

Le jeune voyageur s'était arrangé pour entrer à Tarbes le soir, à cause du délabrement de sa garde-robe. Laissant Schmit dans une auberge, il se rendait chez un marchand de la place de la *Pourtelle*, pour lequel il avait une lettre de recommandation. Le marchand le menait dans une hôtellerie, où il l'assurait « qu'il serait très bien, et qu'il n'y dépenserait que ce qu'il voudrait », le laissant assez désappointé. Le réveil était assez mélancolique ; le jeune homme considérait les divers fragments de son costume épars sur des chaises : ses guêtres n'avaient plus de boutons ; ses souliers plus de semelles ; de ses deux chemises, l'une était sale et l'autre de l'avant-veille ; enfin, faisant le compte de sa bourse, il se trouvait à la tête, pour toute fortune, de quarante-deux sous [1]!

---

1. Ce récit est fait avec des notes au crayon, jetées un triste jour de Noël, au milieu des dessins de son album de Bordeaux, notes que plus tard il n'a pas introduites dans la rédaction définitive de ce voyage.

Là-dessus, notre artiste se mettait à fumer une pipe, « la fumée ayant toujours sur lui un effet philosophique », sonnait pour déjeuner, et déjeunait tranquillement, se disant que « quand, la tête appuyée entre ses mains, il passerait sans manger toute la journée à se répéter qu'il était l'homme le plus embarrassé de Tarbes », cela n'aboutirait à rien ; il écrivait à sa mère, rédigeait pour le marchand une lettre dans laquelle il cherchait à l'intéresser à sa situation, puis, attendant la nuit tombante, en réparant de son mieux « les faiblesses de son ajustement », il se rendait à l'auberge de son compagnon Schmit, qui était décampé.

C'était un dimanche soir ; il y avait beaucoup de monde, l'hôte était bavard, on retenait l'artiste, on le complimentait de sa fraternité pour l'ouvrier blessé, on lui faisait une petite ovation, et il avait à subir du maître de danse de l'endroit un terrible discours sur la bonté du cœur.

Ainsi se passaient, sans secours de Paris, sans nouvelles de Bordeaux, quelques jours au bout desquels il était obligé de confier sa misère à M. Laussat, le marchand de la place de la Pourtette, qui, tout pauvre et tout Gascon qu'il était, payait sans grands discours l'hôtelier chez lequel le jeune homme était logé, le conduisait chez un autre moins cher, et prenait un arrangement pour sa pension, en sorte que la mauvaise fortune de l'artiste s'améliorait un peu. Dans le même temps, M. Laborde, employé de l'octroi, se montrait très accueillant pour lui ; mais, au fond, tout ce mois de décembre s'écoulait pour le jeune homme bien anxieusement, sans aucune prévision de pouvoir sortir de cet état précaire.

Il écrivait un peu désespérément sur son album : — *Le 1ᵉʳ janvier 1826, rien de nouveau,* — quand, le 5, il allait faire une visite à M. Leleu, géomètre en chef du cadastre des Hautes-Pyrénées.

Là, par un de ces hasards et une de ces protections qui se rencontrent sur le chemin de la jeunesse, le jeune artiste trouvait, dans une amitié soudaine, une sorte de salut matériel et moral. Mais laissons-lui raconter, comme il la raconte à sa mère, cette bonne fortune tombée dans ses malheurs. La lettre est assez curieuse par le cri de sa vocation qu'y jette le peintre, pour que nous la donnions ici dans sa longueur :

Je suis logé très commodément chez l'inspecteur-géomètre, directeur du cadastre des Hautes-Pyrénées ; je partage ses repas, et les prévenances qu'il a pour moi ne pourraient être effacées que par celles d'une mère.

Les causes singulières qui déterminent les chances de la vie, qui pour moi sont si saillantes, m'ont fait rencontrer M. Leleu dans un moment où, à te dire vrai, il me paraissait difficile de lutter plus longtemps contre l'infortune. A Bordeaux, un travail continu et forcé n'avait pu me suffire. A Tarbes, un misérable croquis m'a attiré de la considération et des avantages précieux, et m'a placé dans une situation qui serait enviée par tout autre que moi.

Je puis te dire que depuis un an, ou presque toujours seul et sans la moindre distraction, ou livré par goût et par besoin à l'étude et au travail des arts, j'ai acquis d'une manière prodigieuse, sans autre maître que la nature. Sans autre conseil qu'elle, et stimulé par une vocation innée et qui, depuis cette époque, s'est accrue d'une manière singulière, je me suis rendu familier le sentiment des arts, je l'ai éprouvé dans toute sa pureté, et c'est, je crois, pour toute la vie ; je ne suis plus ce jeune homme amateur capricieux de tant de branches différentes, j'ai un but déterminé et immuable, c'en est fait : je serai peintre.

Quand on sent bien, on dit facilement ce qu'on sent, surtout quand on a le goût des arts. Ce goût et ce sentiment ont établi une sympathie entre les disciples des Guide et des Titien. Ils se cherchent, ils se lient à première vue, et ils ne sont bien qu'ensemble. Cette petite digression est l'exorde de ma liaison avec M. Leleu : présenté sans aucun but chez lui, et seulement parce que j'avais dit que j'irais, par un individu assez insignifiant, M. Leleu m'a d'abord reçu assez brusquement ; une heure après j'étais son camarade, et le lendemain m'a vu établi chez lui. D'un jour à l'autre ma position a été ainsi changée du noir au blanc. Je n'avais pourtant d'autre recommandation près de lui que mon album de Bordeaux et mon goût pour les arts : tu ne devras pas juger non plus cet album d'après les dessins que j'ai envoyés tout à l'heure et qui, faits quelque peu de temps après mon arrivée à Bordeaux, m'ont suivi je ne sais comment.

M. Leleu est un homme de soixante ans, né à Paris d'une famille riche et héritier de bonne heure. Il avait mangé sa fortune à vingt-cinq ans, un penchant décidé pour les beaux-arts et la nécessité l'ont fait peintre. Il a été lié avec tous les artistes de son temps, il a été pauvre avec eux et philosophe avec eux. Ces liaisons, l'infortune, et son caractère naturel, en ont fait, à présent qu'il est riche, un riche supportable. *Il y a dix-huit ans qu'il est à Tarbes.*

J'occupe chez lui au second étage un petit logement d'ami délicieux[1], des fenêtres duquel je jouis de la plus belle vue des montagnes. Je fais le long du jour ce que bon me semble, c'est-à-dire que j'augmente mon carton en emmagasinant des dessins, et je ne suis tenu qu'à me trouver chez lui aux heures de repas jusques à l'époque de notre départ.

Les soirées et les bals de la préfecture me pleuvent : j'irais tous les jours si je voulais. Je n'y vais que très rarement, encore est-ce malgré moi ; je suis toujours le même. Cela me fait penser que, malgré mes demandes réitérées, vous ne m'avez pas encore envoyé mon certificat de libération, et que, réfractaire, je me trouverais ici dans l'embarras si je n'avais pas le préfet dans ma manche... Je reviens à mon sujet... nous avons encore ici des dîners d'amateurs dans lesquels je m'amuse davantage.

...Il y a quelques jours que le professeur de dessin du collège et l'architecte du département se trouvaient à dîner chez M. Leleu, tous amateurs des arts et possédant d'ailleurs des talents fort distingués ; — le repas fut pour moi des plus agréables. Cette partie carrée en valait bien d'autres... pour moi surtout.

La conversation roula naturellement sur les arts et les artistes. — M. Leleu, qui, plus que les autres, avait vécu dans leur intimité, nous entretint d'anecdotes fort intéressantes sur la vie privée et joyeuse des peintres modernes surtout. Mille farces furent mises sur le tapis et racontées avec beaucoup d'esprit. M. Leleu vanta surtout un peintre qu'il avait connu très particulièrement et qu'il nommait son bambocheur de prédilection. Après avoir cité mainte et mainte farce de lui, il nous dit son nom, en nous proposant de porter un toast à sa santé. Quel fut mon plaisir et mon étonnement, ma bonne mère !... c'était ton frère..., cet oncle Thiémet que j'aimais tant, que je me rappelle chaque jour, et qui, dans les rapports que j'eus avec lui dans mon enfance, décida sans doute de mon goût pour les arts et par conséquent de ma destinée... Pour le coup je bus du vin...

---

1. Nous revoyions bien des années après, chez Gavarni, au Point-du-Jour, un dessin de cette chambre treillagée de Tarbes, toute pleine de lui, avec la canne à siège du peintre, accotée au pied du lit, les espadrilles sur le plancher, un feutre moucheté jeté sur la couverture, un carnier de chasseur accroché à la porte ouverte, donnant sur un corridor aux jalousies fermées contre le soleil. Un dessin caractéristique comme point de départ de ce talent, et où les jointures du parquet, les lames des persiennes, tout l'infini du détail ont quelque chose de la conscience patiente d'un dessin linéaire.

XI

Le travail du jeune homme auprès de M. Leleu paraît avoir été une parfaite sinécure, coupée et distraite par des inspections de cadastre, en compagnie de son directeur et ami ; promenades pittoresques dans les beaux sites des Pyrénées et parmi les sociétés les plus agréables et les plus intelligentes du pays. C'étaient de petits voyages de trois ou quatre jours où, chevauchant côte à côte, l'artiste, monté sur le fameux cheval gris pommelé, célèbre par une prétendue ascension sur le Pic du Midi, esthétisait à perte de vue avec son compagnon ; tous deux se lançant dans des dissertations sur le goût et finissant par proclamer que le beau *est une suite de conséquences dans les formes, une harmonie dans le mouvement de leurs relations.*

Tout en pérorant et en argumentant ainsi, il dessinotait, pendant les haltes et les conférences de M. Leleu avec ses géomètres, tout ce qui se trouvait sous ses yeux.

Et c'est ainsi que, dans un perpétuel changement de milieux, d'hôtes, de gîtes et d'horizons, passant d'un dîner plantureux chez des apothicaires à une mauvaise auberge où il lisait, pour s'endormir, des numéros du *Portefeuille des Dames,* vivant sur les chemins des jours dont le lendemain ne ressemblait jamais à la veille, accueilli et fêtoyé partout, grâce à son compagnon, le dessinateur visitait, dans les mois de février, mars, avril et juin 1826, La Barthe-de-Neste, Bagnères, Campan, Lourdes, le Trou-du-Loup, Argelès et sa vallée délicieuse. Mais de tous ces environs de Tarbes, Bagnères était l'endroit qui l'attirait le plus et auquel il retourna le plus souvent.

Il y trouvait le charme d'un ami, de « cet ami Jalon », comme il l'appelait, qui, à la première vue, dans le cadre d'une fenêtre du Muséum des Pyrénées, dont il était le conservateur, lui était apparu d'une façon si grotesque, avec sa tête pointue, sa figure en flûte couverte de boutons rouges, sa barbe hérissée d'épis. Mais ce personnage comique l'avait séduit en un quart d'heure par son enthousiasme pour l'art, sa parole ardente et confuse devant les ruines du Musée, ses discours vagabonds d'inspiré. Il s'était senti tout de suite comme chez lui, dans ce cabinet de savant, d'artiste et d'antiquaire, aux murs couverts des configurations des vallées de la contrée, aux bureaux et aux tables chargés de produits minéralogiques, d'oiseaux empaillés, de collections, d'insectes, de livres, de médailles ; cabinet où, entre les deux amis, il allait bientôt être question d'un projet : une vaste publication sur les Pyrénées, dont Jalon devait faire le texte et le jeune Chevallier les dessins.

Et ce cabinet avait aussi le charme du premier souvenir pour l'homme de vingt-deux ans, toujours prêt à de la nouveauté dans l'amour. C'était là, au moment où il montrait pour la première fois son album à Jalon, à sa femme, à sa fille Caroline, que la porte s'était rouverte et qu'était apparue une petite femme, en manteau sombre d'où sortait une tête charmante, surmontée d'un béret brun du pays. Rejetant son manteau, elle avait laissé voir sa taille mince, s'était approchée de la table sur l'invitation de son père, distraite, sautillante encore du bal dont elle sortait, et avait laissé tomber sur l'album un : « Que c'est joli ! » qui était entré dans le cœur du peintre : il s'en était allé plein de Fanny.

Le lendemain, il s'était demandé s'il était vraiment amoureux. De retour à Bagnères, essayant le portrait de la coquette jeune fille, et le manquant sous le coup de son émotion, il recommençait toute l'année, à chaque voyage, à s'adresser à lui-même la même question.

XII

Tout l'heureux et presque miraculeux changement de sa vie, cette rencontre qui lui avait donné, du jour au lendemain, les débarras des premiers soucis de l'existence, la sûreté du pain de chaque jour, la liberté et le loisir de dessiner, le réconfort et la chaleur de l'amitié adoptive presque paternelle de M. Leleu ; le hasard, qui avait offert à ce cœur ayant toujours besoin d'être occupé, la charmante occupation amoureuse de Fanny ; enfin cette grande éclaircie de tous les côtés de son sort et de son avenir, où il eût dû voir la fin de cette malechance qui avait contrarié et renversé à Bordeaux tous ses efforts et ses projets ; son bonheur nouveau ne lui apportait pas le bonheur de tous les jours. Des lettres qu'il envoyait à Paris, s'échappaient, comme du

fond de je ne sais quel abîme qu'il aurait eu en lui, ces amers aveux :
*Malgré toutes mes connaissances, je suis toujours seul, ennuyé et fort
triste... Je m'ennuie à la mort tout en travaillant continuellement.*

Et en cette année 1826, par une matinée de printemps de la fin de
mars, où il était allé dessiner, près d'Ayzac, les restes de la tour de Saint-
Martin ; au soleil levant, en face de la vallée de Campan, au milieu de
ce beau et poétique pays de bois et de prés, ayant à sa gauche le mur-
mure de l'Adour roulant ses eaux vagabondes sur son lit de cailloux,
son Trilby à côté de lui, il passa, couché au pied d'un arbre près des
ruines, une demi-heure — une demi-heure, la plus désespérée peut-être
de sa vie ! *Sans sujet, sans savoir pourquoi,* — écrit-il dans son Journal
intime, — *je suis tombé dans un tel accablement, que, si j'eusse eu une
arme quelconque, j'aurais mis fin à ma vie.*

XIII

Étrange état d'âme que le sien à ce moment ! Il est variable et changeant, plein de hauts et de bas, d'espérances folles et de décourage-
ments subits, de perplexités d'avenir où il se revoit, repassant là où il
est, tantôt en habit de simple soldat, tantôt « dans le landau de la richesse », toujours extrême en tout, allant sans transition de l'extase
à l'abattement. Il avait de ces jours où, comme il le dit, *on fait les choses
facilement, où les forces sont quadruplées, où l'on est mieux que soi ;* puis
des jours aussi inactifs, engourdis, où il était pris, sans aucune
souffrance physique, de ce mal moral dont il parle comme d'un composé de tristesse, d'ennui et d'indifférence, mélange singulier qui est
souvent accompagné chez lui d'un manque presque total de mémoire.
*Je ne sais plus, je ne peux plus rien ; à peine si je puis arranger des
mots pour faire un sens,... je ne vis plus enfin que mécaniquement.* A tout
instant on le voit dans ces voyages errants, avec lesquels il semble qu'il
veuille user sur les chemins une activité inquiète, ne savoir pas bien où
il a l'intention d'aller, hésitant au croisement de deux routes comme
devant deux routes différentes et contraires de sa vie. Il est tiraillé entre
Paris, le rendez-vous de ses ambitions, et un modeste bonheur amoureux
dans quelque coin obscur des Pyrénées. C'est une nature sans assiette,

Une femme ?... c'est une princesse
c'est une duchesse

sans règle, toute de contradictions, de contrastes, dans laquelle il reconnaît lui-même le manque d'équilibre de deux âges et de deux hommes quand il s'appelle : *Un vieillard de vingt-deux ans ouvert à des sentiments d'enfant.*

A côté de ces heures qu'il dit « passives, et sans aucune impression ni sentiment », il parle de sensations soudainement éveillées par la nature, d'une agitation devant ses beautés qui ne lui permet ni de parler ni presque de respirer, d'une admiration qui le rend incapable de travail, disant qu'il est *trop plein.* Le philosophe, posant à l'homme fort et au dédain de toute sensibilité, pleure son chien mort « ainsi qu'une mère son nouveau-né, le pleure avec des larmes qui n'avaient pas coulé depuis son enfance ». Et il écrit à son ami Plou, un *penseur,* ainsi qu'il l'appelle, pour se défendre là-dessus de sa faiblesse, une longue lettre de rhéteur sentimental. Il existe chez lui la même lutte dans les idées que dans les sentiments ; à côté de pensées libres et débarrassées de tout préjugé, il a des pensées d'un commis voyageur du Voltaire-Touquet, des fureurs contre les « stations des disciples de Loyola », des colères à la vue d'un séminaire en promenade, « pépinière d'hypocrites, écoliers du mensonge », qui lui gâtent le plaisir d'une vallée où il passe. Et à deux lignes de là, il parle de son indifférence politique complète, et fait des tirades contre le révolutionnarisme du peuple français, *qui ne veut,* dit-il dans une lettre, *que des tragédies ou des scènes de Polichinelle !*

XIV

Cette inégalité d'humeurs, ces variations maladives, cette mobilité des impressions et des dispositions morales, ces tiraillements en sens contraire d'une imagination travaillante, ce spleen enfin s'attaquant à sa jeunesse, à sa force, à sa philosophie, a comme premier fond chez l'homme un intérieur et secret sentiment d'impuissance en face de la nature. L'aveu de cette impuissance s'échappe de lui en cris de désespoir ; vingt fois dans ses journaux de voyage, il se désole d'être un si triste peintre devant les tableaux et les beautés qu'il a sous les yeux, écrivant par exemple, au retour de la vallée de Laruns : *Aucun pays ne m'a causé autant d'effet. Il m'est impossible d'y travailler, je suis trop ému ; les scènes pastorales m'ont enivré... La tête m'a tourné... Je ne vois que d'un œil désolé tout ce qui m'échappe, j'ai le spleen.* Et il disait vrai ; tout lui échappait.

L'artiste a été assez grand plus tard pour qu'on dise toute la vérité sur ses débuts. Ses dessins des Pyrénées sont de pauvres dessins et qui ne promettent rien : de misérables petites mines de plomb d'un élève de Thiénon, des paysages d'une sécheresse et d'une aridité désolantes, avec des maisons au tire-ligne et des arbres feuillés avec des petits 3 ; des bouts de papier couverts de petits traits presque invisibles qui ressemblent à des décalques topographiques sur du papier végétal. Pour rendre ces pays heurtés, accidentés, entrechoqués de coups d'ombre et de lumière, pour montrer ces montagnes et leurs gaves, leurs panoramas et leurs cataclysmes, les grandeurs montantes au ciel de ces cirques de la nature, il semble que l'artiste n'ait qu'un crayon pointu, taillé en aiguille, donnant, de tout le grandiose de ce pittoresque, le trait mince et mécanique d'un pantographe.

Quelquefois, il ose une petite aquarelle, mais une aquarelle timide avec ces faux tons bleus de montagne et ces faux tons verts des pelouses qu'avaient, sous la Restauration, les vues de Suisse. Souvent c'est une sépia, la grande mode du temps, délavée d'un ton sale, froide, grisâtre, ennuyeuse, presque affligeante, une de ces sépias soignées et pinochées, où le blanc des petits cailloux du torrent et des stalactites avait été consciencieusement épargné. « J'étais, — nous disait-il plus tard en se moquant avec nous de ces lavis, — de l'école qui réservait les blancs, mais une jeune personne qui est venue dessiner cette grotte après moi était encore plus forte : elle réservait les marges. »

En ces années, par une anomalie étrange de cette nature singulière, il existe une disproportion vraiment étonnante et presque inexplicable entre l'homme et l'artiste, entre le cerveau et la main, entre le *concept* et le *faire*. Chez le jeune homme précocement formé et sorti tout entier de lui-même, il y a un être pensant avec originalité, un lettré, presque un écrivain, un descripteur coloré des Pyrénées, lorsqu'il en peint, dans ses journaux et ses lettres, les couleurs, les effets, les lumières, tandis que le dessinateur reste le plus maigre des dessinateurs et le moins ouvert à tout ce que ressent le reste de son organisme ; si bien que, devant les dessins et des lavis de cette époque, on peut affirmer que le plus original des artistes de ce siècle-ci a dû son talent, en dehors du travail et de l'opiniâtre persévérance, à des réflexions sur son art, à des acquisitions théoriques, à une esthétique personnelle, enfin à une série d'opérations intellectuelles bien plus qu'à un don originel et de tempérament.

XV

Nous venons de dire que Gavarni était un descripteur coloré des Pyrénées. Qu'on en juge par ce paysage du paysagiste des montagnes la plume à la main : *Ici tout est d'un aspect grand et imposant, tout s'y empreint de cette mélancolie sévère et peut-être un peu triste qui distingue éminemment le paysage historique. Les pensées y deviennent sérieuses, et rien dans ce trajet de deux lieues, sous ce ciel étroit, n'a présenté une idée souriante : pas une maisonnette, pas un arbre. De distance en distance, un pont de marbre dont l'arche, plus ou moins élevée au-dessus du gave, et quelquefois surmontée d'une pyramide, coupe le parallélisme de ces âpres rochers où ruissellent, sans chute, les eaux superflues d'un lac supérieur ou celles de quelques glaciers ignorés dans de hauts déserts, et de loin en loin un voyageur. C'est l'Aragonais au teint gris, aux formes osseuses, à la tête rasée, à la couronne de cheveux roux, qui passe avec son cigarrito, sa peau de bouc et ses mules ; ou le Barégeois dans sa bonnette pointue... C'est le capulet rouge de la jeune fille de Luz allant au trot de son petit cheval qu'elle monte en cavalier, et dont les flancs sont cachés sous les pans d'un tablier fendu. Et çà et là, sur les parois inclinées et chevelues des précipices, est dispersé le troupeau du chevrier qui, après un exil de six mois, revient lentement d'Hiis avec sa cape brune et son sac garni de sonnettes.*

XVI

Cette page, et bien d'autres que nous pourrions citer dans ses itinéraires, révèlent chez le jeune homme de vingt-deux ans la formation curieuse et presque inexplicable d'un littérateur sans culture de collège, n'ayant fait à la pension Butet que des études mathématiques, sans fréquentation d'intelligences élevées, avec le peu de lectures qui ne

dépassent pas le cercle étroit de sa petite bibliothèque [1] et des livres
de cabinet de lecture. Cette formation, qui chez lui ne vient pas des
résultantes ordinaires et de l'habituel *humus* de l'éducation des lettrés,
mais semble s'être faite devant le spectacle des Pyrénées, sous l'inspiration et la fécondation de cette grande nature tourmentée et belle
d'abîmes, il la doit à des secousses, à des remuements d'âme, à des
contre-coups, à des respirations larges de vastes horizons, à des griseries
de tête sur les hauteurs où l'air devient rare, à cette atmosphère de
périls et d'aventures, à ces enjeux de sa vie et de ses os sur des précipices, à ces frottements et à ces compagnonnages de hasard avec tout
ce qui passe et tout ce qui se rencontre, à des émotions d'amours
fugitives et changeantes, à des déplacements subits de lieu, de gîte,
d'idées, à une succession presque continue de sensations enthousiastes
et fiévreuses ; cette formation, il la doit à ces furieuses promenades
à travers le sublime et l'infini, sur ces rocailleux chemins où, dans la
surexcitation de la marche et de la fatigue, sa méditation solitaire et
exaltée finit, au bout de son long tête-à-tête avec lui-même, par arriver
à une espèce de travail enivré de la pensée.

XVII

Un curieux cahier de notes et de pensées, commençant au mois de
mars 1826 et allant jusqu'à la fin de son séjour aux Pyrénées, est une
véritable révélation sur le bouillonnement de ce cerveau, de cette tête
et de cette imagination. Il semble que se lèvent et germent en lui toutes
les conceptions de ses travaux futurs. C'est dans ces pages comme une
naissance vague, mais déjà formulée, de tout ce que sera et de tout ce
que fera plus tard l'homme, l'artiste, le savant ; on y trouve un pêle-
mêle de vers, de rêvasseries sur les molécules de la nature, des indications de fantaisies littéraires, comme une *Lettre de Trilby, chien cosmo-*

---

1. Pauvre petite bibliothèque dont le maigre catalogue nous montre quelques livres de
voyages aux Pyrénées, en Suisse, en Amérique ; quelques livres d'art, la *Théorie du paysage*,
par Deperthes ; les *Mémoires de la vie de Salvator Rosa* ; un *Essai sur David* ; une *Histoire de la
législation des filles publiques*, par Sabatier, et l'*Itinéraire de Paris à Jérusalem*, par M. de.
Chateaubriand.

polite, à son ami Zamore, chien montagnard ; un plan de conte philosophique intitulé *le Vieux Savant,* etc...'Viennent ensuite des projets de
publications de toutes sortes : *Souvenirs des Pyrénées,* scènes, haltes
de voyages, costumes locaux, processions, défilés, marchés ; —*Voyages
pittoresques dans les bazars et passages de Paris ; — Vues épisodiques de
Paris ; — Coins de rues et vues générales prises de Montmartre et sur
Montmartre,* un grand ouvrage contenant les souvenirs de son histoire ; la bataille de Paris, avec des renseignements par les témoins
existants, par des élèves de l'École polytechnique ; — un *Album du
théâtre des Nouveautés ;* — une série de *Portraits d'artistes modernes et
d'auteurs,* Béranger, Horace Vernet, etc., en pied ; — l'idée de risquer
une première livraison d'esquisses de mœurs écrites d'après nature :
les *Parisiennes,* avec vignettes ; — un *Essai sur la lithographie en
France,* son histoire, ses commencements ; — des portraits à mi-corps,
à la manière de Grevedon, des principaux acteurs de Paris, avec une
petite charge coloriée dans un coin à la manière de Henry Monnier ;
— les *Rives de la Seine en hiver :* cochers de fiacre, filous, marchands
d'oranges et de marrons, filles de joie, charlatans ; — un *Album de
Sainte-Pélagie ;* — la *Galerie des tableaux d'Horace Vernet ;* —
l'illustration de Cooper, de Walter Scott, de *Gulliver,* de la *Guerre des
dieux,* de la *Pucelle* et des *Contes* de Voltaire *;* — l'histoire d'une
« *Poseuse* » *;* — un *Voyage pittoresque dans l'autre monde,* — dans la
Lune, — *en omnibus,* de la Madeleine à la Bastille ; — les *Trois
Chemins de la Fortune, de l'Hôpital et de la Gloire ;* — des *Annales des
modes françaises,* collection des époques de la mode les plus remar-
quables en France, classées par siècle ; — le *Carnaval de Venise ;* — le
Spectacle du Grand Opéra ; -- l'indication significative d'un *Bal masqué*
comme sujet d'un tableau, etc.

Et tous ces projets, ébauchés dans sa tête, disputent le papier de
ce cahier, qui rappelle les feuillets d'un carnet de Vinci, à des inventions
de toutes sortes de petites mécaniques mathématiquement dessinées :
des fermetures de portes inenfonçables, une monture de thermomètre
empêchant l'influence de la plaque qui le supporte, un parasoleil
adapté à la chaise du peintre, une baraque portative pour dessiner sur
le terrain, un appareil pour la préparation des teintes d'aquarelle,
un instrument pour mesurer les hauteurs avec un simple mouvement de
tête, un instrument pour écrire à cheval ou en voiture, un autre pour

4

apprendre à sentir des raccourcis. Puis encore des plans et des architectures de meubles rêvés pour un appartement : les dessins d'une bibliothèque destinée à recevoir une collection sur les Pyrénées, les dessins d'une pendule, d'un lit à la romaine, de fauteuils qu'il songe à recouvrir de peau d'isard, selon l'habitude qu'il a, dans ses voyages, de vouloir utiliser et appliquer à quelque usage pratique les choses qu'il rencontre, notant, par exemple, sur la plage de Biarritz, des plantes marines qui pourraient servir à faire des reliures de livres. Il cherche en même temps tous les moyens de son art, les écrivant sur son carnet pour qu'ils lui soient un rappel permanent : *Faire des dessins à la plume de différentes couleurs, des dessins au pinceau sec imitant le crayon, des dessins à la plume de roseau, appliquer les procédés de l'aquarelle indienne à la lithographie.*

Il est, on le voit, déjà tout préoccupé des recettes et des secrets si bornés du métier lithographique, ambitieux d'agrandir le procédé naissant, de lui donner la puissance et la douceur par des essais de l'estompe en liège mêlés à un travail au crayon, à la plume, à l'aiguille, à divers grattoirs.

XVIII

Au milieu de ces voyages, il lui venait l'ambition de monter à ce mont de nom effrayant : le *mont Perdu*, « de visiter sa masse déserte et de gravir son hiver ». Il partait de Bagnères le 15 août 1826 avec la jaquette bleue, ce qu'il faut pour franchir des rochers, peindre et fumer, et gaiement il s'élançait aux hasards du voyage périlleux.

Il traversait Campan, Baudéan, Sainte-Marie, le village de Grip, ses maisons heureuses près des sapins, montait aux cabanes neigeuses et misérables de Tramezaïgues, qui n'ont que du lait et du pain bis à offrir aux voyageurs, faisait l'ascension du pic du Midi et de sa pyramide gigantesque, d'où il planait sur le Marboré, le mont Perdu, les montagnes Maudites ; — un peuple de monts accumulés vers le ciel de l'Espagne, et séparés par des vides épouvantables.

De là, s'élevant sur les pentes septentrionales du Tourmalet, il avait à ses pieds la vallée de Bastan et le torrent qui apporte le superflu du lac d'Oncet. Il restait perdu dans la contemplation, devant la beauté

de la nuit lumineuse sur les ombres noires des crêtes, une nuit vivante
et sonore où se mêlaient le bruit du torrent, les cris des pasteurs, les
clochettes des vaches, les aboiements des chiens. De Barèges, il allait
à Luz, au confluent du gave de Barèges et de celui de Gavarnie, gagnait
Saint-Sauveur, le Pas de l'Échelle, où la nature devient toute hérissée
et sauvage, le hameau de Six, Gèdre, et de Gèdre il atteignait le *Chaos*,
l'éboulement colossal du granit pyrénéen, roulé dans le gave par blocs
de cent mille pieds cubes et couronné de la brèche de Roland. Paysage
qui lui donnait, avec la beauté de son horreur et l'espèce d'écrasement de
son spectacle, une émotion qu'il retrouva chaque fois qu'il repassa par là.

Sans être arrêté par la vue d'une tête sanglante, la tête d'un natu-
raliste, à demi fracassée contre un rocher, et qu'il pansait sur la route ;
sans être effrayé par la peinture qu'un Espagnol lui faisait de l'épouvante
d'une ascension au mont Perdu, sans écouter les prédictions du guide
Rondo, — après un jour passé à Gavarnie, chez cet aubergiste à la
fois maire, philosophe et cuisinier, — l'artiste, sans guide, remontant
le cours du gave, arrivait à la cascade de douze cent soixante-six
pieds d'élévation. Là, il se mettait à gravir un peu à l'aventure le Marboré, s'accrochant aux saillies avec les doigts, les deux pieds l'un devant
l'autre, le corps effacé contre la roche ; un moment, ne pouvant avancer
ni reculer, il tenta d'un pied le vide grondant de l'abîme. Enfin, il
trouvait le vrai chemin, arrivait au sommet du pic. Là, après un moment d'éblouissement causé par l'émotion du danger qu'il venait de
courir, par la vivacité de l'air, l'élévation, l'immensité, tout transi de
froid, il se jetait à la descente parmi les pierres d'une roche friable et
croulante sous son pas. Une griserie le prenait à être ainsi emporté
par la vitesse involontaire de sa course, à peine retenue par le bâton
ferré sur un mur de neige presque vertical.

Bientôt, dans une sorte d'égarement vertigineux, il oubliait le mont
Perdu, Gavarnie, l'heure du jour, le peu d'aliments qui lui restaient,
la durée incertaine du beau temps, « entraîné, écrit-il, vers l'extraordinaire de l'aventure par une folle avidité ». Et, passant entre les
blocs ébranlés et remués par sa marche, tout plein de ce qu'il appelle
« une fièvre morale », il s'élançait en bas des pentes, bondissant avec son
jeune chien, et allant à des torrents, à des plateaux de neige, à des roches,
à des glaciers, à des hauteurs d'où les brebis lui paraissaient, en bas,
sur les pâturages, « des insectes sur un tapis vert », sans pouvoir s'ar-

racher de ces hautes régions. Dans une sorte d'exaltation que lui-même traite d' « *aliénation* », il choisissait pour asile de la nuit qui montait du creux des vallées, une crevasse de rocher abritée du vent du nord, plantait devant son logement son bâton ferré, auquel il suspendait sa carnassière, et partait, avec son portefeuille et ses crayons, pour dessiner quelque coin du grand spectacle éclairé par le magique soleil couchant, quand un pas d'homme, résonnant dans la solitude, le rappelait tout à coup aux sentiments de la raison et de la réalité, au désir d'une chambre et d'un lit. Lançant alors son bâton devant lui, et s'assurant, en prêtant l'oreille à la continuation du bruit de sa roulée, qu'il n'avait pas un moment quitté le sol, il se laissait glisser après lui, jusqu'au fond de la vallée, par un chemin imparcouru et déclaré impraticable, et regagnait Gavarnie, où il était reçu par les acclamations d'ouvriers envoyés à sa recherche, et qui s'étaient grisés de l'ennui de ne pas l'avoir trouvé.

XIX

Une succession presque continue de petits voyages dans les Pyrénées, avec de courts repos à Tarbes, remplit toute son année 1827.

Impatient d'attendre le printemps, il est, aux mois de froidure et de glace, dans les montagnes, visitant Barèges enfoui sous les neiges, et gardé par deux ou trois gardiens qui y bravaient les avalanches. En ces hauts déserts glacés, il rencontre parfois des sociétés, un salon, un petit castel où il jouait aux jeux innocents avec les filles d'un gentilhomme gascon, pendant que les eaux d'une inondation, descendue des grands monts, battaient les murs, enlevaient le pont, enlevaient les grains et la grange. Et ce sont de perpétuelles promenades errantes à travers les vallées sans fin de la chaîne pyrénéenne, des mois où il semble affamé de tout voir et de tout emporter avant de revenir à Paris, des mois entiers où il laisse M. Leleu lui-même sans un mot de ses nouvelles. Tarbes enfin finit par ne plus posséder l'artiste que pendant le temps où il 'exécute, pressé par l'urgence du besoin d'un peu d'argent, *ces journées diaboliques*, et qu'il se plonge une dizaine de jours dans ces maudits rubans et fontanges, dans tout le détail menu que lui demande La Mésangère pour ses costumes de modes.

LES ÂNES

Le 22 juillet, il annonce de Tarbes à sa mère la résolution définitive
de son retour à Paris, ce retour qu'il promet chaque année à ses parents
depuis 1825. Il lui dit que *jamais il n'a eu plus envie de les revoir, et que
vingt fois il a été au moment de quitter ses projets et ses modèles pour revenir
à l'improviste se jeter dans leurs bras.*

Le lendemain, il lui mande *qu'il est vaincu*, qu'il part pour la vallée
d'Aure.

Et sans passeport, guidé par un contrebandier et un chasseur, à
travers les chemins les plus dangereux, avec de grands aigles planant
sur sa tête, il arrive au col de la Cavarrère, et par des rochers, des sapins,
des torrents, des gorges, des plateaux, des lieux où une pierre est la
tombe d'un enterré de l'hiver, mort de froid[1], il descend à San-Juan,
touche une seconde fois à la terre espagnole, et dans la nuit qu'il y
passe, il se risque à une aventure d'amour à l'aveuglette, sous la garde
d'une bâtonniste en faction devant la porte de la maison sans lumière.

XX

Après ce voyage, il donne une nouvelle assurance à ses parents « du
désir d'être auprès d'eux, de revenir à Paris, fixant comme un extrême
délai le mois de janvier ». Et le 12 octobre, repris d'une envie de retourner à cette frontière espagnole si attirante pour lui, et toujours
aimant le contraste d'un salon de jolies femmes avec un grabat d'auberge, il changeait ses escarpins de la veille pour les gros souliers du
voyageur. L'enragé touriste traverse Pontacq, la ville où se fabriquent
des capes pour les pasteurs béarnais et bigorrais. Il traverse Laruns, au
milieu d'hommes vêtus de blanc et d'écarlate, parmi ses costumes de
femmes à capulets noirs, à la jupe plissée en petits plis à longs tuyaux
qui lui font écrire cette note : *L'homme, ses bagages et leurs couleurs se
perdent dans les détails des villes, où tout est vif, tranché ; dans la campagne,
au soleil couchant, ou le matin, les figures sont brillantes ; elles sont d'un*

---

1. Un dessin du costume d'un marchand de la vallée de Broto (Aragon), daté du 21 août 1826,
nous révèle une première excursion qu'il fit sur la frontière d'Espagne, dans un petit voyage
dont l'itinéraire est perdu.

*effet ravissant dans les montagnes, dans les rochers surtout où les localités
sont monotones. Là, elles ont tout l'effet possible. Ces montagnards de
la vallée de Laruns, ces Espagnols étaient si beaux à peindre ce soir,
leurs groupes étaient si heureux dans ces rochers grisâtres !... J'admirais
une charrette qui marchait lentement, portant des enfants, le conducteur,
des femmes des deux nations, des hommes chargés d'une partie de leurs
vêtements jetés sur l'épaule... et je m'attristais sur le peu de ressources
qu'offre la peinture. Pourquoi n'est-elle pas prompte comme la pensée ?*
Il dessine sur la femme de son aubergiste le costume de la vallée
d'Ossau, aux atours d'une richesse merveilleuse, le capulet doublé de
soie, le pectoral d'or et d'argent, les aiguillettes et les lacets, tout le
pittoresque effiloquage. Il est à Oloron, il est en pays basque. Il est à
Saint-Jean-de-Luz, où il passe toute la journée à marcher sur la plage,
dans l'enivrement de l'infini : c'était la première fois qu'il voyait la
mer. Et le soir, assis sur un rocher, il attend le coucher du soleil, sa
pourpre disparaissant lentement sous les côtes d'Espagne ; puis il jette
à la nuit des vers du temps, le *Jeune Diacre*, une Messénienne de Ca-
simir Delavigne.

Les troupes faisant partie de l'expédition du duc d'Angoulême
peuplent les routes où l'artiste passe ; il tombe sur des haltes au matin,
où le soleil allume les armes, où les soldats disséminés font leur toilette
devant un morceau de glace, pansent une blessure au pied ou passent
la revue de leur sac, dans la gaieté de l'éveil, en attendant le signal du
départ. Un soldat suisse devient son compagnon pendant quelques
jours, son habit rouge le guide par les chemins de traverse, et tous deux
couchés sur la bruyère des hauteurs de Saint-Jean-de-Luz, et fumant
tour à tour la même pipe, se reposent de longues heures pendant lesquelles le caporal Simonin lui raconte les épisodes de la guerre d'Espagne, les escarmouches à la frontière, lui montrant les défilés, les
villages, les crêtes, sur l'horizon déployé à leurs pieds comme une carte.
Il arrive à la porte de l'Espagne, déjeune *al Parador de las dos Naciones*,
en vue de la douane, des gardes, des ballots, des scènes d'allées et venues
d'une guerre ; côtoie cette Bidassoa qui le sépare de la terre d'Espagne,
et plante son parasol en face du pont d'Irun au moment où quelques
traînards du 55e de ligne, échappés au poignard des Espagnols, passent
la double barricade, touchent la patrie, et vont regagner leur brigade.

De là, il gagne Biarritz et atteint Bayonne, assis dans le panier d'un cacolet et mené par une de ces cacoletières inimitables pour porter sur le coin de l'oreille le mouchoir de la grisette du pays.

A Bayonne, il descend à l'auberge de la *Femme sans tête* ; un cabaret en face d'un pont, d'où il avait le spectacle changeant des quais bruyants et animés de la Nive. Le cabaret lui-même était la plus bizarre hôtellerie de voyageurs de tout négoce et de tout commerce. Le cabaret était hanté par des juifs, des changeurs, des marchands de cuillers et de chapelets, des Italiens charlatanesques, des débitants d'encre et d'eau de Cologne, et quelques belles errantes que l'amour traînait à la suite du 55e de ligne. Sur tout ce monde mêlé et baroque, une jeune fille de seize ans contrastait étrangement. C'était la fille de maître Preuil, l'aubergiste, une tête d'enfant au milieu des faces noires et soldatesques, une voix toute douce au milieu des gros rires et des flonflons du vin, un visage frais et brillant, promenant la pointe heureuse de son petit mouchoir à travers les bonnets de laine, les chapeaux vernis des marins, les habits rouges des Suisses ; véritable image de pudeur et de candeur égarée là, dont la bouche faisait innocentes les expressions de la tabagie, et dont la simplicité, la naïveté, l'ingénuité et la virginité, pour ainsi dire, de ses manières, lui valaient de l'artiste le baptême de ce nom : *la Vierge du cabaret.*

Au bout de quelques jours, Jenny venait caresser le chien, sur le banc où s'asseyait tout seul le voyageur, rappelée à tout moment par un coup d'œil de la mère, la voix brusque de Preuil ou le timbre d'une bouteille vide. Et le voyageur, arrivé le 26 octobre, et qui ne comptait passer que quelques jours à Bayonne, s'y trouvait encore le 10 novembre. Le départ fut pour lui comme un arrachement. Jenny était venue le trouver dans sa chambre pour l'adieu. La main tremblante dans la sienne, et les yeux humides, elle lui avait fait la promesse qu'elle penserait souvent à lui, tout en se refusant au baiser du départ et voulant le lui donner devant sa mère. Mais laissons ici la parole à l'artiste amoureux, laissons-lui raconter la fraîche scène du lendemain.

... Ce matin j'étais prêt au jour ; à neuf heures, je n'étais pas parti ; assis près d'elle, le bâton à la main, trois ou quatre enfants dans les jambes, je recevais de chacun les lieux communs du départ ; Jenny tenait un petit soulier qu'elle avait l'air de coudre, la dame Preuil laissait brûler un poulet, la servante Catherine avait frotté vingt fois la même assiette, et j'embrassais

toujours un enfant qui n'avait rien d'aimable, mais en l'embrassant, j'en regardais une autre dont la figure était bien rouge et qui ne me regardait pas ; enfin je m'approchais de mon hôtesse, qui me tendit une joue séchée au fourneau, sur laquelle je pris de bonne grâce une passe pour celle de sa fille. — Ce baiser unique me reviendra longtemps, il était électrique. — Les yeux de Jenny à travers les vitres du cabaret sont la dernière chose que j'aie vue à Bayonne.

Et le soir il écrivait sur son Journal : *Enfin, j'ai fait le grand effort de quitter Bayonne !... Les jolies filles sont des pierres que le voyageur trouve pour se casser le cou, mais ma Jenny n'était pas que jolie, elle n'est même pas jolie ; c'est sa petite âme qui m'a étourdi, c'est elle que j'ai vue dans ses yeux... Où était le charme ? Qu'est-ce que ça me fait ? Il y en avait un pour moi à la Femme sans tête, et d'ailleurs, si mon imagination m'a trompé, tant mieux — tant pis — tant mieux !*[1]

XXI

Là-bas, le jeune homme avait conçu l'idée de révolutionner le travestissement, idée inspirée par le caractère, par l'originalité, par la beauté pittoresque des costumes espagnols et basques. Il songeait à faire sortir le costume des bals masqués de la trinité banale et hiératique de ces trois types consacrés : l'éternel Pierrot, l'éternel Polichinelle, l'éternel Arlequin. Il voulait l'enrichir avec la variété, la diversité des costumes de la vieille France. Ce rêve venait à l'artiste sans nom, au moment où le vieux La Mésangère faisait paraître une série de costumes normands, avec la pensée de nouvelles séries fournies par les provinces de l'Est et du Midi. La Mésangère avait vu chez Blaisot les premières diableries du jeune Chevalier, et, leur trouvant de l'esprit et une certaine tournure fantastique, il demandait à Blaisot si son jeune homme pouvait travailler à la suite de ces costumes. — « Mais il n'est plus ici, il est parti pour le Midi. » Et c'était sur une lettre qu'écri-

---

1. Le voyage se termine par une singulière aventure de brigands... *Cette nuit, mort de faim, de froid et de lassitude, j'ai été arrêté par des brigands qui m'ont forcé à manger, à me chauffer et à dormir. Je suis à une lieue de Tarbes.*

vait Blaisot au dessinateur, qu'un traité était passé par lequel La Mésangère lui commandait cent dessins à raison de trente-cinq francs pièce.

Une première dizaine était envoyée[1], que les costumiers, les couturières, le graveur chargé de les graver ne trouvaient pas assez écrite. La Mésangère faisait adresser des reproches à l'artiste par Blaisot, qui lui demandait des dessins plus finis, plus détaillés. Une seconde dizaine arrivait, en tout semblable à la première, puis une troisième, ne satisfaisant pas plus La Mésangère, qui se refusait à en accepter davantage, en sorte que la série des cent dessins s'arrêtait à trente.

Le procédé de ces dessins était un simple trait à la plume, avec les ombres lavées à l'encre de Chine, et coloriées par là-dessus de teintes plates. Vingt ont été gravés par Gatine, et publiés sous le titre de *Travestissements*. A travers la gravure, on peut juger que le jeune dessinateur de modes n'a pas encore l'aisance ballonnante d'une jupe, le voluptueux contour d'un corsage, la vie flottante des étoffes, mais déjà se remarque une délicate habileté dans le *froufrou* d'une toilette. Il y a une Béarnaise, une Basquaise, un costume de la Navarre espagnole, qui sont des plus coquets ; un ancien ajustement des montages du Béarn avec les rubans de soie verte entrelacés dans les cheveux et répétés dans le soutachement du corsage, charme par le délicieux de l'effet. Un autre intérêt de cette série, ne se renfermant pas dans les costumes des Pyrénées, mais y faisant entrer une Indienne, une bachelette, une Andalouse, c'est l'imagination et la fantaisie que le dessinateur apporte dans des costumes de pure invention. A voir ce domino d'une grâce si bizarre, à voir cette magicienne qui annonce déjà l'habilleur de drames que Gavarni sera plus tard, on le sent né pour être le costumier poétique et le modiste idéal de la femme.

Gavarni était reconnaissant à l'homme qui l'avait deviné sous la faiblesse de son début. Il aimait à parler de ce vieux La Mésangère, l'éditeur-artiste, le patriarche des amateurs et des collectionneurs modernes. Ainsi il le peignait : un grand vieillard poudré, habillé des pieds à la tête de bleu barbeau, cravaté de blanc, de politesse du siècle dernier en personne, ne sortant guère de l'appartement qu'il occupait au premier étage de la rue et du boulevard Montmartre, et passant sa

---

1. Nous trouvons dans une lettre du 26 mai 1827 : *Je mets à la diligence six demoiselles à qui j'ai fait la recommandation expresse de m'envoyer vite et à cheval du* quibus. *Mon cousin Théodore aura la bonté de placer ces demoiselles dans le harem de M. La Mésangère.*

vie dans un grand salon tout rempli de vitrines en acajou, qui contenaient, exposée sous ses yeux, la précieuse collection historique de portraits et de miniatures de femmes qu'il avait rassemblée.

XXII

Au milieu de ces courses, de ces pérégrinations, de ces marches continues, il est toujours le même voyageur nerveux, mobile, changeant, l'imagination tourmentée de chimères, inquiétée, dans la tranquille jouissance du présent, par un regret du passé ou un appétit de l'avenir, retombant, avec la platitude et le non aventureux du chemin, à des jours splénétiques, pendant lesquels les paysages et la route sont sans intérêt pour lui, où rien de ce qu'il voit ne lui parle. C'est par ces jours d'un effacement gris que, forçant son idée à se replier sur des souvenirs, se réfugiant contre le mauvais de l'heure actuelle dans l'aimable des choses passées, il échappait à sa tristesse par une vie factice que sa pensée croyait vivre.

Les yeux fixés sur les cailloux de la route, courbé sous le poids de mon bagage, accablé de chaleur et de lassitude, j'oublie tout ce qui m'entoure et je lis le bonheur dans un songe. C'est Paris que j'y voyais aujourd'hui, les salons de Mme D..., un tapis de jeu, le punch, des femmes aimables ; — ou c'étaient Virginie et les charmants déjeuners du Luxembourg, — ou bien encore les bords heureux de la Garonne, au soleil couchant..., les roseaux de la Pouille... Je sentais le balancement d'un léger cacolet... je voyais deux enfants..., un marin, une robe blanche, un chapeau de paille..., mes lèvres frémissaient du souvenir d'un premier baiser...

Et ainsi il marchait dans son rêve, jusqu'à ce qu'un caillou contre lequel il butait le rappelât à la réalité.

XXIII

Malgré ces ennuis et ces tristesses, malgré des envies et des visions de grandeur et de fortune, malgré le souvenir qui lui revenait souvent de ce grand théâtre des talents et des renommées, ce Paris inoublié,

dont il voyait, insomnieux dans un lit d'auberge à Biarritz, le monde
aux Français, au théâtre des Nouveautés, aux bals ; il remettait encore
son retour, ce retour appelé par les prières de ses parents, imploré par
les tendresses de sa bien-aimée mère, et toujours différé, et reculant
toujours sous des excuses, sous des prétextes. Un jour, *c'étaient des
adieux qu'il devait à une société dispersée sur un large pays, et où, comme
dans un grand salon, il s'avançait dans chaque vallée pour se retirer en
faisant une dernière révérence.* Une autre fois, il demandait à sa mère
deux semaines de répit à propos d'adieux plus particuliers et qui l'ef-
frayaient, lui écrivant : *J'appréhende un éclat qui serait très fâcheux ;
ce serait le feu à une mine secrète, et l'explosion serait terrible. On compte
sur un courage qu'on n'aura peut-être pas. Je pars dans la nuit, mais il
faut dire adieu la veille, peut-être pour toujours, on le sait ; — et devant
un témoin intéressé, très intéressé, il faut échanger des lieux communs,
froidement, dans des adieux où l'on sent le besoin de dépenser toute son
âme. — Le témoin vient d'entrer ; je suspens ma confidence.*

Mais ce qui le retenait, c'était, avant tout, la grande maîtresse qu'il
avait là, dans les Pyrénées : la montagne. Il s'était passionné pour ces
crêtes, ces pics, ces sommets, ces hauteurs, ces cavernes où bâillent
l'inconnu et le béant de la nuit, ces puits sans fond, où il descendait le
long d'une corde attachée à un arbre posé en travers ; trous de mystère
où la pierre jetée semble tomber éternellement, et qui donnaient à l'ex-
plorateur l'idée d'un conte fantastique qu'il oubliait d'écrire.

Dans ses vieilles années, engourdi à son foyer, Gavarni nous parlait,
en s'animant d'une sorte de fièvre, de ces courses effrénées partout là,
de ces voyages, seul et sans guide, dans ces chaînes des monts, sur ces
pentes neigeuses, — précédé de son chien à la queue frétillante, qui
mordait de temps en temps le froid de la neige, — allant ainsi devant lui
jusqu'au bout des deux cents francs de son gousset, goûtant le bon goût
de l'ail du Midi, et revenant, avant d'avoir l'habitude des espadrilles,
avec des chaussures si trouées, que pour poser le pied, au retour, sur le
pavé de la première petite ville, il était obligé de se refaire des semelles
avec de vieilles cartes ramassées dans un poste de douane.

C'étaient là de telles jouissances, qu'au lieu d'être à Paris, selon sa
solennelle promesse, au mois de janvier, il ne descendait dans la vieille
cour des diligences, peinte par Boilly et décrite par M. de Jouy, qu'au
mois de juin, le jour de l'Ascension, qu'il avait choisi, par une attention

délicate, pour embrasser sa mère : c'était le jour de la fête de la vieille femme, et là, sur le marbre d'une table, au *Café des Voyageurs*, il écrivait :

Je viens de traverser une partie de Paris aujourd'hui, jour de l'Ascension (1828). Que d'émotions, de souvenirs, j'ai retrouvés dans chaque chose ! La succession des sensations que j'éprouvais semblait, à chaque objet nouveau, chasser un souvenir de ma pensée trop pleine... Ils reviendront, ils sont si jolis !... pas tous... Dans quelques heures je vais revoir ma mère... Quelle agitation !... je ne sais plus quoi dire... je ne sais pas ce que je pense...

XXIV

De retour à Paris, il confie sa pensée, ses impressions, à un Journal intime en tête duquel il écrit : « *Paris*, 1828. DEUXIÈME ÉPOQUE », comme s'il entrait dans une nouvelle vie ; un Journal auquel il met pour épigraphe ces deux vers de Béranger :

Dans l'air plus doux j'entends battre des ailes,
Tous les Amours ne sont pas envolés.

Le Journal débute par un long et grand morceau de critique où le Parisien rapatrié, avec une singulière hauteur d'idées, une facture et un acquis littéraires inattendus, attribue à l'influence de Walter Scott le goût tout nouveau du siècle pour « *le pittoresque des mœurs* ». Et de là il s'étend sur ce qu'un œil observateur peut saisir dans une rue de Paris, par une route de France, au marché, au cabaret du village, tout ce qu'il y a partout à peindre de mœurs et de caractères, tout l'intérêt qui peut jaillir de l'étude profonde, sagace et sentie du moindre individu. C'est une vraie profession de foi où, dans le secret de ce papier intime, il prêche et se prêche à lui-même la pure observation, jugeant tout épuisé dans l'art écrit aussi bien que dans l'art peint, et finit en se disant : « *Il reste à être vrai* ».

Un mois auparavant, son crayon écrivait sur un vieux carnet d'adresses, ainsi qu'un engagement avec lui-même et un rappel de tous les jours : — « Soirée au *Midi*. Scènes populaires, ivresse, etc. *C'est*

Un souper a la Maison d'Or

d'après nature qu'il faut tout peindre. Je veux tachygraphier. Le 30 sep-
tembre. »

Ces réflexions sur Walter Scott, qui l'avaient ramené à sa préoccupation unique, il les faisait un dimanche soir de la fin d'octobre où,
après trois semaines de solitude, il était venu, selon son expressive expression, *se renouveler dans la foule.* Il les faisait au fond d'un fossé
bordant le parc Monceau du côté de la campagne, à demi plongé et
flottant dans les souvenirs des horizons, cherchant la ligne disparue des
Montagnes Françaises et la place perdue où avait été un cabaret de joie
de sa jeunesse, remontant avec sa mémoire de dix ans à ce Montmartre
qui n'était, quand il l'avait quitté, qu'un village avec des moulins et
des ânes, et qu'il avait retrouvé une petite ville. Et, tout en rêvassant
ainsi, il observait, sous la charmille des guinguettes, les bourgeois parisiens et les commis de tous les comptoirs de la rue Saint-Denis attirés
par les bals de barrière ; intrigué par un couple de petits époux « ayant
l'air de mêler assez tristement leurs dimanches », arrêté devant une oie
tirée par une bande de paysans, et qu'il suivit quand ils s'en allèrent,
en curieux qu'il était de l'inconnu.

Avec cette résolution de tourner son effort, son étude, son talent,
uniquement et absolument vers l'actuel, le vivant, le contemporain,
le jeune homme de vingt-quatre ans prenait comme une possession de
ce vaste tableau humain : Paris, ce grand Paris, si multiple, si mouvant,
si complexe, si varié, qui déjà l'enivrait, le grisait, lui donnait une sorte
de fièvre et de curiosité ardente l'emportant d'avance à l'orgueilleuse
ambition de faire un jour de l'immense ville sa proie, son œuvre,
sa popularité. Et ne sent-on pas jaillir sa vocation future dans ces lignes
inspirées qui lui échappent à la date du 20 novembre 1828 :

Qu'il faut être vide ou usé pour s'ennuyer près d'une agglomération
d'hommes ! Toi, mets le nez à la lucarne de ton grenier ; vois-tu cette mul-
titude de toitures, ces fumées qui s'en échappent ! Souffle ta lampe, passe
ta culotte, va glisser un demi-jour entre la foule d'intérêts qui font la boue
des rues, entre à droite, à gauche, va essuyer tes pieds au tapis du salon,
te rafraîchir à la buvette, te réchauffer à la forge, va voir juger le voleur,
fabriquer des lois, risquer l'or sur le pivot d'une roulette, ou vendre et
acheter sous les piliers d'un marché, tu reviendras plein de tableaux. . .

.. . .

A chaque retour d'un voyage dans Paris, je suis persuadé qu'il est encore à décrire, et tourmenté du désir de l'essayer. Chaque fois, à chaque pas, j'y trouve beaucoup de choses, et, pour compter les sentiments que j'y éprouve en un jour, il me faudrait une année.

Sa vie, toute sa vie, appartient alors à Paris. Il la voue entièrement au service de son étude. C'est en lui une activité à aller, à voir, à monter de la rue au salon, de l'atelier à la mansarde, à se mêler à tout et à tous, à fréquenter les lieux de plaisir et les endroits de labeur, à passer enfin par tous les mondes, tous les décors, tous les contrastes, qui devaient lui donner la variété et l'espèce d'originalité sans cesse renaissante et renouvelée de ses innombrables dessins. Sa vie d'alors, la voici dans cette journée courante, pareille à tant d'autres, lancée et portée sur des pieds inlassables, à travers la succession et le tourbillon de toutes sortes d'images diverses.

Il s'est couché au sortir d'un bal de laquais et de grisettes du faubourg Saint-Honoré. Il se lève, suit aux environs du Palais-Royal un boa de martre entortillé autour d'une jolie tête, grimpe dans l'atelier d'un peintre où il fait une heure d'esthétique en fumant un cigare au nez de l'Apollon ; tombe à l'exposition Martinet ; va au bazar de Giroux, où les bijoux voisinent avec les joujoux, où les Bonington sont à l'ombre d'un moulin de papier ; donne un regard aux satires coloriées entre lesquelles il se voit pendu incognito ; passe chez un commissaire pour défendre, contre la pioche d'un maçon, son escalier dérobé, « la petite porte où ne frapperont plus maintenant que des souvenirs, tout doucement » ; de là, rend visite à une Philaminte qu'il ne trouve pas ; passe au comptoir d'un marchand ; fait une station au passage Véro-Dodat au luxe semi-chinois ; va dire un bonjour au chevalier Melliny, avec lequel il a voyagé dans la Bidassoa ; traverse le faubourg Saint-Germain, cause affaires une heure avec un libraire dans un café de l'Odéon ; revient à la porte Saint-Martin, au Pont-aux-Choux. Il n'est encore que cinq heures. Il entre au laboratoire des frères Richer, « où l'on fabrique un canal qui, du milieu de l'Océan, va conduire un regard savant à la lune, et où, courbé sur son étau, un jeune artisan glisse une lime entre les jambes d'un compas qui doit mesurer Sirius ». A cinq minutes de là, il est dans un salon et caresse avec un mari « les enfants de sa femme » ; puis, de là, dans l'intérieur de l'amant, et de là encore dans une fabrique et les engrenages d'un manège. Onze heures le trouvent dans une mansarde au milieu d'un nuage de fumée, parmi de jeunes femmes, des pipes et des chansons. Et, à minuit, il termine sur les boulevards sa tournée de Juif errant parisien qui par moments, dans son récit, prend le tour d'une espèce d'hallucination.

XXV

Il y avait près de cinq mois qu'il était installé, avec un très modeste mobilier, dans une grande maison portant le numéro 27 de la rue Saint-Lazare, en face de l'emplacement où depuis a été bâtie la cité d'Orléans.

Cette maison était le phalanstère d'art le plus étrange, une ménagerie d'originaux bizarres, une sorte de refuge de fabuleux déclassés. Un soir de réminiscence sur cette maison, il nous esquissait le portrait de quelques-uns de ses romanesques habitants. D'abord, un jeune Béarnais, marin, puis sculpteur, élève de Mlle de Beauvau, Quasimodo trapu, qui, épris d'elle, quoiqu'elle se moquât de lui, avait provoqué par jalousie un garde du corps, qu'il avait tué. Il gagnait sa vie à modeler de petites figures en cire pour les pendules et à donner des leçons de bâton dans l'espèce de cave où il demeurait. — Un jeune homme des îles Seychelles, venu à Paris avec une jeune créole de l'île Maurice qui s'était empoisonnée, leur petite fortune mangée dans un hôtel garni ; celui-là vivait d'un talent de miniature et d'une spécialité de portraitiste de mauvais lieux, dans une pleine candeur inconsciente qui lui faisait dire : « Savez-vous que Mme Saint-Léon est une femme bien honorable ? » Gavarni le revoyait perpétuellement juché sur un tabouret de peintre, une pomme cuite sur un œil malade, raclant de la guitare et chantant la romance : « *Que j'aime ton œil noir !* » Et tout en haut, dans une mansarde, près des astres, logeait un jeune homme qui parlait de la « théorie du sublime, des maîtres de l'art », et qui peignait des tableaux à horloge. C'était lui qui avait trouvé ce trait de génie d'en mettre une au fond du lit, dans une copie de la *Mort de l'Empereur*, d'après Steuben.

Hippolyte Chevallier avait là, au cinquième étage de la maison, entre cour et jardin, un assez grand appartement.

L'attachement que le peintre semble avoir pris à toutes les époques de sa vie pour les endroits qu'il habitait, l'affection qui lui venait pour des murs d'habitude et qui, à presque chaque changement de demeure, lui en faisait crayonner la mémoire[1], nous a valu la vue de son atelier, avec son poêle sur lequel se dresse un flûteur en plâtre, entre deux têtes de mort ; avec son fond coupé par des pilastres, qui forment d'un côté une bibliothèque, de l'autre un panneau où sont réunis en trophée les souvenirs du voyageur, son sac, son béret, et les grands bâtons des Pyrénées[2].

XXVI

Cette première année, le jeune homme ne s'est pas refait Parisien ; il n'a pas encore repris son assiette, ses habitudes, l'amour de tout ce qui l'attachait dans le passé à la grande ville, le train-train insouciant et joyeux de sa vie d'autrefois. Au milieu de ses anciens amis et de ses anciennes affections, il se trouve isolé[3], il est sans goût pour les plaisirs où les hasards des rencontres l'entraînent ; des souvenirs et des regrets des pays de montagnes lui reviennent, et un jour de fête publique, la Seine illuminée de chandelles romaines lui fait penser, en pleine foule, « au calme pastoral de la vallée d'Aure et aux flots d'argent de la Neste ». Il est vaguement amoureux d'une femme idéale, qu'il ne trouve pas sur son chemin ; puis, après de banales expériences, il jette son dégoût dans des phrases cyniques, ou écrit :

C'est une femme comme les autres, et celle que je cherche ne ressemble à personne.

---

1. Ainsi ce crayonnage, ce coin de chambre où le déjeuner est dressé sur cette boîte à couleurs que Gavarni eut près de lui jusqu'à ses derniers jours. Ainsi cet autre croquis de regret, daté du 8 juillet 1819, au bas du désordre d'un déménagement, sous lequel le jeune homme a écrit : « *On ne devrait aimer rien, ne s'attacher à rien, car tôt ou tard il faut tout quitter* ».

2. Dessin du 13 février 1829.

3. Il semble, dans ce temps, susceptible, ombrageux ; et rencontre-t-il, chez le chevalier Melliny, Pigault-Lebrun qui lui fait ce compliment : « Monsieur, vous dessinez joliment les petites figures », il le paye de ce compliment par ce portrait : *Vieux, entortillé dans une longue redingote, grand nez rouge, rien de fin dans cette physionomie dure et sèche, gros souliers, bas bleus, désagréable et blagueur, — vilain bonhomme.*

Il rêve, il rêvasse à l'écart, se nourrissant de chimères dans la solitude où il se réfugie, et y savourant, selon ses expressions, « *ces moments d'émotion d'une extrême délicatesse, délicieux et vagues, qui bercent doucement l'âme entre le plaisir et la peine, mais que détruisent un bruit, un mot, un rien, une pensée même* ».

XXVII

En dépit de l'ambition et des hautes visées de ses désirs, depuis son retour à Paris, l'artiste n'a encore produit que des travaux de commerce et de misérables petites choses : des vignettes pour Béranger ; des travestissements, des grotesques pour Giraldon, grandes lithographies à la plume, lourdes et bêtes fantaisies, dont tout l'esprit était une bergère des Pyrénées avec une barbiche et des moustaches : des pages de croquis minuscules ; une série de *pisseuses*, suite maintenant introuvable ; enfin un recueil lithographié et colorié par lui-même d'après ses croquis des Pyrénées, et dans lequel on retrouvait les costumes des localités où ses excursions l'avaient mené : *Jeune fille d'Ossun, — Paysan de Laruns, — Jeune fille de Luz, — Contrebandier aragonais, — Femme des bords de la rivière de Broto, — Grisette de Tarbes, — Barégeoise, — Pâtre de Gavarnie,* etc. ; pauvres dessins et maladroites lithographies, qui n'ont guère pour eux qu'une certaine naïveté enfantine. N'oublions pas encore, éditée par Rittner, alors l'éditeur ordinaire du débutant, une série de trois planches en travers intitulée *les Cris de Paris*, et portant la rare signature de *Chevalier*[1].

XXVIII

Le miniaturiste des îles Seychelles travaillait pour Susse. Il proposa au débutant de le mettre en rapport avec le marchand à la mode. A quelques jours de là, le jeune artiste apportait deux dessins. « Mais pour la vente, il faut une signature », lui dit Susse. Guillaume-Sulpice Che-

---

1. Remarquez que l'artiste orthographie son nom autrement que le porte inscrit son acte de naissance.

vallier était encore plein de l'amour de ses chères Pyrénées. Sa mémoire et son cœur y retournaient sans cesse. C'était peut-être quelques jours auparavant qu'il avait écrit sur son Journal : « *Madame la duchesse de Berry a couché dans un lit où j'ai soupiré Paris. Elle l'a trouvé trop tendre et elle l'a refait elle-même. Puis elle a demandé des cartes ; notre hôte n'en a trouvé qu'au poste de la douane... Des cartes à Gavarnie ! »*

Là, dans la boutique, sur le comptoir, pris d'un subit *revenez-y* à sa bien-aimée vallée, et comme s'il se rebaptisait au souvenir et à l'eau de la cascade, il signait — la signature de la popularité future de son talent : — GAVARNI.

XXIX

La curiosité est bien naturelle de vouloir connaître le moment juste où le nom de Gavarni apparaît et se substitue au nom de Chevalier dans son œuvre. C'est bien décidément en 1829, mais à quelle époque de l'année ? Et quelle est la première planche qu'il a signée de son nouveau nom ? Personne ne le sait positivement. Cependant, M. Mahérault a découvert que deux petites planches, intitulées *les Blanchisseuses* et *le Marchand de lunettes*, dont nous trouvons, dans un memento de Gavarni, l'indication des dessins comme faits d'après nature au mois de juin 1829, et qui avaient d'abord paru sous la signature *Chevalier*, portent à un second tirage, qui a dû suivre le premier, au bout de quelques mois, le nom de Gavarni à la place de celui de Chevalier. Il est probable que ce sont les deux premières pièces de son œuvre portant la vraie signature de l'artiste.

XXX

Au mois de juillet 1829, Gavarni avait abandonné son atelier de la rue Saint-Lazare et était venu s'établir à Montmartre, un endroit qu'il aimait d'un ancien goût de son enfance, et où bien souvent le ramenait le vagabondage de son crayon. Il s'installait, avec son père et sa mère, tout en haut de la butte, près du télégraphe, dans le premier étage d'un pavillon entre cour et jardin ; au-dessus, un belvédère, dont il avait la jouissance, embrassait la vue de ce Paris qu'il s'était donné pour mission de peindre.

Et là commençait bientôt l'année 1830, la grande année du travail d'après nature de Gavarni, pendant laquelle les dessins qu'il signe à cette date avec l'indication abréviative des deux lettres M. M., sont sans nombre et d'une infinie variété.

Feuilletons-les, dans ce vieux carton vert. Ce sont des centaines d'études : des paysages, des choses, des objets, des êtres à côté de lui et à portée de son crayon. Croquis pittoresques du Montmartre presque. sauvage d'alors ; de ses bâtisses ruineuses ; de ses masures écroulées, des entrées suspectes de ses carrières béantes ; des palissades de ces terrains vagues qui feront plus tard le fond de ses lithographies ; de ces coins déserts, aux tas de ronces, de pierrailles et d'orties que fouleront, dans son Œuvre future, les pieds sans souliers de ses bohèmes de banlieue. Pêle-mêle, se succèdent des détails d'intérieur, des natures mortes, dont un violon saisi et retourné dans tous les aspects et tous les raccourcis de l'instrument ; des croquis de son chien, de son Trilby, le compagnon de sa solitude, l'ami consolateur des mélancolies de sa jeunesse ; des portraits de ses parents, de son père, de sa mère, qu'il répète vingt fois[1], de tout le petit monde bourgeois dans lequel il vit : parents, amis, voisins ; femmes de-ci de-là ; car dans toute femme qu'il approcha ou connut, il y eut presque toujours un modèle pour l'artiste.

Études de la vie vivante, qui ont ceci de particulier qu'elles la surprennent et la fixent sur le papier, dans son mouvement intime et familier, dans le vif du vrai, telle qu'elle est quand elle n'est pas gênée, contrariée, roidie, dépouillée par la pose, de la spontanéité et de la

---

1. M. Tronquoy nous racontait qu'alors Gavarni mettait tous les gens de sa famille en réquisition pour poser. C'est ainsi que, dans une série de petites figures qu'il publia, croyons-nous, en 1831 : la *Laitière* était sa mère, qui posait une seconde fois pour la *vieille femme* de dos qui ouvre un parapluie ; et la silhouette de la femme en cabas lui était fournie par la *grande Marguerite*, la vieille bonne dévouée, descendant de Montmartre le matin pour lui apporter sa soupe, quand il travaillait au dehors.

Disons que l'artiste, à défaut de *poseur*, s'est souvent servi à lui-même de modèle ; il y a nombre d'études qui le représentent, tantôt en manches de chemise, tantôt en blouse d'atelier, avec l'aspect d'un ouvrier *bellâtre*, aux cheveux frisés. L'un de ses portraits, le plus lointain que l'on connaisse de Gavarni, a été donné par lui à son ami Forgues.

franchise de la grâce ; des études qui semblent commencées à l'insu des
personnes, en plein naturel d'un travail, d'une occupation, d'une flânerie, d'une méditation ou d'un sommeil ; des études où, quand les
gens s'aperçoivent qu'il les dessine, le dessinateur a déjà arrêté leur
physionomie et leur silhouette avec l'instantanéité d'une chambre
noire. Souvent même, du moment il ne saisissait au vol qu'un détail,
un de ces riens d'un moment, une de ces actions d'une partie du corps
qui charment tout à coup l'œil d'un artiste, un morceau de geste : un
bras de femme nu et sortant voluptueusement de l'épaulette d'un corset,
le croisement de deux pieds, dont un talon pose sur un cou-de-pied
et qu'on dirait se caresser au bas d'une robe molle ; des pages entières
de mains, — le dessin de Gavarni fut toujours amoureux de la main,
comme l'avait été avant lui le dessin de Watteau ; — des mains d'homme,
des mains de femme, avec leurs expressions, leur nervosité, leur esprit,
leur mobilité, leurs signes de race, les mains douces du monde aussi bien
que les mains rudes du peuple, celles qu'il noue autour du culot d'un
brûle-gueule ; celles dont il cherche sur tant de feuilles de papier tous
les jeux d'élégance et de coquetterie à se ganter d'un chevreau trop
étroit et à le boutonner sur le poignet renversé.

Et ce n'était encore là que la moitié de son travail et de son étude.
En même temps qu'il poursuivait la vie dans la vie de la ligne humaine,
il s'attachait avec la même patience, la même ténacité, au *rendu* animé
du vêtement, de ce qui enveloppe, habille, étoffe le corps moderne. Re-
marquons-le ; dans cette année où éclate son succès de dessinateur de
modes, il n'est pas un modiste préoccupé uniquement de la science, de
l'agencement, de l'ajustement et de la justesse graphique d'un patron ;
il a une ambition plus haute, et nombre de croquis : des bouts de pantalons dans les plis desquels on sent les jambes, des pinçures d'habits,
des redingotes étudiées dans le pli d'une taille, des profils de bottes
qui sont presque le signalement de l'individu qui les a aux pieds,
des inclinaisons, des renversements, des crâneries de chapeau qui font
deviner au-dessous la tête de l'homme restée en blanc ; tant d'autres
images rapides et parlantes montrent qu'il cherchait, au delà du
contour mort du costume, à mettre dans un vêtement un peu de la
vie de celui qui le porte, quelque chose de sa personnalité et de son
individualité.

La nature dans son animation, c'est donc son unique maître ; il ne

travaille que d'après elle, essayant de l'*empoigner*, de la rendre telle
qu'il la voit, dans sa réalité exacte, à force d'études d'un vouloir entêté ;
études serrées, dures, anguleuses, mais fidèles et d'une certaine rigidité
primitive à la Holbein, roide, naïve et gauche. On y sent encore le débat,
la lutte chez l'artiste contre les premières habitudes, et la routine de sa
main, les leçons de son enfance, ses jeunes années appliquées au dessin
de précision, d'architecture et de machines. Mais peu à peu, se dégageant de cette sécheresse linéaire de la figuration, arrivant au large et
à l'expression du contour humain, il trouve enfin, dans son perpétuel
tête-à-tête avec le vrai, sa ligne à lui, cette ligne qui commence à porter
sa signature, cette ligne originale et libre, ce trait courant et spirituel,
ce *faire* entièrement dégagé de l'imitation des minces Grenier, et qui
paraît se tourner, dans sa force grasse, vers le style de Decamps ; il
trouve ce dessin de lumière qu'il éclaire maintenant par une science toute
nouvelle de l'effet, et où, dans le rondissement plein de son crayon, avec
un rien d'estompage au pouce de sa mine de plomb, il fait tourner moel-
leusement une taille dans une ceinture de robe, donne la valeur d'un
chignon brun sur la douceur d'une nuque.

A partir de cette année 1830, répétons-le, Gavarni est Gavarni, le
Gavarni des dessins signés de son talent et de sa marque, sans qu'il ait
besoin d'y mettre son nom au bas.

Cette année est encore à un autre point de vue une grande date dans
son histoire ; elle est pour ainsi dire l'année de ses provisions d'études
pour son œuvre future. Toute sa vie, elle resta pour lui une espèce de
caisse d'épargne où il puisa et se renouvela. Et cette année fut enfin
celle qui développa cette étonnante mémoire plastique du dessinateur
qui lui permettait, à la fin de sa vie, de ne plus travailler d'après nature,
tirant de son souvenir, où il fouillait comme dans un portefeuille, le
croquis du bonhomme dont il avait besoin.

XXXI

Pendant que Gavarni se livrait en 1830, dans sa retraite de Montmartre, à cet acharné travail d'après nature, Émile de Girardin, qui
venait de fonder *la Mode*, le choisissait pour le dessinateur de son journal.

Nous avons sous les yeux les dessins originaux[1], ces lavis de jupes et
de corsages, à l'encre de Chine ou à la sépia, exécutés avec le fini de la
draperie d'Albert Dürer, du Louvre ; ces études de robes où la rigueur
du patron ne s'adoucit que sous l'artistique du *faire*, des études qui apportent pour la première fois au rendu d'un détail de costume moderne
l'application et la conscience que les artistes n'y avaient pas encore
données. Il y a des planches de bonnets et de chapeaux qui mettent à un
tortillage de gaze et de dentelles, sous une main toute légère, la précision d'un dessin de machine ; on voit, rigoureusement dessinés, des modèles de bijoux, de jardinières, d'écrans, de bougeoirs, d'étoffes même,
parmi lesquelles figure l'*organdi Lamartine*. C'est un amusement de
suivre, au bout de ce crayon fidèle et élégant, les modes de la fin de la
Restauration, de retrouver ces *engoncés*, aux vêtements carrés, qui portent les cheveux en touffe sous un chapeau pointu, et s'enferment dans
une redingote vert myrte qui a trois plis de chaque côté dans le jupon.
Et les modes de la femme, quel divertissant spectacle ! Les robes
ouvertes en redingote ; les jupons en *gros d'Orient*, avec les spencers
à collet découpé, les corsages à la grecque avec les volumineuses
manches ; les robes à double pèlerine avec manchettes aux coudes ;
les canezous aux grandes pointes festonnées ; les grands bonnets déchi-
quetés qui ressemblent à un buisson de fougères ; les chapeaux de paille
aux grandes plumes d'autruche frisées ; les chapeaux en gros de Naples
marron avec des nœuds en ruban de gaze bleue ; enfin tout l'original,
le bizarre, le laid, et parfois le joli, dont se pare et se fait belle la femme
de 1830 ; le guingamp chiné, la *stokoline*, l'*albanienne*, la *sinaïde*, la
mousseline *Alhambra*, enfin l'étoffe dont la couleur a été baptisée du
nom de *pudeur virginale*.

Cependant, de ces chapeaux monstrueux à forme de tourtière, de
ces abominables manches à gigot, de ces lourdes pèlerines, de ces fichus
qui ont l'air d'être soutenus par des fils d'archal, de cette mode vieil-
lotte, et pareille à des ajustements de grand'mères habillant de jeunes
femmes, Gavarni dégage une grâce, la grâce qu'a toujours gardée la
Parisienne aux époques désastreuses de la mode, et qui a, pour ces

---

1. Ces dessins, qui ont été donnés par M. Émile de Girardin à la princesse Mathilde, il les esquissait d'abord sur un gros papier jaunâtre huilé, qui précéda l'invention du papier végétal ;
ces esquisses étaient crayonnées, et le contour arrêté à la plume, avec presque toujours, sous la
robe, l'académie de la femme.

années, quelque chose du charme de Mme. Coypel dans la planche du dix-huitième siècle : *La Jeunesse sous les habits de la Décrépitude*. Oui, les petites figures de modes de Gavarni, sous leurs ajustements un peu caricaturaux, et même sous leurs coiffures étranges, leurs grappes de papillotes, leurs cheveux échafaudés en énormes coques au sommet de la tête, prennent, avec leur nuque dégagée, l'ovale allongé de leur figure, leurs traits affinés, le point noir de la pupille nageant dans le clair de leur prunelle, leur petit nez relevé, leur bouche retroussée, leur minois chiffonné, prennent, mêlée à je ne sais quoi d'exotique, comme une ingénuité coquette.

XXXII

Son entrée à *la Mode*, en dehors de la publicité qu'elle procurait à son talent, avait encore pour lui un autre grand résultat : elle le sortait de son milieu étroit, de ce monde de camarades inconnus et d'amis un peu ouvriers qui avait été jusque-là le cercle de ses relations. Elle le mettait en rapport avec les gens connus, les notoriétés, les célébrités, les remueurs d'idées, les faiseurs de nom, — journalistes, romanciers, écrivains. Elle lui donnait la connaissance de ce grand et intelligent brasseur d'affaires du jour, à moitié littéraire et à moitié industriel, l'Émile de Girardin de 1830. C'était dans les bureaux de la *Mode* qu'il nouait des amitiés avec MM. Lautour-Mézeray, Eugène Sue, Duponchel, de Mortemart, et que commençait sa liaison avec Balzac, qui, l'année suivante, l'invitait à une lecture de sa *Physiologie du mariage*, et le chargeait de l'illustration de sa *Peau de chagrin*.

Ses connaissances, à ce moment, se mettaient alors, comme il arrive, à s'étendre et à rayonner ; il voyait le marquis d'Abrantès, Devéria, Berthoud, Léon Pillet, Peytel, Cavaignac, Alphonse Karr, son voisin, qui avait loué un petit coin sauvage de l'ancien Tivoli, dans lequel Gavarni va parfois, sous des arbres, terminer une pierre lithographique.

XXXIII

Dans les jours qui suivaient la révolution de Juillet, Gavarni s'essayait pour la première fois à la caricature politique. Il lançait et publiait, contre la monarchie et le roi tombé, la lithographie où Charles X, en marchand revendeur, aboyant, la bouche grande ouverte, le cri des rues qui fait le titre de la planche : *Vieux habits ! vieux galons !* se sauvait coiffé de travers d'un colback de lancier, dans un costume où la robe noire du prêtre se mêlait à l'uniforme étincelant du général. Il a un rabat au cou, le grand cordon rouge sur la poitrine ; un de ses bras est chargé de mitres, de chapelets, de reliques, avec l'anneau des ciseaux de la censure passé au poignet ; l'autre se cache dans un pan de manteau de voyage, laissant passer un bout du sabre ; tandis que les cuisses maigres du vieux monarque jouent dans l'entonnoir trop large de ses bottes à l'écuyère. Et Gavarni publiait encore le *Ballon perdu*. Dans la corbeille d'un aérostat se montrent blottis, cramponnés aux traverses de bois, le duc d'Angoulême, le roi Charles X, dont les grandes bottes éperonnées pendent en dehors, et auquel un bout de corde fait une queue de diable ; une ridicule duchesse d'Angoulême est juchée à califourchon sur le dos et le cou du vieux monarque qu'elle étrangle, agitant, de-ci de-là, son diadème de plumes et son long mollet maigre. Et les trois personnages sont emportés avec le drapeau blanc aux fleurs de lis par le ballon déjà disparu dans le ciel.

Ces caricatures lui échappaient comme s'il était emporté dans l'entraînement qui poussait, au lendemain des journées de Juillet, tant de crayons à la satire et faisait de Decamps un caricaturiste par occasion. Il n'y avait chez l'artiste ni passion ni animosité. L'ennemi des prêtres était resté, nous l'avons dit, indifférent à la Restauration, pendant tout le temps qu'elle avait duré, s'occupant si peu de politique qu'il raconte, dans un de ses journaux des Pyrénées, « se trouver dans l'impossibilité d'en causer avec ceux qui lui en parlaient, à cause de l'ignorance absolue où il vivait de tout journal ».

Quand la révolution de 1830 éclate, il ne s'y associe pas ; il reste du public qui la regarde. Gavarni la dessine, mais avec la curiosité sceptique d'un peintre, fait des croquis de *tués* sur les barricades, entremêlés de promenades nocturnes et sentimentales à travers les trêves de la bataille civile, en compagnie de Mmes Maisonneuve et Sylvanie.

Au fond, Gavarni est toujours resté froid, presque hostile à tout ce qui est révolution, subversion, bouleversement social. Révolutionnaire dans le pur domaine des idées et des choses supérieures et plus hautes pour lui que tous les gouvernements, il a été de tout temps, d'une façon désintéressée, par tempérament et par une certaine haine native du populaire, conservateur et homme de pouvoir.

Ce furent, du reste, les deux seules caricatures politiques de l'artiste. Il n'aimait guère qu'on lui en rappelât le souvenir ; il se les reprochait presque. Et un soir, il nous fit le curieux aveu qu'en lisant tout haut, plus tard, dans les *Chants du crépuscule*, les vers suivants :

> Pas d'outrage au vieillard qui s'exile à pas lents.
> C'est une piété d'épargner les ruines.
> Je n'enfoncerai pas la couronne d'épines
> Que la main du malheur met sur ses cheveux blancs...

la voix lui manqua, le remords lui vint. Il se sentit comme *souffleté*, pensa à son vieux père, et prit pour toujours l'horreur de la caricature politique.

XXXIV

Théophile Gautier a écrit quelque part, en parlant de Gavarni, qu'il connut vers ce temps : « C'était un très beau jeune homme, orné d'une abondante chevelure blonde, aux boucles frisées et touffues, très soigné de sa personne, très fashionable dans sa mise, avec quelque chose d'anglais pour la rigueur du détail en fait de toilette, et possédant au plus haut degré le sentiment des élégances modernes ». Un jeune homme svelte, découplé, à la taille pincée, portant des chaussures qui semblaient des bottines de femme, tant il les voulait fines ; mis avec une recherche un peu prétentieuse, et ayant laissé dans la mémoire des vertueuses bourgeoises qui l'ont connu un souvenir comme placé dans une case à part. Elles racontent qu'il y avait chez Gavarni un charme singulier de la physionomie, quand elle était animée par de l'amour ou du plaisir, et que, sur ses traits peu réguliers et exprimant une certaine froideur hautaine, se répandaient les grâces câlines d'une douceur tendre, inexprimable. Alors sa figure prenait tout à coup une ressemblance frappante avec le portrait idéalisé qu'il s'est fait plus tard dans *l'Homme à la cigarette* : alors il se montrait beau d'une beauté qu'on pourrait appeler la *beauté de l'artiste*, beau de cette expression fière et caressante de l'œil, de ces ombres voltigeantes sur le front, de cette jolie

7

frisure naturelle des cheveux, des moustaches, de la barbe, se détachant,
en un coquet négligé, du blanc d'un foulard de l'Inde, du noir d'une veste
de velours. Ainsi fait, ainsi tourné, Gavarni était très séduisant ; il
avait le charme et le pouvoir de *l'homme à femmes* ; il plaisait aux
femmes, les dominait, les asservissait, aussi bien par les cajoleries que
par la roideur de sa physionomie et de sa nature. Il était très aimé ;
les maîtresses qu'il quittait ne pouvaient se détacher de lui. Et Henry
Monnier disait de son ami, avec un spirituel air d'envie : « Ce Gavarni,
je ne sais pas comment il fait avec ses maîtresses, il est quelquefois
d'un roide, d'un roide ! Eh bien, malgré ça, elles l'adorent ; oui,
elles l'adorent ! »

XXXV

En l'année 1831, — sur un croisement de rendez-vous avec l'une,
avec l'autre, avec une Adèle, une Nathalie, une Constance, une Louise,
liaisons simultanées et éphémères qui se brouillent, se pressent, se confondent souvent dans la mémoire de Gavarni et que note à peine un mot
sur son Journal, — se détache et surnage un petit roman qu'il a un peu
plus détaillé. L'héroïne du roman est une Louisa, qu'il avait rencontrée
à sa porte, dans la rue, un jour d'avril, et reconduite à son magasin
avec une de ces causeries de gré à gré entre un Parisien et une grisette.
De là, des promenades au cimetière Montmartre, au Jardin des Plantes,
des déjeuners à la barrière de l'Étoile, aux *Cinq-Moulins*, au *Cheval-
Blanc*, des soirées à Franconi, des brouilles, des raccommodements, et
enfin cette journée au bois de Boulogne, ce mélancolique finale d'un
amour dans l'ennui de l'amant las ; un récit que nous donnons ici comme
une des analyses les mieux senties et les plus délicatement amères que
Gavarni ait faites de son cœur[1].

*Nous sommes partis à sept heures du matin ; un fiacre nous a conduits
aux Champs-Elysées, chez Beaulieu. — Nous y avons déjeuné sous le
petit abri au fond du jardin, comme avec Louise, en riant des tables sales,*

---

1. Ce fragment, perdu au milieu de paperasses, a été écrit à part, par Gavarni, sous ce titre :
« *Mémoires d'un étudiant. Fragment.* — *Une partie de plaisir.* — *Le bois de Boulogne.* — *Pages de
la vie d'un jeune homme.* » C'est le développement de cette sèche note de son Journal (22 août
1831) : *Avec Louisa, déjeuner chez Beaulieu, et toute la journée au bois de Boulogne.*

de l'embonpoint de l'hôtesse, du mauvais café, — en regardant les prunes du petit jardin à travers la haie, — presque ennuyés, — sans plaisir, — familièrement et sans vraie intimité. Une voiture nous a conduits à Passy ; — là, elle a retrouvé des souvenirs : elle avait demeuré à Passy. — C'est joli, le bois de Boulogne ; il faisait doux. C'était un jour pour jouir de la campagne, point trop de soleil, la terre humide en été, et des allées solitaires, des taillis à parcourir avec une jolie fille échappée au joug d'un comptoir pour un jour de plaisir. — Sous une allée étroite et bordée de jeunes pins, nous avons trouvé une femme assise à l'ombre ; elle lisait, et nous a regardés passer avec un air d'intérêt et de curiosité : — une femme seule qui lit le matin dans un bois ! Que lisait-elle ? que pensait-elle ?... Elle nous a regardés longtemps, nous qui passions jeunes et tout seuls le matin, quand nous avions à nous tout le jour et tout le bois !

Nous avons marché plus lentement ; je l'ai regardée souvent, la petite dame. — Nous devions avoir de ces airs qui mentent. — J'aurais voulu, je ne sais pourquoi, qu'elle ne me crût pas heureux. — ...Des gendarmes sont passés après nous..., nous nous sommes assis plus loin... Rien ne rend froid comme un reproche de froideur, rien n'est embarrassant comme un tête-à-tête quand on n'a rien à dire : je l'aurais peut-être désiré ailleurs ; ici la solitude et Louisa m'étaient insupportables, je n'avais près d'elle qu'un désir — du feu pour fumer un cigare, et je guettais les passants sur la route. — Il ne passa qu'un charbonnier qui ne fumait pas.

Quel besoin de venir dans un bois, deux, quand on ne se plaît pas, — quand on se sait par cœur, et quand l'imagination ne vous promet plus aucune curiosité l'un de l'autre !... Avec Louise, je me serais moins ennuyé. — Louise est moins jolie, elle est sotte, elle n'a que des baisers dans la bouche, et j'ai Louise depuis presque un an. — Mais avec elle, si quelque chose se refroidit entre nous deux, j'y pense seul... Couchés l'un près de l'autre, nous regardions les chênes, nous cherchions les petites bêtes dans l'herbe, embarrassés l'un de l'autre et de notre bon sens que nous ne pouvions pas perdre : elle pencha sa tête sur mes genoux, en me disant qu'elle voulait dormir une demi-heure. — Je tenais sa montre en comptant les minutes.

Nous allâmes à Boulogne, boire de la bière, sur une de ces tables rustiques qu'on dispose autour des danses champêtres. Une petite fille maussade, qui m'apporta du feu, nous dit qu'on y dansait beaucoup le dimanche ; — la danse naïve et bruyante au son d'un archet de village, le petit vin *dans les pots : c'est du plaisir. De l'autre côté de la haie qui nous séparait de l'entrée du bois, il passait des cavalcades matinales, de fashionables tilburys : c'est encore du plaisir. J'étais préoccupé, triste, je pensais à tout autre chose qu'à elle, qui essayait de fumer et me disait : — Qu'a-vez-vous, vous êtes malade ? — Triste question. — Vous n'aimez pas la bière, lui dis-je. Celle-ci est mauvaise, j'aime la bière d'Allemagne. — Elle me parla de Varsovie. — J'aime la bière, lui dis-je, elle m'enivre. — Eh bien, buvez donc, me dit-elle en riant, — et elle m'en versa.*

C'était là tout le secret, il fallait nous enivrer ; et que c'était difficile !

Elle voulait se laver les mains. — La petite fille lui tendit un entonnoir, dont elle bouchait le petit bout avec son doigt, ce qui nous fit rire beaucoup. Et nous courûmes à Boulogne chercher des pommes vertes, du raisin et des noisettes, que nous revînmes manger dans le bois.

Rien de romanesque comme le lieu où nous nous étions endormis, au mépris de la morale des écriteaux du chemin. C'étaient, comme partout, des chênes et de l'herbe dessous, mais un petit désert riant et pittoresque, écarté des routes, une de ces retraites à l'ombre, qu'on rêve quand on ne les voit pas. — Le plaisir était pour nous, ce jour-là, une obligation ; nous étions de ces gens qui se promettent d'être heureux à une heure fixe...

C'est bien bizarre, sans doute, mais cela était ainsi, nous nous étions rencontrés par hasard, nous avions été heureux un instant de la nouveauté l'un de l'autre, comme c'est toujours. Louisa m'avait bientôt déplu, je ne sais pourquoi. Qu'importe ?... le dernier chapitre de nos amours avait presque touché à leur préface... après quoi nous n'avions conservé que des relations presque amicales, et l'habitude de nous rencontrer le matin à peu près tous les huit jours. Louisa avait toujours avec moi quelque semblant de sentiment plus tendre, — peut-être, par probité de femme ; — moi je n'aurais pas su rompre brusquement avec elle ; il était resté entre nous un certain besoin de formes, c'était une espèce d'estime. — Comprendrez-vous ce je ne sais quoi de glacial et de stupide qui se dressait ici entre nous, et qui semblait nous regarder tour à tour dans les yeux ? Vous expliquerez-vous ce qu'un baiser devenu nécessaire pouvait avoir de difficile entre moi et cette jolie fille, dans un lieu qui semblait réservé tout exprès pour se prendre et se donner des baisers ?... Le vous, qui dès le lendemain de nos amours était revenu se glisser entre nous, était peut-être ici pour beaucoup, les niaiseries de l'amour-propre faisaient sans doute le reste ; aucune causerie intime n'avait pu nous ramener à l'abandon du toi ;

Petit bonhomme... vas t'apporteras la casquette, la pipe
... et ton Monsieur...

il fallait en finir avec la froideur, nous le sentions, — nous avions mangé nos raisins. Louise, en bonne fille, ne voulait pas que, dans ce qui pouvait rester d'amer ou peut-être de haineux, il y eût rien de sa faute ; elle ne négligea rien pour ramener entre nous de la gaieté, de l'abandon. Après ce tête-à-tête, nous jouâmes à des jeux de garçon ; peine inutile ! Un ridicule nous attendait entre le familier et le tendre : elle avait épluché une noisette pour moi, elle n'osa pas me la donner...

Il était midi. Nous étions assis à quelque distance l'un de l'autre, jouant à la balle avec nos pommes vertes ; elle en manqua une, qui lui tomba lourdement sur le front et lui fit mal ; elle y porta la main, riant d'un œil et pleurant presque de l'autre. Pauvre fille ! butor que j'étais, moi qui ne savais pas lui donner un baiser ! Je courus à elle, je l'embrassai de bon cœur, « ma bonne Louisa »... Nous dînâmes à Boulogne... De Boulogne à Longchamp il y a un joli chemin, nous le parcourûmes lentement en parlant politique. Au bout du chemin, nous nous assîmes, pour parler grammaire et de la manière d'attraper les taupes. J'ai des souvenirs d'enfance à Longchamp ; — la soirée était belle, superbe ; — je n'avais pas revu Longchamp depuis si longtemps ; quel bonheur j'aurais eu à m'asseoir près de ce vieux moulin avec une autre femme, après un jour de plaisir et d'amour, et de lui dire : Tiens, bonne amie, voici où était la vieille abbaye ; j'y suis venu petit garçon, et j'y ai bien joué avec Rose, — je lui aurais dit ce que c'était que Rose. Voilà la grande porte où, le soir, nous restions bien tard à danser en rond avec les enfants du jardinier Mathieu, en suivant le pavé ; la rivière est là-bas, nous allions y pêcher des petits poissons dans des tasses. Il y a de grands jardins qui étaient entourés des hauts murs de l'abbaye, on les a démolis pour bâtir cette maison blanche qui n'est pas finie. » Je lui aurais parlé du « petit chien Azor qui s'est noyé dans un puits », des grandes plantes de bouillon blanc que je vois encore, et des mulots que nous attrapions dans la vigne...

...Je dis à Louisa : « J'ai demeuré dans cette maison. » Elle me répondit en bâillant :

« Ah ! vous avez demeuré là... »

C'est précisément ce que je lui avais répondu le matin sans y penser ; elle me rendait à Longchamp la monnaie d'Auteuil. C'était justice. . .

. . . .

Faits comme nous étions, de nous être ainsi roulés sur l'herbe, je ne

*voulais arriver à la porte Maillot que la nuit ; nous traversâmes lentement
presque tout le bois.*

« La journée vous a paru longue, lui dis-je.

— Non, pas du tout, je me suis amusée. Mais vous ?

— Beaucoup. »

*Nous mentîmes, il ne restait entre nous que le mérite de ne point nous
l'être dit. — Nous ne nous en voulions pas : c'était tout*[1].

XXXVI

Dès 1832, Gavarni est un talent connu et apprécié, un talent que les
éditeurs recherchent, que le *Musée des familles* occupe, que Philipon
fait travailler, et dont *l'Artiste* donne presque tous les mois une planche.
Mais, en cette année 1832, ce qui commence à faire son nom parisien,
à le répandre au delà des abonnés de *la Mode*, à l'apprendre à la foule,
ce sont deux recueils : les *Travestissements pour 1832*, et les *Physionomies de la population de Paris ;* deux séries où se révélait à la fois ce
double talent du grand inventeur fantaisiste du costume et du délicieux
habilleur de la femme, en même temps qu'il se montrait le plus exact
peintre des caractères et des types de la grande ville, plus fidèle chaque
jour à ce programme qu'il s'était tracé à Montmartre, de toujours
travailler d'après nature. Même les gens qu'il dessine, il ne les fait pas
seulement poser, il les confesse, leur fait débiter leurs petites histoires,
sait leurs habitudes et leurs plaisirs ; ainsi qu'il le raconte dans un morceau inédit, intitulé *l'Habit des dimanches,* où il semble un moment
avoir eu l'idée de présenter l'historique des douze figures de son album.
Il en reste à un fragment informe, interrompant la description du *Peintre-
colleur* par cette profession de foi : « *C'est dans la campagne, dans les
foules, dans les rues, que j'ai trouvé les plus beaux tableaux que j'aie vus.
Je reviens toujours d'un paysage de Ruysdaël au moulin de Montmartre,
et d'un portrait de Van Dyck à la face de mon portier ; des idées saugrenues
peut-être, mais je suis fait ainsi. »*

____

1. Nous trouvons dans un *Mémento* de Gavarni, de 1832, au 30 mars : *Louisa part pour Varsovie. Soirée en tête à tête, mi-sépia mi-baiser.*

Les deux recueils occupaient la presse. Henry Berthoud leur consacrait un long article, notait le succès qu'ils obtenaient en même temps à Paris et à Londres, les patronnait avec un mot spirituel de Mme de Girardin, ébruitait l'envie que les actrices avaient de transporter à la scène les *Travestissements*, réalisant une ambition que je lis consignée dans un des plus vieux journaux du dessinateur : « *Le peuple a reçu du théâtre le goût du costume. Quelque jour, peut-être, le théâtre le recevra de moi* ».

Ces deux recueils avaient une plus haute fortune, l'honneur d'un long et sympathique article de Balzac, perdu dans un journal du temps :

« Telles sont les expressions que le spirituel dessinateur a données aux six nouveaux travestissements adressés aux amateurs de bals costumés ; mais ce qui est difficile à décrire, c'est assurément la grâce des vêtements, la magie des couleurs, le goût fantastique de ces figurines ; tout cela est bien colorié, bien rendu, bien posé.

» Les rubans rouges au bas des corsets, les manches ouvertes, les plis de la jaquette du pêcheur, la soie, les dentelles, les ruches, les plumes, les chairs, les visages nus ou masqués à demi, tout cela chatoie, tente, reluit, parle et charme d'une manière étonnante.

» La folie du bal pétille dans ces six dessins ; ils donnent envie à une femme de porter ces travestissements qui prêtent de l'originalité aux figures les plus insignifiantes, et à un mari le désir de les voir portés. — Une femme déguisée ainsi est une femme toute neuve.

» Gavarni s'est fait un style et une manière ; il est reconnaissable, et son public le remarque avec une fidélité très honorable pour l'artiste. A quoi cela tient-il ?... Je ne sais. Si j'étais condamné à dire le pourquoi, le comment, à chicaner mon plaisir, et à me demander ce qui m'émeut, la première livraison de la *Physionomie de la population parisienne* m'en instruirait peut-être mieux que les travestissements. Les figures travesties m'éblouissent, elles me livrent à des idées trop riantes, elles convient au plaisir, elles sont toutes dans l'intimité de la folle du logis ; tandis que les personnages parisiens font penser. Les premières sont des poésies folâtres ; ceux-ci vous apparaissent comme des réflexions graves ; la plupart d'entre eux sont des chapitres d'un nouveau *Tableau de Paris*, écrit par un Mercier qui a plus de talent que son prédécesseur. Gavarni fait un livre à son insu, il vole les écrivains du jour.

» Quelle scène comporte le numéro deux !.. Écoutez ! C'est une femme vêtue d'une robe de soie verte ; elle a des gants de Suède, a son mouchoir à la main, porte des souliers de peau bronzée, des cothurnes bien attachés ; son chapeau est un chapeau du matin, il n'est ni frais ni passé. Il est certainement dix heures et demie.

» Le secret de Gavarni, c'est la nature prise sur le fait ; c'est la vérité. — L'artiste élit domicile chez un marchand de vin, mange du fromage et boit le suresne à seize ; entend les :

» Moi ! — Toi. — Oui. — Ahô ! — Ah ! je te dis... — Non. — Si. — Pas vrai...

» Il entend ces idiomes inconnus qui, dans le langage, sont entre le bas-breton et le samoyède ; il comprend les onomatopées des porteurs d'eau, des crieurs, des gamins, il admire les charretiers, et les saisit *dans le vrai*.

» Le *Colleur de papier* est un petit chef-d'œuvre ; mais aussi ces colleurs de papier sont les personnages les plus admirablement comiques que puisse fournir le peuple de Paris. Ils sont siffleurs, goguenards, chantent, lèvent la hanche, parlent, marchent, causent, comme vous n'avez jamais entendu personne siffler, goguenarder, chanter ni vu lever la hanche et marcher ! Vous ne savez jamais ni d'où ils viennent, ni ce qu'ils furent, ni ce qu'ils seront ! Ils sont Parisiens ! Ils sont le dernier anneau de la chaîne à un bout de laquelle est Schnetz, et à l'autre le vitrier ambulant. »

XXXVII

Le volume publié par M. Yriarte ne renferme qu'une bien faible partie de tout ce que Gavarni a écrit pendant ces années ; nous avons vu chez son fils, dans des chemises bleues sur lesquelles est écrit : *Ebauches*, des tas de paquets d'un curieux méli-mélo littéraire et poétique. Ce sont des esquisses d'articles ; — des quantités de vers pénibles et troubadouresques, avec dix, vingt recommencements ; — des brouillons de nouvelles surchargées de rajoutes ; — des ébauches de brochures qui portent ce titre : « La Liberté », fragment intitulé : *Histoire générale des maladies humaines, qui paraîtra en* 1832. *Imprimerie nationale de Bagnolet ;* — des projets de journaux qu'il appelle la *Mansarde*, journal

d'un penseur, publication hebdomadaire ; — des pensées, un peu poin-
tues, sur la politique, sur les religions, sur les vérités absolues, sur le
christianisme ; — des embryons de philosophie ; — des axiomes désespérés, ainsi formulés : Vérité absolue, zéro : vérité hypothétique, deux
et deux font quatre ; — des remarques sur la nature, l'essence, le tempérament, la coquetterie de la femme, au milieu desquelles nous trouvons[1]:
Cours complet du Bonhomme à l'usage des femmes, croquis à la plume
spirituels et légers, avec des anatomies de la femme civilisée. Il y a
encore des paradoxes bizarres, des avocasseries à propos de puérilités,
des envolements qui perdent terre sur l'infini, des fantaisies sur les
mathématiques, des plans de pièces, le plan d'une *carnavalerie* appelée
l'île de la Chiali, où les tristes et les mélancoliques devaient être bernés
par Déjazet et Alcide Tousez ; des idées de séries parisiennes, à mesure
qu'elles naissaient dans son imagination, et beaucoup de choses rêvées
et fantastiques : en somme, une paperasserie énorme qui montre l'occupation continue d'une pensée toujours active, toujours occupée et
toujours travaillante.

XXXVIII

En ces années, il y a chez Gavarni un effort, une ambition, une volonté ; à son talent d'artiste, il rêve d'ajouter le talent de l'écrivain et
du poète. Il cède à l'influence du milieu de lettrés et de journalistes qui
est plus son monde que celui des artistes ; il veut être homme de lettres,
comme ses amis. Écrire, d'ailleurs, est chez lui une habitude de longue
date, et l'écrivain caché des journaux, des mémentos, des carnets où il
couche chaque soir, depuis sa première jeunesse, la mémoire de ses
journées, glisse vite de la copie secrète et intime à la copie imprimée
et s'adressant au public. Alors s'échappent de sa plume de la prose, des
vers, des romans, des nouvelles qui endorment l'ami Berthoud et charment le salon d'Abrantès.

---

1. Nous avons trouvé une liste, dressée par Gavarni, nous ne savons à quelle époque, pour
un volume à publier, et contenant trente morceaux, vers ou prose, tirés de ses brouillons, qu'il
eut sans doute un moment le projet de reprendre. Parmi les titres, nous remarquons un certain
nombre de fragments biographiques, comme *La Saint-Pierre*, — *Une partie de plaisir*, — *En
passant l'eau*, — *Prisonnier chez des enfants*, etc.

C'est en 1831, 1832, 1833, que Gavarni a ces démangeaisons d'auteur, ainsi que l'indiquent les dates suivantes, qu'il a pris soin de noter : « 24 février 1831, *L'homme seul.* — 28 septembre, écrit *Les Jarretières.* — 22 juillet 1832, *Le Choléra.* — 11 septembre, termine *Madame Acker.* — 18 décembre, *Une Préface.* — 21 février 1833, écrit *Gourmande et Curieuse* », qu'il quitte, reprend et termine le 22 mars.

Il y a dans ces petites nouvelles un tour délicat, une forme distinguée, une élégance littéraire. Dans *Des Dragées pour un manteau*, il conte joliment, d'une façon légère et personnelle, des riens attendris de sa vie. Quelle fraîche analyse, ce léger roman à la fenêtre, ébauché dans une foule de fête publique et qui s'appelle *l'Amour à Paris* ! Et que de pages charmantes, colorées, émues, qui retournent aux Pyrénées et font revenir, par tout le volume, les souvenirs et les horizons de la jeunesse du voyageur à pied ! Ainsi pour *les Jarretières de la mariée* ; ainsi pour *Madame Acker*, dont le drame, cruellement bizarre, se passe à Nougaroulet, d'où il emporte ce conte noir qui découpe, sur le ciel heureux et bleu du Midi, la silhouette à faire peur du jeune choumaque germanique à lunettes, et le marie à cette vive et verdissante Marianous, chaussée par lui du brodequin de supplice qui la rendra folle.

Dans ce dernier récit, il y a chez le conteur une curieuse veine hoffmannesque ; on sent l'attirement et la séduction qu'a eus pour lui pendant plusieurs années le fantastique, devenu l'inspirateur de sa plume aussi bien que de son crayon. Et il faut le reconnaître, dans ce genre, son petit morceau de *l'Homme seul* est un vrai chef-d'œuvre : Un estaminet parisien par un dimanche soir où il pleut ; à une table, un homme lisant dans les *Petites Affiches* l'annonce d'une Anglaise demandant à se placer chez un homme seul ; là-dessus, les rêves du liseur à demi endormi, le brouhaha des joueurs de billard, et les choses, et les voix, et les bruits de la réalité à côté de lui tombant et entrant dans ses songes qui courent après l'Anglaise ; à la fin, le nez du dormeur chutant dans son verre[1]. Ce n'est que cela, et ce rien est un ravissant petit rêve fou de minuit, une espèce d'amoureux cauchemar, laissant je ne sais quelle impression délicieuse et trouble.

Un moment, vers 1853, pressé par nous, il s'était laissé aller à réunir

---

1. Gavarni a fait une lithographie très colorée de *l'Homme seul* qui a paru dans *le Figaro* de 1839, dans une série intitulée : *les Rêves.*

ces feuilles volantes et éparses. Il nous avait même chargé de présenter ce volume au public, et nous avions écrit une préface peut-être un peu enthousiaste. Le volume fut composé ; Gavarni le corrigea, puis, au dernier moment, désintéressant l'éditeur, il en jeta les épreuves dans un carton.

C'est le recueil qui a paru en 1869 sous le titre de « *Manières de voir et façons de penser* »[1], précédé d'une très intéressante notice de M. Yriarte. Nous y retrouvons tout ce qui nous avait plu autrefois ; mais, pourquoi ne l'avouerions-nous pas ? Il nous semble aujourd'hui que Gavarni a eu raison contre nous, et que nos regrets d'alors de ne pas voir paraître le volume annoncé n'étaient pas justes. A le juger, à l'estimer à sa stricte valeur, c'est de la petite littérature pointue, précieuse, un peu mondaine, et ne donnant rien de la précision concise et de la formule concrète de son grand style. Encore une fois, ce livre est intéressant pour ses amis, les fidèles de sa mémoire, pour les curieux qui aiment à suivre dans un pareil homme les diverses et successives manifestations de son intelligence, mais c'est un volume qui le rapetisse auprès de ceux qui ne connaîtront de lui que cela, et qui ne voudront le juger qu'avec cela seul. Répétons-le donc : Gavarni n'est pas à proprement parler un littérateur ; il est un écrivain de légendes et de pensées. Là, il est un maître et peut lutter avec les plus forts condensateurs de l'observation ou de l'esprit français. Dans la prose française, quelle prose plus spirituelle que celle qu'il jette au-dessous de ses lithographies ! Quelle prose plus hautement pensée que celle qu'il confie aux livres de sa vieillesse ! Quant à sa littérature pure, elle ne dépasse pas le niveau d'un talent de deuxième ou de troisième ordre de son temps, du romantisme de 1830.

XXXIX

Cette veine de fantastique que nous avons indiquée chez le littérateur, on la retrouve chez l'artiste et dans l'imagination du dessinateur. Pendant un long temps, nous disait-il, il avait été poursuivi par ce qu'il appelait une *loquade fantastique*. Cela l'avait pris tout jeune

---

1. Publié chez Dentu, 1869.

et à ses premiers commencements de création. Un soir, il nous montrait un dessin presque d'enfant, sous ce titre : *Un autre monde*, ronde bizarre où son intention avait été de représenter toutes les joies satisfaites.

On connaît cette série de « croquis fantastiques » où défilent : *Un mariage de raison* avec cette mariée qui est un sac d'argent couronné de fleurs d'oranger et agenouillé devant l'autel ; — le *Cauchemar :* sur un traversin fait d'une sacoche d'écus volés, la tête d'un dormeur dans son lit, qu'étouffe, assis sur le creux de son estomac, un juge minuscule pareil à un diablotin noir ; — *Un rat dans un fromage*, etc., etc.

Gavarni eut, pour cette série composée de six pièces, et qu'il rêvait plus nombreuse, l'idée d'un frontispice « qui aurait été un homme ayant le crâne enflé et soufflé ; son cerveau, gonflé comme un ballon, l'aurait enlevé de la terre, où il se cramponnait du bout des pieds ». Plus tard, quand il fera les *Toquades*, il mettra à la première page une allégorie plus délicate, un plus joli symbole, une invention plus poétique et plus ailée : la Folie tenant, renversé dans ses mains, un crâne d'où s'envole une nuée de papillons.

Mais ceux-ci sont connus et publiés. Il en a fait d'autres, inédits et perdus, des dessins lavés et arrêtés à la plume, dont il nous donnait ainsi la curieuse description : la *Presse politique*, une harengère avec un large éventaire, plein de matière politique, ayant deux torses et deux têtes qui, retournées l'une contre l'autre, « s'engueulaient, les poings sur les hanches ». Pour le *Duel*, il avait imaginé des valets de cœur et de carreau tenant en laisse et serrant le cou à deux petits hommes colères voulant se jeter l'un sur l'autre, tandis qu'une femme, l'Opinion publique, les fouaillait avec un fouet dont la mèche écrivait en l'air le mot : *Lâches !*

Mais de tous les dessins étranges de Gavarni, le plus bizarre, le plus saisissant, le plus poignant peut-être de fantaisie presque cruelle, est celui dont Philipon a dénaturé le sens, l'intention, en en faisant une arme politique, dans le numéro de *la Caricature* du 18 juillet 1831. Gavarni l'avait intitulé *la Peine de mort*. Cela représentait une tripière, de grandeur surhumaine, des besicles sur le nez, un bonnet qui dessinait sur le fond l'ombre des deux cornes d'un bonnet d'âne, entre deux quinquets à abat-jour rabattant la lumière sur deux petites femmes, l'une l'Accusation, et l'autre, la Défense.

La monstrueuse tripière, saisissant de la main gauche un petit

H. Monnier

homuncule aux nerfs tordus, semblable à une statuette d'académie, et de la main droite appuyant sur son genou un menaçant couteau de cuisine, était assise à cheval sur une espèce de cage à poulets que fermaient, comme des loquets passés dans ses anses d'osier, des corps de gendarmes en uniforme. A côté d'elle, il y avait un bocal où des têtes flottaient dans le sang.

Et autour des prisonniers de la cage, le dessinateur avait semé un peuple de figurines, une petite foule grouillante au milieu de laquelle, par je ne sais quel caprice d'artiste, une miniature de toute petite femme se dessinait nue, entre des habits noirs.

Ce dessin fut pris par Philipon chez Gavarni. Il le fit « rafistoler », remplaça les deux figures de l'Accusation et de la Défense par un procureur du roi et par un prêtre, et mit dessous :

Mademoiselle Monarchie (Félicité Désirée).

Le soir où Gavarni nous parlait de « ce côté de son talent auquel il avait renoncé », il nous faisait la confession que « ça avait été chez lui une erreur de croire réussir en ce genre ». Il ajoutait « que la vérité apprise par lui avec tant de soin, conquise par tant d'efforts, et qui l'avait amené à faire si réel, le rendait incapable de ce fantastique ; car, dit-il en finissant, c'est mon défaut ; il y a, dans tout ce que je fais, *un plomb de réalité* qui me tient dans les choses de la vie ».

Quelquefois, pourtant, il lui arriva d'échapper au plomb de cette réalité par des allégories poétiques, envolées dans le rêve et presque shakespeariennes.

L'artiste a donné à *l'Illustration* une *Nuit de la Saint-Sylvestre* qui est une vraie merveille dans ce genre d'ingénieuse fantaisie. Sur une gloire d'irradiations en tous sens, cerclée par un zodiaque de ténèbres, aux signes comiques, imaginez une femme rayonnante et féerique, avec une toison toute frisée et courante autour d'elle, un pied sur la faux du Temps et la boule du monde, coiffée d'un masque de carnaval posé sur sa tête. Elle repousse derrière elle la vieille Année avec son vieil Almanach, et tient dans le creux de sa chemise, relevée de ses deux mains sur sa jambe nue, les surprises du Jour de l'an pour les enfants : des polichinelles et des bonbons.

XL

Nous avons dit que Gavarni lisait cette année-là *Madame Acker* chez la duchesse d'Abrantès[1]. C'est son année d'entrée dans ce salon et le commencement de son intimité avec la duchesse, femme un peu rude, à la voix dure, mais d'un cœur tout dévoué à ceux qu'elle aimait. Et l'artiste devenait bientôt l'ami de Mme Aubert, de Mme Junot. Il rencontrait dans ce salon l'âme d'Élisa Mercœur et l'originalité de Lassailly. Il assistait au spectacle d'y voir défiler à peu près toutes les célébrités étrangères ou françaises d'alors — l'amiral Sidney-Smith mettant un genou en terre pour embrasser la main de la duchesse — et ces ruines de femmes charmantes : Mme Regnault de Saint-Jean d'Angely, à la beauté immortalisée par le portrait de Gérard ; Mme la duchesse de Bréan, — la fameuse Mme Récamier — une désillusion pour lui, celle-ci.

Dans le courant d'avril de cette même année, il nouait des relations avec M. Feydeau, et tout de suite attiré par le charme de la maison, l'accueil gracieux de la mère aimable et élégante, la gaîté des enfants allant entre ses genoux, par tout ce qu'il y avait d'attirant pour un artiste dans un intérieur où il était apprécié, gâté, choyé, fêté et reçu avec préférence, le jeune homme, un peu solitaire et n'ayant pas encore trouvé parmi ses relations le charme d'une telle intimité, prenait là de chères habitudes, devenait le maître de sépia de Mme Feydeau, faisait son portrait en Espagnole pour *l'Artiste*, faisait le portrait du mari, faisait des études crayonnées des enfants. La maison Feydeau devient bientôt son coin de prédilection. Il y déjeune, il y dîne, il ne passe pas un jour sans y venir. Dans le salon, transformé en atelier, il dessine jusqu'à une heure du matin. Il est de tous les plaisirs des maîtres de la maison, associé au mouvement de leur vie, de leurs distractions ; leur compagnon au bal, au spectacle, aux promenades.

---

1. Gavarni fit deux portraits lithographiés de la duchesse d'Abrantès, l'une de la duchesse vivante, l'autre de la duchesse morte.

XLI.

Un carnet sec, un journal concis et laconique de tous les faits, de toutes les actions, de toutes les occupations de ses jours, nous montre la dépense énorme de sa vie courante pendant l'année 1833[1]. C'est un va-et-vient continu de descentes à Paris et de remontées à Montmartre. Après des matinées de courses et de visites à Paris, il revient dîner avec son père, et le soir se rejette aux soirées de Paris.

---

1. Nous donnons comme spécimen de cette vie toujours courante, un mois de son Journal de 1833.

FÉVRIER.

1 *Terminé le portrait de Mme Feydeau ; le soir, classé les lithographies de mes volumes.*

2 *Courses pour affaires : arrangé mon cadre pour l'exposition ; le soir, classé des épreuves.*

3 *Continué la grande aquarelle du portrait de Thénot. Tronquoy, Thénot : Berthoud me présente un jeune sculpteur. La nuit, au bal des Variétés avec Berthoud : j'y trouve Peytel, Chevalier, Tronquoy et sa petite.*

4 *Continué la grande aquarelle. Diné à Montmartre ; le soir, chez Mme d'Abrantès, seul. M. Laiguillon et Napoléon d'Abrantès.*

5 *Continué l'aquarelle de Thénot. Brouille le soir ; divers arrangements.*

6 *Terminé les dessins du Salon. M. de Forbin, à qui j'écris relativement à mon envoi, me répond d'un mot aimable. Le soir, dîné à Montmartre. Lafant et M. Vermes. Discussion politique tout le soir.*

7 *Rien fait. Le soir, à Montmartre, au petit café. Julia, toujours la même. Chez Théodore ; je le trouve en gracieux tête à tête. Chez Allöz et chez Philipon ; dans la matinée, M. Amid.*

8 *Le matin, promenade pour le logement avec Berthoud. Rien fait vendredi. Aubert, Peytel, Delton ; dîné chez Feydeau, au Vaudeville avec eux, Faublas et les Chemins de fer ; brouille.*

9 *Une lithographie, première des feuilles : représentation de Duchesnois aux Français : Phèdre dans la loge de Mme Verdoven. Diné avec Berthoud, chez Douix.*

10 *Terminé la Femme assise en peignoir. Le soir, dîné chez moi, puis chez Mme F... Toujours brouille.*

11 *Commencé une seconde pierre. Femme seule. Le soir, chez Mme d'Abrantès, Mme Aubert, Mme Junot.*

12 *Courses : diné à Montmartre le soir. Au bal costumé de Mlle Mezelle, avec Feydeau et sa femme, Mlle Mercœur, Gay de Tarbes, Thénot. Ennui.*

13 *Levé tard. Chez Mme d'Abrantès, commencé un croquis d'elle : Mme Aubert : une rencontre au pont Royal, rendez-vous pour le 14.*

14 *Un mauvais croquis dans la journée ; le soir, retrouvé ma connaissance, promenade ; rendez-vous pour le 16. La nuit vient, ouragan qui empêche de dormir.*

15 *Chez Berthet, Rittner ; courses pour affaires le matin : Jalon, le soir. Peytel et B. Chevalier à Montmartre ; le soir, chez Foydeau.*

Une existence si désordonnée, si décousue, si hors d'un chez soi, si peu habituée à reposer dans son lit qu'il note sur son Journal, comme une chose extraordinaire : « Je couche chez moi ». Ses journées, quand il touche au pavé de Paris, ce sont des courses en cabriolet, chez les éditeurs, chez Gihaut, chez Ricourt, chez les usuriers, chez Berthet et les autres, pour des effets entre les mains des huissiers, pour des appels devant le conseil de discipline de la garde nationale.

Ce sont des visites à du monde de toute sorte, à des artistes, au sculpteur David d'Angers, à des *bas bleus*, à une Mme de Saint-Marc,

16 *Rien fait. Retrouvé ma connaissance ; nous allons à la Gaîté voir* la Peau de Chagrin *; Berthoud vient nous retrouver un moment. Le soir, flâné seul dans le passage des Panoramas.*

17 *Flâné le matin ; dans le jour, chez Mme d'Abrantès ; causerie, puis chez Mlle et Mme Mercœur, puis revenu dîner au Palais-Royal, puis chez Feydeau ; nous allons avec Berthoud, etc., danser chez Duchesnois, nous y soupons. Laurent, Mme Verdoven, M. Cirey, une Mme Lefranc.*

18 *Flâné (lundi gras) avec Berthoud chez Mme de Villiers, puis chez d'Anglemont ; dîné au Palais-Royal ensemble ; un instant chez Mme Feydeau, puis chez Mme d'Abrantès, Mme de Villeneuve ; causerie dans la bibliothèque.*

19 *Mardi gras. Le matin avec Berthoud en cabriolet chez David le sculpteur, sans le trouver ; revenu à la Morgue, où nous trouvons un homme vert, et puis le bœuf gras. Flâné dans la Cité, acheté un ciboire rue Saint-Pierre-aux-Bœufs ; revenu chez Théodore, puis chez moi à cinq heures et demie. Trouvé Marie rue du Port-Mahon, elle vient avec moi faubourg Saint-Denis, où je dîne. Nous revenons chez moi passer la soirée ; Théodore vient, je le reconduis ; Delton vient, nous allons aux Variétés à deux heures, nous trouvons Aubert et les d'Abrantès à la porte, où nous sommes repoussés par le trop-plein. Nous partons six en fiacre pour le Palais-Royal.*

20 *Levé à midi. Lafail vient dîner à Montmartre. Théodore, le soir chez Mme Feydeau. Peytel vient.*

21 *Écrit, flâné. Aubert, d'Arpentigny. Le soir, écrit* Gourmande et Curieuse. *Dîné à Montmartre.*

22 *Vendredi, rangement ; Peytel ; un croquis du neveu de Berthoud ; dîné à Montmartre. Le soir, attendu en vain l'Alsacienne.*

23 *Un dessin commencé d'un laquais qui bat son habit. Alfred d'Abrantès vient me voir ; dîné chez Douix ; trouvé ma connaissance. Marie, rue du Port-Mahon ; avec elle au Gymnase (où m'attendait un fiacre et où l'on m'a vu entrer) ;* Les Malheurs d'un amant heureux. *La représentation générale avec Théodore et Mme Dubois, son épouse. Reconduit Marie chez elle ; revenu chez moi à minuit, ensuite au bal du Palais-Royal ; trouvé Berthoud, les deux d'Abrantès et Fanny qui doit venir me voir jeudi ; déjeuné chez Véfour avec les deux d'Abrantès ; revenu chez moi le matin ; Arsène, l'Alsacienne, m'écrit et vient ensuite ; nous passons la matinée ensemble ; elle part pour Saint-Quentin, puis on vient, on l'a vue aussi entrer et sortir. Une scène ; un commissaire vient, de la part d'Arsène, m'apporter son costume d'Alsacienne et me demander à quelle heure j'y serai pour qu'elle revienne : on est toujours là, je dis qu'on est toujours là toute la journée; on se croit enceinte de six semaines ; pleurs, menaces.*

24 *Commencé, à Montmartre, une pierre :* Souper de carnaval. *Le soir, brûlé des lettres.*

26 *Continué. Le soir, id. La jolie voisine reparaît.*

27 *Continué. Théodore vient dîner et Mme Vermal aussi. Le soir, id.*

28 *Terminé la pierre.*

dont il porte les articles au *Journal des Jeunes Personnes ;* ce sont des
déjeuners, des dîners, des soupers avec l'inséparable Berthoud, qu'il ne
quitte guère, et pour lequel il dessine l'affiche de son *Cheveu du Diable,*
et encore des soupers avec les deux d'Abrantès, Tronquoy, Aubert,
d'Arpentigny, le cartomancien Capo de Feuillide, tantôt chez Halevent,
au Palais-Royal, tantôt chez Pétron, à côté des Variétés, le rendez-vous
des nuits d'Opéra, où l'artiste trouvera le sujet de sa fine lithographie :
Un cabinet chez Pétron. Ce sont des séances au tir de Tivoli, des soirées
aux Funambules, des sauteries chez Mlle Duchesnois, des bals
chez l'ami Peytel, des parties, entre intimes, à Romainville, à l'*Ile de
Calypso,* avec des mangeries de groseilles, en plein air, sous l'ombrelle
d'une actrice ; des flâneries au quai aux Fleurs ; des rendez-vous man-
qués au Père-Lachaise, des promenades nocturnes avec des dames de
l'écheveau croisé et brouillé de ses intrigues ; des emménagements dans
des appartements porte à porte avec des femmes rencontrées au bras
de leur mari dans un feu d'artifice[1], des consolations portées à des
amis enfermés à Sainte-Pélagie, à Léon d'Abrantès, qu'il trouvait ivre,
et auquel il envoyait le lendemain des vers sentimentaux, car il com-
mettait cette année-là des vers, beaucoup de vers ; toute cette vie de
Paris, coupée de quelques heures de retour à Montmartre, quelquefois
au jour ; alors il faisait des études en plein champ ; parfois le soir ; alors
il travaillait d'après des types de nature au petit café de Montmartre,
et si, par hasard, il restait la nuit sur la montagne, il commençait à
minuit sa pierre : *le Souper du Carnaval.*

Les dimanches, il dessinait des académies de femmes que l'ami
Thénot lui amenait.

XLII

Au milieu de cette vie si occupée de plaisir, d'amour, d'affaires,
Gavarni enlève des dessins, des aquarelles, des lithographies, remar-
quables par une grâce ingénue, un joli dessin ressenti, un contour alerte
courant avec des pleins et des déliés autour d'un *dedans* encore un peu

---

1. C'est le roman à la fenêtre qu'il a arrangé en une sorte de nouvelle dans le volume : *Manières de voir, etc.,* sous le titre : *l'Amour à Paris.*

vide ; des dessins plaisants par un choix de frais et riants sujets, tels que *le Petit Interprète*, ce bambin qui, sur les genoux de sa bonne, lui lit la lettre de son amoureux. Il commence au mois de mars 1833 ses *Études d'enfants*, qui sont, pour nous, les dessins qui ont le plus sérieusement étudié l'enfance parisienne. Quel intelligent éveil, dans l'œil cerné de cette *Thérèse*, si coquettement coiffée du madras du peuple ! et comme dans *Claudine*, la fillette qui tient à la main le pot à tisane en terre brune, il exprime bien la souffreteuse physionomie de la petite malingre ; et comme, sous le châle noué par derrière, le grand tablier lâche, la jupe traînante, il fait douloureusement flotter, dans des vêtements trop larges pour lui, la maigreur de l'enfant du pauvre ! L'original encapuchonnage, autour de la tête d'*Eugénie*, prenant dessous l'expression d'une tête du moyen âge ! Que tous ces yeux ont bien le regard étonné de l'enfance, que toutes ces bouches entr'ouvertes ont bien, à leur coin, le retroussement souriant des jeunes années ! Le charmant motif et le charmant arrangement que celui de la petite fille en grand chapeau de paille, regardant en tapinois des images dans un carton posé sur ses genoux, et qu'elle soutient avec une jambe relevée qui laisse passer un peu de son pantalon ! Et les petits garçons : *Pierre, Joseph, Christy, Alfred, Pascal*, avec sa longue blouse, sa calotte grecque, ses yeux de singe, — l'apprenti, le gamin. Des études qui donneront plus tard à Gavarni cette maîtrise dans le vrai, pour les enfants qu'il mettra en scène dans *les Enfants terribles*.

Le travail de ces *Études d'enfants* est patient, menu, serré, appliqué, soigneux du plus petit détail, et gardant, dans le faire plus libre et progressant de l'artiste, la rigidité de ses crayonnages de Montmartre. De précieux spécimens, que ces lithographies, aux *gris* un peu durs, aux *noirs* un peu mats, mais exécutés sans *ficelles*, avec des hachures, avec un lignage de petites rayures pour les demi-teintes et des entre-croisements carrés pour les ombres, avec les seuls procédés et les seules ressources de l'ancienne lithographie, et qui charment cependant par une certaine naïveté d'exécution, une accusation légèrement aiguë de la nature, un rien du réalisme sec des tout vieux maîtres.

XLIII

Vers la fin de 1833, lassé de mettre ses dessins dans les journaux des autres, encouragé par l'exemple tentant de Girardin et de la fortune de *la Mode*, se sentant derrière lui une clientèle, le public du monde élégant, Gavarni se risquait à réaliser le projet, qu'il caressait depuis longtemps, de mettre, pour ainsi dire, ses lithographies et sa copie dans leurs meubles. Dès les premiers jours d'octobre, il s'élance à une grande poursuite d'argent : il est en course chez les agents d'affaires, les escompteurs, et, malgré les refus, les journées de vaine attente, les déceptions, le 15, il arrête le bureau d'un journal, sans rédaction ni caisse, dans le plus beau quartier de Paris, au numéro 5 de la rue de Castiglione. Aussitôt, il se met en quête de rédacteurs et de collaborateurs, hommes de lettres et peintres : Devéria, Charlet, Johannot, Alfred de Vigny, Dumas, etc. Il choisit pour l'homme d'affaires de son journal cet honnête homme de Morère, commençant là, avec lui, sa longue amitié. Il prend Aubert pour gérant, donne la partie des modes à sa femme, fille de Mme d'Abrantès. L'annonce du journal est lancée dans le journal légitimiste *la Quotidienne* ; et le mois suivant, en novembre, tout en continuant à courir après cet argent promis et insaisissable, tout en préparant des planches, au milieu des tracas et des pourparlers d'un journal qui se fonde, il lance le prospectus, écrit la préface, marchande un petit journal du nom de *Bagatelle*, pour lequel il avait fait une série de dessins dans le courant de l'année, est au moment de l'acheter, ne l'achète pas, et finit par faire paraître, « sans le sou », selon son mot, le premier numéro de son *Journal des Gens du monde*, à la date du 6 décembre 1833[1].

1. A la sagesse, à la raison de l'ami Forgues, qui voulait l'empêcher de s'embarquer dans l'affaire, et qui lui prêchait de s'en retirer quand il vit les malheureux débuts du journal, Gavarni répondait avec de l'esprit :

Il n'y a qu'un : Prends garde, dans toute votre tartine, qui vaille qu'on y songe. C'est le Prends garde d'être compromis dans un tripotage. J'y songerai. Mais tout le reste...

Un jour, dans nos Pyrénées, j'étais à cheval avec un Anglais. Nous avions un guide. J'allais devant. Devant moi se trouve un pont de planches, sur un terrain que nous côtoyions, le pont de Gavarnie, mon pont enfin ; tout bonnement je passe dessus. J'étais au beau milieu sans prendre garde à ce que je faisais. Le guide qui faisait passer l'autre à gué, effrayé de me voir sur ce pont avec mon cheval, me crie : « Prenez garde ! » — En prenant garde, j'ai failli tomber dans l'eau.

Sur un bout de papier, nous retrouvons, jetées au vol de la plume par le malheureux directeur, les trente-six infortunes de la publication des premiers numéros : une pierre brisée, une crue de la Seine qui prive l'imprimeur de papier, deux femmes en couches chez le brocheur, et les *Voleurs du désert*, du célèbre Fouinet, égarés chez la plieuse. Le journal est si mal monté que sur l'exemplaire qui est là devant nous, à l'adresse de la marquise de Rougé, la suscription est de l'écriture de Gavarni : il a dû faire la bande !

Gavarni, nous venons de le dire, avait présenté le nouveau venu aux abonnés sous le titre de : *Un Papillon noir*, sorte de préface fantastique où le bec de sa plume tirait de son encrier une mouche métamorphosée en une petite bonne femme, noire comme de l'encre, battant ses jupes et refaisant sa cornette, une Mme Javotte qui, tout à coup, se mettait à glapir d'une façon aiguë et étourdissante :

« Voyez, messieurs ; voyez, mesdames ! Voici Paris, la capitale ! Paris, la belle ! Paris, la ville aux gens d'esprit ! Paris, la ville aux bonnes manières ! Paris, la ville où l'on sait marcher, où l'on sait saluer, où l'on sait sourire, où l'on sait faillir, où l'on sait tout faire comme il faut ! Voici Paris. Voyez ! voyez, gens de la province ; voyez, gens d'outremer ; voyez, Allemands ; voyez, Russiens ; voyez, gens de tous lieux, gens qui voulez apprendre à vous coiffer, à vous parfumer, à vous présenter ; gens qui voulez bien dire, qui voulez bien rire, qui voulez bien voir, qui voulez bien vivre, voici Paris !

« Les voix de Paris !

« Les yeux de Paris !

« Les mots de Paris !

« Les airs de Paris !

« Les bals de Paris !

« Les chapeaux de Paris !

« Les rubans de Paris !

« Les odeurs de Paris !

« Les moqueries de Paris !

« Tous les riens de Paris ! Paris, Paris, voici Paris[1]. »

---

1. Extrait des *Manières de voir et façons de penser*, où, sous le titre : *Une préface »*, a été publié dans toute son étendue l'article entier de Gavarni. Il y tient dix pages, et nous y renvoyons le lecteur.

Petite revue à la mode du temps, justifiant sa devise « artiste-fashionable », élégante et littéraire, parsemée de vers et de prose romantique, tenant à la fois du keepsake et du guide chez les bonnes faiseuses, s'adressant, comme les petites feuilles d'alors, à l'abonnement des hommes et des femmes du noble faubourg. On y rencontre nombre de vers de bas-bleus, dans le monde et le milieu desquels le Gavarni d'alors vivait beaucoup, des vers signés Desbordes-Valmore, Hermance Sandrin, Adèle Janvier ; des vers de l'auteur de *Trialph*, qui a aussi signé des « Prolégomènes de critique » de la plus haute esthétique ; des vers de Brizeux, d'Alfred de Vigny, de Roger de Beauvoir ; de Sainte-Beuve, qui y commit une pièce de vers : *Pour un Ami, pour Arthur ;* des vers de Théophile Gautier, qui donna au journal sa jolie nouvelle , d'*Omphale ;* puis défile un méli-mélo d'articles contrastant entre eux : des extraits philosophiques de Ballanche ; l'oraison funèbre du cuisinier Viard, le chef de lord Egerton ; des pots-pourris d'axiomes, « Babel de la sagesse humaine », où une pensée de Mme Planaud voisine avec une pensée du poète persan Saadi ; des fantaisies sur le cœur de la femme par Mme Constance Aubert ; un carnaval sur la Néva, par le prince Élim Mestcherki ; les mœurs du Chinchilla (traduits de l'anglais), à côté du « Sentiment sur le sentiment du beau au dix-neuvième siècle », par Gustave Drouineau ; enfin une romance, *la Jeune Fille d'Otaïti,* paroles de Victor Hugo, musique de la duchesse d'Abrantès.

Gavarni se multipliait dans le journal. A côté d'articles pseudonymes, il y publiait *Madame Acker* et *les Jarretières de la mariée.* A l'exception de quelques lithographies de Turpin de Crissé, et des meubles de la salle à manger du marquis de Custine, lithographié par son ami Delton, Gavarni faisait presque toutes les planches des livraisons, planches de costumes, de travestissements pour les bals de 1834, auxquels il mêlait parfois de petits sujets de lithographie, comme *le Marchand, la Causerie,* où le causeur est un portrait du peintre à cette date, et enfin le portrait de son père sur la terrasse de son jardin à Montmartre, ayant derrière lui l'immense panorama brouillé de Paris.

Mais, malgré tous les efforts désespérés du directeur, donnant si vaillamment de sa personne, malgré cette réunion autour de Gavarni de tous les noms un peu marquants ou célèbres de la génération, par cette fatalité qui s'attache presque toujours à une publication faite par un artiste, le journal s'arrêtait au mois de juillet 1834, à son dix-neu-

vième numéro ; et les vingt-deux ou vingt-quatre mille francs qu'il
avait empruntés, — perdus, engloutis dans l'entreprise, allaient lui
créer, avec les renouvellements et les rejaillissements infinis d'une dette
qu'on arrose, l'embarras, la gêne, la misère du restant de sa vie.

XLIV

Cette année 1834, où meurt son *Journal des Gens du monde*, est pour
Gavarni une année de complications, d'embarras, de tracas, de soucis,
de préoccupations. Toute sa tête est à la recherche de l'argent, et il lui
reste si peu de temps, si peu de loisir et si peu de tranquillité, que c'est
la seule année de son existence qui n'ait pas de *Journal* et où l'on ne
trouve pas, sur un de ces cahiers qu'il fabrique au besoin avec quelques
feuilles de papier, un morceau de sa vie[1].

Pendant qu'il est sur sa chaise, aquarellant, lithographiant, Félix,
son fidèle domestique, bat Paris ; il presse, chez Dutacq ou chez quelque
autre, le payement d'un compte qui depuis des mois doit être réglé
tous les surlendemains ; tandis que la pensée du dessinateur, « embêté
sur toutes les coutures », suit son domestique, qui revient toujours tard
et les mains vides. Mais, le plus souvent, il faut qu'il s'arrache à son
chevalet, qu'il coure lui-même, qu'il perde ses journées à monter des
étages, à faire antichambre dans l'étude de M. Loyal, dans le cabinet
d'affaires de M. Vautour. On sent les ennuis de Gavarni, cette année-là,
dans la vive et spirituelle vengeance que plus tard son crayon tirera
des huissiers et des usuriers[2]. On le voit, pour un effet en souffrance,
dans ces noires études où de vieux clercs sont voûtés sur du papier
timbré. On le voit dans ces bourgeois intérieurs des sinistres marchands
d'argent, à ces petits bureaux d'honnête acajou sur lesquels se rédigent

---

1. Si on ne trouve pas pour cette année de *Journal,* on trouve en revanche un tout petit album intéressant par les aptitudes et les qualités de paysagiste qui se déclarent tout à coup chez
l'artiste, obligé de fuir quelques jours son domicile ; ce sont des paysages, des bâtisses, des
champs de la banlieue, d'un *faire* tenant à la fois de Harding et de Decamps, avec des arbres d'un
déchiquetage plein d'habileté, et des lointains fuyants, fuyants. Il y a entre autres un croquis de
maison à Saint-Maur (30 avril 1834), fait avec un rien de mine de plomb, estompé au pouce, qui
est charmant.

2. Voir les séries de *M. Loyal* et de *l'Argent.*

l'endossement et l'acceptation d'une lettre de change, dans ces salons d'affaires confusément encombrés de choses hétéroclites, dignes de figurer dans le bordereau d'une comédie de Molière, et qui remplacent le comptant.

On le voit passant dans ce monde de l'égorgement, l'usure du haut et du bas de l'échelle qu'il va si bien peindre à coups de crayon : car, au dur métier qu'il fait toute cette année 1834, il la connaît et la possède de façon à pouvoir esquisser un portrait moral des prêteurs petits et grands, ce qu'il fait du reste dans une lettre à un ami besogneux, avec la science consommée de l'emprunteur. Il l'envoie chez L..., le successeur de B..., qu'il peint comme un loup-cervier à visage de mouton, un banquier loyal au demeurant, mais souvent sans écus, et qui craint l'eau froide comme chat échaudé ; à défaut de celui-ci, il lui propose de le recommander à un certain Pl..., un usurier à 20, 25 pour 100, mais un brave homme après l'escompte. Il lui indique encore, sur le boulevard Montmartre, Sp..., le banquier de la librairie, et M..., place du Louvre, dont il lui donne le signalement.

Toutes ces courses, ces démarches, ces pertes de temps et de travail qui n'aboutissaient à rien, lui donnaient l'idée d'en sortir tout d'un coup et tout à fait par un contrat singulier, une vente de son talent pendant quinze mois :

A part ces petites affaires, je songe à en traiter une autre pour me mettre à l'aise et ne plus me noyer ainsi dans des verres d'eau.

Tout bien considéré, je veux emprunter cinq ou six mille francs — plus ou moins ; une somme pour un ou deux ans. — Une idée que j'ai, attachée à des idées de grands travaux qui me sortiraient d'affaire en peu de temps. Il faut un grand remède à mes grands maux. Et je suis las de niaiser ainsi... Pour l'emprunt, voici comment je compte le garantir... Je m'engagerais à déposer, par mois, chez un éditeur, au profit du prêteur, une quantité convenue de dessins sur pierre, qui formeraient les livraisons d'un ouvrage (les Contemporains, portraits en pied). C'est une misère qu'une suite de lithographies vendables, portraits ou costumes, rapportant cent ou deux cents francs par planche (à ce prix, les éditeurs n'en voudraient pas). Eh bien, moi, éditeur (pour le compte de mon créancier), et supposant le bénéfice net de chaque planche à cent francs seulement, j'en produirais, je suppose, quatre par mois, — quatre cents francs. En quinze mois, une

*créance de six mille francs serait éteinte, — et mes lettres de change, six
ou neuf mois après, me seraient rendues.*

Le créancier pourrait courir deux mauvaises chances :

Que je ne travaille pas ;

Que je meure. — Enfoncé !

*1° Quatre dessins ne sont rien par mois pour le nombre que j'en fais,
et je serais trop intéressé à me libérer de cette façon plutôt que de me laisser
tomber une créance de six mille francs sur le dos en bloc ;*

2° La compagnie d'assurances est là, et je paye les frais.

Je ne sais si je suis fou, mais cela me paraît du dernier positif. (Lettre
à Émile Forgues.)

XLV

A la fin de mars 1835, l'artiste est mis à Clichy, et nous pouvons l'y
suivre en feuilletant la série mêlée de planches rieuses et de planches
graves qu'il fera à quelques années de là sur la prison pour dettes. La
série s'ouvre par ce jeune homme *forcé* par les recors, échoué sur une
chaise, le chapeau à la renverse, les mains enfoncées dans les poches
vides, devant une petite table et les murs nus de la cellule où se lit
l'inscription : *Mes compliments à mon successeur*, avec au fond ce lit
défait aux matelas bouleversés, à la paire de draps blancs jetés dessus,
et sous la lithographie ce seul mot :

Enfoncé ! ! !

C'est le même homme qui dira, huit jours après, à un ami lui
demandant :

« Mais comment as-tu pu te laisser prendre comme ça ? — Demande
aux canards sauvages comme ils se laissent prendre !... Il a tiré sur moi
le 1er mars, on m'a ramassé le 5 avril... Voilà comme ça se fait. »

La dette n'était pas pour Gavarni la dette troublante, discréditante
et sombre du commerçant : elle n'était pour ainsi dire qu'une dette
d'artiste, confiant dans l'argent à venir, confiant dans ce que valait
déjà son nom mis au bas d'un dessin. D'ailleurs, les ennuis d'argent ne
furent jamais pour lui un supplice moral. Son passif bien nettement

établi, ses créanciers couchés dans de belles chemises de papier et rangés par ordre alphabétique dans un grand casier d'acajou, — car jamais homme n'eut plus d'ordre que lui dans le désordre, — il dormait tranquillement sur les assignations et le papier timbré. Un jour que nous lui demandions s'il avait beaucoup souffert de ces tracas : — « Non, non, fit-il. Tenez, c'était comme un fardeau sur le dos qu'il m'aurait fallu monter au quatrième étage... C'était tout physique. » Aussi était-il très philosophe sur l'arrestation, et vivait-il dans les meilleurs termes avec les gendarmes du remboursement, lorsqu'ils venaient le surprendre au lever du jour et au saut du lit. Sur ceux par les mains desquels il avait passé, et qui l'avaient fait monter dans le *corbillard de la lettre de change*, il avait d'amusantes anecdotes. Il nous parlait d'Alcibiade Leroux, le garde du commerce qui avait de si bonnes manières pour vous mettre la main dessus, et il nous racontait le trait d'un certain Jules Perrin, recors qui lui demanda, dans le fiacre, de faire un petit détour, monta rue Saint-Denis, et redescendant, dit, en lui posant sur les genoux une tête de Niobé à l'estompe : « Puisque je vous tiens, monsieur Gavarni, j'ai un petit qui apprend à dessiner, dites-moi votre avis là-dessus ! »

A Clichy, Gavarni se faisait vite une philosophie. Il s'habituait à cette vie, à ce milieu qui prenait pour lui l'intérêt d'une étude moderne, à la variété des êtres rassemblés de tant de coins divers de la société que la dette faisait camarades pendant des mois ; à cette existence de captifs, libres d'allure, en déshabillé, en pantoufles, en manches de chemises, aux jeux de boule, à ces parties où l'enjeu était un dindon, enfin à cet emprisonnement égayé par les visites des amis, des maîtresses devant qui se tiraient les verrous, car la femme était encore là la plus grande distraction du lieu : elle y était comme dans une mansarde du quartier Latin, chez elle, installée, établie, remplissant le pot à l'eau de fleurs, ayant fait un divan du lit de fer. Quelquefois, le couple à genoux dessus crayonnait sur le mur une caricature du créancier cornu, grande comme nature, ou bien, la tête renversée, la maîtresse et l'amant avalaient un verre de champagne à la santé des gardes du commerce : *Que le bon Dieu les patafiole !*

Le champagne, on y revenait toujours, et des corridors aux portes encombrées de bouteilles coiffées d'argent, sur le seuil desquelles le matin apparaissaient des hommes en chemise et en bottes, annonçaient

qu'on avait l'habitude d'y « boissonner ». Ce tableau parut si riant à la
surface, lorsque Gavarni en publia le souvenir, que sur des bruits qui
se répandirent d'un changement et d'un redoublement de sévérité
dans le régime de la maison, le directeur du *Charivari* pria Gavarni
d'aborder le côté triste de l'emprisonnement pour dettes.

C'est alors que Gavarni lui apporta ce chef-d'œuvre de sentiment qui
a pour légende :

« Petit homme, nous t'apportons ta casquette, ta pipe d'écume et
ton Montaigne. »

On voit dans la lithographie la femme qui tend la pipe au père, dont
la figure et le baiser sont cachés dans le cou de son enfant sauté sur ses
genoux.

De Clichy, Gavarni rapporta tous les aspects ; à côté de pareilles
notes de cœur, il a saisi les types des professeurs et des avocats consul-
tants de la Dette, les vieux roublards du métier, siégeant sur leur lit
et révélant à un nouveau les axiomes de leur expérience.

« Ne donnez pas d'acomptes ! Voyez-vous, le créancier qu'on ne paye
pas n'est qu'un créancier ; le créancier qu'on paye est un tigre ! »

Au fond, on ne rit jamais bien franchement en prison. Et quoique
Gavarni nous ait dit qu'il y était resté, par agrément, huit jours en sus
de son temps, le rire de cette série, comme celui des personnages qu'elle
peint, est un rire du bout des lèvres, et la tristesse y perce sous l'ironie,
sous l'entraînement factice et fouetté. Il y a, parmi ces dessins, bien des
envolées de désirs qui battent aux fenêtres grillées, où pointe la baïon-
nette du factionnaire, des heures longues où les exilés de Paris par-
courent ses rues de la pensée et du doigt, sur le grand plan du corridor ;
il y a des moments où la fidèle *Nini*, qui est là, donne envie de courir
après une autre femme au dehors. Et bien des soirs, la musique de
Tivoli, la tentation si près dans l'air appelle « à faire la chaîne des dames »
les tristes cavaliers seuls rêvant avec le dos de leurs chaises au mur.
Gavarni lui-même, malgré tout son moral, eut, dans les jours qu'il y
passa, des soirées mélancoliques, où revenait la mémoire de ses plaisirs
libres et de ses nuits de bal. C'était un de ces soirs qu'écrivant à une
actrice du Vaudeville, dont il était un peu mordu, peut-être par la
pureté du roman, il lui disait que, « *pour la voir, il lui faudrait une bou-
lette pour le tourlourou du chemin de ronde, une lime très sourde pour scier
les barreaux de sa fenêtre, et une échelle suffisamment longue* ».

XLVI

Pendant toute une année, l'année 1835, il semble qu'il n'y ait que la femme, dans la vie, les journées, les pensées de Gavarni. Seule la femme l'occupe, l'intéresse, l'attire et le remplit. Elle est, selon son expression, « sa grande affaire » ; et son désir irrité, et comme endiablé, met à la poursuite de la femme cette espèce d'âpre plaisir à la *forcer* qu'il comparait plus tard, avec des yeux brillants, à la passion de la chasse[1].

Une année où les intrigues se mêlent, s'entre-croisent, s'enchevêtrent, où renaissent, à côté de nouvelles amours, les amourettes de l'enfance et les fantaisies de la veille, où les rendez-vous se pressent l'un contre l'autre, où chez Gavarni c'est une pluie de lettres qui sentent bon, billets des aimées d'hier ou des oubliées de l'autre mois, qu'il réunit « sous la même enveloppe comme des morts amis dans le même cercueil ». Et comme il bat le pavé de Paris, ce pavé des hasards d'amour ; et le suiveur acharné qu'il est de celle-ci pour sa jambe, de celle-là pour son chapeau, de l'une pour une couleur, de l'autre pour une robe dégrafée et un bout de jupon blanc, de l'autre encore pour l'homme qu'elle a au bras, et d'une dernière, pour rien ; toujours, à mesure qu'il va derrière les talons d'une aventure, plus emporté, plus entraîné par la sollicitation de l'*inconnu féminin !*

Amours d'observateur, de lettré, de curieux de la femme et de toutes ses espèces, qui amenaient à Gavarni la rencontre d'êtres bizarres, de créatures étranges et de maîtresses originales de nature particulière, — des *trouvailles*, comme il les appelait ; — d'où se détachaient cette année les trois figures de femmes dont le mystère parlait plus au philosophe qu'à l'amant, des femmes qui étaient pour lui comme des sujets

---

1. La chasse à la femme, à l'inconnu, disait Gavarni, a pour grand charme l'aléatoire qui fait le filou, le pêcheur à la ligne, le joueur. Et c'était pour lui une véritable jouissance, en même temps que l'essai d'un pouvoir qu'il aimait à tenter, de magnétiser de l'œil, et de faire sienne, la première venue rencontrée dans une foule. A ce propos, il racontait ce mot caractéristique d'une femme qu'à force d'œillades, dans une fête de Saint-Cloud, il avait contrainte à quitter le bras d'un homme, et qui, passant derrière une baraque de pain d'épices, lui avait jeté dans l'oreille : *J'ai le mari.*

d'analyse, de méditation, de dissection ; des études vivantes que le chercheur de l'humanité de Paris faisait poser devant lui.

La première était une femme jeune, jolie, trouvée dans le passage de l'Opéra, devant des fleurs, regardant les gens avec un air singulier et en même temps une candeur provinciale. Il lui offrait du café : d'abord un air indigné, puis une envie de rire, et après, sans rire ni colère : « Je veux bien ». Il lui prend le bras. On entre dans un café borgne de la rue Sainte-Anne, la femme donne au garçon un morceau de pain qu'elle cachait sous son manteau, renverse son café, son eau-de-vie, chante, parle : — une fille, une folle. *Le langage de cette pauvre femme était un mélange de silences obstinés et de petites choses vagues et douces comme un cri d'oiseau, son air une confusion de rires et de timidité excessive, qui se perdait parfois dans un regard long et glacial ou infiniment triste. Elle était jolie, très jolie même, ses mains surtout étaient admirables. Avec cela, elle était grosse. Elle venait des Vosges et n'était que depuis peu à Paris, disait-elle. Je lui ai demandé : « Vous avez souffert ? » Elle a répondu : « Oh! oui. » Enfin elle m'a dit tout bas : « Allons au spectacle. »*

La seconde, une inconnue qu'il avait rencontrée boitant, la nuit, une Amanda de seize ans, sage et coquette, fleur chaste du quartier Latin, faisant tourner la tête à tous les étudiants. Avec celle-ci, il passe toutes ses soirées du dimanche, la boutique fermée, les parents sortis, un petit frère lisant *Marino Faliero* à la lueur d'une chandelle sur le comptoir, tandis qu'au-dessus de leurs devis d'amour se balançaient, rappelant le conte de *la Culottière* de Sterne, les culottes pendues et séchantes, dégraissées par le père de la jeune fille.

Pour la troisième, elle resta un mystère de femme. Intrigué, Gavarni jette sur son Journal, à la date du 22 septembre, qu'elle était une créature *qui en avait vu du long et du large des choses de la vie ;* il ajoute, et nous laissons la parole au fin et charmant analyste en déroute :

Est-ce une grande dame ? est-ce une grisette ?... Rien n'est facile comme de deviner les gens au langage, pour qui a su écouter à droite et à gauche, à tous les étages de la société ! Que la femme du monde descende chez le portier, que la fillette monte au salon, on pourra parfois les prendre l'une pour l'autre ; mais qu'elles parlent, à la troisième phrase on les reconnaîtra, tant en français les locutions sont distinctes.

Mais que savoir au langage d'une étrangère ? et surtout d'une femme qui paraît avoir été jetée, d'aventure en aventure, dans tous les coins du monde, et qui peut avoir appris le français aussi bien à Moscou ou à Constantinople qu'à Paris ! Cette femme parle russe, italien, espagnol, allemand, anglais, français, et je ne sais quoi encore, turc et sauvage, peut-être, car elle doit avoir été prisonnière en Turquie et venir d'Amérique à l'heure qu'il est. Mais où une femme qui se dit d'un rang élevé peut-elle avoir appris à dire : « Dieu de Dieu ! » *ou bien :* « J'ai eu de drôles de malheurs »? *Elle dit :* « Monsieur a mal dormi, Monsieur ne mange pas ». *Ceci est un italianisme ou une locution d'antichambre. Elle dit encore :* « V'où donc qu'il est ? » *Ceci est du patois de campagne.*

Comment savoir si elle n'est pas la femme de chambre de la femme qu'elle dit être ?

Elle appelle un garçon de restaurateur mon garçon *et Chateaubriand* un artiste : arrangez tout cela.

Elle a au front la cicatrice d'un coup de poignard, reçu, dit-elle, à la révolution de Juillet, avec un coup de feu qui lui a cassé le bras. Elle était en Vendée avec la duchesse de Berry, et à Paris, avec elle encore, le jour de l'enterrement du général Lamarque, sur le boulevard, en blouse toutes deux et en queue poudrée ! Cette femme est-elle folle ? Il n'y a qu'une seule chose vraiment distinguée en elle, c'est la façon dont elle vous donne le bras.

Des études, encore une fois, des collections de documents, c'est là ce qu'il cherche avant tout dans ces liaisons qui ressemblent à de la science qu'il amasse sur la femme, et qui donnent tant de profondeur morale à l'esprit de ses légendes.

Connaître des femmes, il appelait cela « classer des papillons ».

XLVII

L'année 1836 commençait, pour Gavarni, comme il faisait commencer l'année pour Gabriel Bernard dans la jolie nouvelle *Des Dragées pour un manteau*, car c'est l'histoire de ce triste premier jour de l'an 1836 que l'artiste y raconte, arrangée quelque peu d'après son Journal.

« Vénérable misère, misère en gants jaunes, noble misère d'artiste, vous voici encore au 1er janvier. »

Il y avait à peine quinze jours qu'il avait échappé à Clichy ; les usuriers ne voulaient pas de ses billets, le Mont-de-Piété allait plier, par la gelée qu'il faisait, son manteau sur la planche où étaient déjà ses beaux pistolets anglais, sa montre et sa chaîne, ses couverts d'argent, les jolis boutons qu'Alice lui avait donnés au jour de l'an passé. Il manquait d'argent pour les confiseurs et les dragées à offrir à ses petits amis.

Et dans le vilain de la première heure de l'année et la perspective de la sortie sans manteau du lendemain, il passait en revue la misère de ses autres jours de l'an : de ce jour de l'an dans les neiges des Pyré-nées, où il trouvait à son réveil, sans feu, grelottant sur une chaise de paille, son pauvre chien Trilby. Bientôt, se laissant entraîner au souvenir de moins mauvais jours de l'an, il allait à des jours de l'an à joujoux, à bonbons, à baisers, et où sa pauvre tante lui donnait de si excellentes pralines. Puis il remontait à des jours de l'an de sa jeune jeunesse, l'un « qui était un fiacre à l'heure et Julie », et il se demandait où diable pouvait bien être Julie à l'heure qu'il était. Un autre, « c'était Louise et cette jolie chambre de mauvais garçon ». Et sa tristesse s'égayant à la mémoire de cet aimable retour en arrière, il écrivait :

Pauvre Louise, ce jour de l'an-là, nous avions dîné ensemble en tête à tête, au coin du feu. Mais le tête-à-tête était quelque chose de si usé entre nous, la tendresse était devenue si fraternelle, et depuis si longtemps, qu'après dîner, quand je l'ai vue se coucher dans mon lit, la jolie fille aux si beaux yeux bleus ! je ne me suis inquiété de cela que comme d'une fantaisie à elle ; restant au coin du feu, fumant un cigare, et regardant à peine si sa jambe était bien faite... Quand elle m'a eu dit de sa douce voix : « Eh bien, tu ne viens pas ? » je ne comprenais pas.

Cher ange, elle songeait à mes étrennes.

. . . .

Sa *misère*, après l'avoir rédigée, Gavarni n'y pensait plus guère, et vingt-quatre heures n'étaient pas écoulées, qu'il n'y pensait plus du tout, quand, à l'heure de minuit de ce 1er janvier 1836, il jetait sur son Journal : *Misère, il n'est plus question de vous, mais d'un nouvel amour.*

XLVIII

Au milieu de cette vie amoureuse, revenait la dette et réapparaissait M. Loyal par ce billet brusque :

30 mars (1836).

J.-H. LOYAL,
huissier,
Place de la Bourse.

Monsieur,

Soyez prêt. On va chez vous.

J.-H. LOYAL.

Deux jours auparavant, un petit afficheur « tout replet, tout doucereux, tout couvert de colle », était venu offrir poliment à l'artiste un carré de papier jaune sorti d'une poche qu'il avait sur le ventre. Ledit papier contenait ceci : « *Vente par autorité de justice*, sur la place du ci-devant Châtelet de Paris, le mercredi 30 mars 1836, heure de midi, consistant en bureaux, tables, tableaux, gravures, etc., etc. »

Il y avait sans doute un sursis, pendant lequel il semble que des yeux de femme faisaient oublier à Gavarni M. Loyal et l'occupaient de l'ébauche d'une aventure. Mais, au 10 mai, il avait plu chez lui un tas de papiers timbrés de par le Roi, protêt, assignation, signification du jugement par défaut, commandement, assignation en débouté d'opposition, jugement définitif, signification de contrainte, saisie, signification de vente, procès-verbal, enfin *tous les sacrements*.

Une seconde fois, voyant Clichy se dessiner à l'horizon, l'artiste se réfugiait « à la campagne », c'est-à-dire au cinquième, dans la chambre des enfants Feydeau. Là, il vivait caché au milieu de leurs joujoux, des baguettes de coudrier qui servaient aux jeux du bâton[1], des minéraux

---

1. Gavarni se fit un long temps le maître de gymnastique des frères Feydeau, s'amusant lui-même des violents exercices auxquels il soumettait ses jeunes amis. Ernest Feydeau nous racontait qu'un jour, après les jeux du bâton, le bâton à deux bouts, il leur dit : « Ah çà, mes

et des coquillages avec lesquels les petits étaient en train d'ériger sur
un secrétaire un monument en l'honneur de *M. Cuvier, célèbre natura-
liste*. Un rosier au tuteur déraciné tremblait dans la gouttière, à la brise
du printemps, et, devant le prisonnier, l'air et l'espace libres s'étendaient
jusqu'aux prés Saint-Gervais.

Gavarni se consolait par le travail, en pensant que le temps qu'il
passait en prison chez ses hôtes, ce temps-là, ses tout jeunes amis le
passaient au collège, et qu'ils étaient libres à la même heure tous les
trois.

Mais au bout de quelque temps la retraite ne lui semble plus assez
sûre. Il part, croyant plus prudent de mettre un bras de rivière entre lui
et M. Loyal, et un matin, très matin, il se réfugie à Saint-Ouen. En traversant la Seine vaporeuse, l'oreille de l'écrivain de légendes et le futur
créateur de *Vireloque* entendait sortir cette cruauté de la bouche d'un
gamin noyant un chat et auquel il avait demandé : « Enfant, pourquoi
tuer ce chat ? — Ah ! c'est un chat de chez nous... Et elle était gourmande, cette charogne-là ! Oh ! tiens, il enfle... et comme il mousse !...
Y remue encore... Mais voilà, quand leur tête pend dans l'eau, c'est
qu'ils crèvent... Eh ben, c'est bon... »

Gavarni s'installa à Saint-Ouen dans une auberge, et, avec son re-
bondissement de nature contre les ennuis et les malheurs de la vie, il se
mit à dessiner et à travailler, distrait de son exil par des visites d'amis
qu'il invite par des lettres d'un tour si vif :

*Oui, nous déjeunerons demain ensemble et dînerons aussi, je l'es-
père. — Vous n'avez que faire de votre dimanche. — Donc, le rendez-vous
à Saint-Denis, sur la grève, en face de l'île, n'est-ce pas ? — Vous serez
gentil comme tout.*

*Nous travaillerons le matin. — Nous deviserons jusqu'au dîner. —
Après, nous irons courir le long de l'eau. — On dit que le dimanche est*

---

enfants, vous n'êtes pas assez découplés, assez lestes ; à présent il faut sauter » ; et l'on commença
à sauter par-dessus des ficelles. Le cours de gymnastique avait lieu rue Blanche, dans un terrain
dépendant de l'ancien Tivoli, où se trouvait par hasard, ce jour-là, le lit de sangle d'une por-
tière morte la veille. Gavarni avise le lit, et le fait sauter en large aux gamins, puis il leur crie :
« Maintenant, vous allez le sauter dans sa longueur ». Les petits s'y refusent, Gavarni veut le
franchir, s'accroche le pied et tombe entièrement recouvert par le lit, avec le visage tout en-
sanglanté. Cela interrompit les exercices.

*une curiosité ici, et que la femme donne, comme, les autres jours, le bar-
billon. — Faites-vous beau.*

*Oh ! ne manquez pas ! — Quand j'attends, j'attends comme une bête.
Adieu, petit cher, à demain[1].*

XLIX

*. . . . .
. . . . Voici des points pour mes I de tout cet hiver. Vous m'en
redemanderez au printemps.*

*Je vous attends ce soir, mercredi 30 novembre dix-huit cent trente-six,
en mon domicile, rue Blanche, n° 43, à Paris (France), département de la
Seine, au fond de la cour, le perron à gauche, au deuxième étage, la porte
au fond ; frappez un peu fort.*

*Veuillez agréer l'assurance des sentiments distingués de votre très
humble et très obéissant serviteur.*

GAVARNI,

*Membre de l'Institut historique, brigadier
de gardes à cheval (2° escadron, 13° légion),
ex-directeur du Journal des Gens du monde,
artiste peintre, lithographe, amoureux, rê-
vasseur, en état de faillite ouverte (il a reçu
une médaille à l'Exposition du Louvre).*

A Monsieur, Monsieur Emile Forgues, avocat à Paris.

Telle était l'invitation par laquelle Gavarni conviait son habituel
camarade de plaisir à venir passer une soirée à quatre, une soirée où le
maître du logis, sur le divan du fond, parlait amour avec une noncha-
lante créature allongée à côté de lui dans une robe de chambre sang de
bœuf, la jambe pendante dans un bas de soie, tandis qu'une gracieuse
amie servait le thé. On causait, on faisait mille folies, on riait de la jeune
gravité de l'avocat, échappé du Palais et du monde. « Cet avocat me
fera mourir ! » disait une des deux femmes en se tordant ; et encore
des gaîtés, des plaisanteries, de la jeune et amoureuse joie, qui tenaient

---

1. A M. Émile Forgues.

éveillé, bien avant dans la nuit, le logis de la rue Blanche. Là s'improvisaient ces soupers avec du champagne, un pâté de chez Félix, une
fourchette pour quatre et des poignards pour couteaux ; des soupers
qui semaient par l'atelier les livres, les cartons, les paperasses, les pinceaux, les journaux ; qui mettaient sur les tables, au hasard, les verres
et les bouteilles ; qui donnaient le matin à l'atelier du travail l'aspect
d'un cabaret.

L

C'était dans ce logis que, les jours de bal masqué, de bal travesti,
les amis qui n'avaient pas de costume venaient choisir, parmi la collection, quelque défroque espagnole ou pyrénéenne ; et on partait de
là, après un verre de vin chaud, soit pour le *rigaudon* chez Deffieux, soit
chez Berthelemot, le confiseur qui donnait par souscription, au Palais-
Royal, des bals fort courus alors[1].

C'était encore de ce logis qu'arrivaient, à l'adresse de l'ami Forgues
et de l'ami Tronquoy, l'ordre et la marche des plaisirs nocturnes, les
invitations, les convocations dans des billets drolatiques comme celui-
ci :

*J'ai écrit, et l'on m'a envoyé cinquante-huit mille sept cent vingt-trois
billets roses et onze cent quarante-deux petites cartes pour les bals et soirées
du lundi, mardi, mercredi, jeudi, vendredi, samedi, dimanche, pour moi
et l'autre cavalier, chacune avec quatorze cavaliers, des pralines à discrétion et cinq fourgons de remerciements. Je vous enverrai ces jours-ci une
épreuve du patron de bateau ; faites-vous équiper pour que l'escadron soit
bientôt au complet.*

Et cet autre :

*Il est question de par le monde de dix-huit patrons de bateau qui se
trouvaient au bal de Berthelemot. Soyons au moins quatre samedi, c'est
assez qu'il y en ait huit de malades.*

------

1. Il y avait chez Gavarni un côté danseur ; il avait appris à danser sérieusement chez un
maître de danse qui habitait la cour des Coches, et tout jeune, était, le dimanche, un habitué du
bal Dourlans, où il avait commencé ses études sur les grisettes.

Et puis, mon amante se fait pour ce jour-là un étourdissant petit costume, et je serais horriblement contrarié qu'elle ne fût pas dignement accompagnée, et que vous surtout, le plus soigné de nos patrons de bateau, vous nous manquassiez. Allons, prenez de ce plaisir pour me rendre service :

Vous et M. Petit Colin	2
Moi et Madame moi	2
Bouchardy	1
Emile	1

6 danseurs
dont 1 danseuse.

Le Pierrot à poulaines	1
Les deux femmes de la collection.	»

Ce sont, à tout moment, prenant leur vol du quartier général de la rue Blanche, des correspondances à propos de bas rouges, de boucles d'espadrilles, que Gavarni est parvenu à découvrir, de toutes sortes d'affiquets pour faire, avec sa bande, une fière entrée dans le bal.

Un logis enfin qui était vraiment comme l'atelier, le magasin, la buvette et l'antichambre du carnaval.

Ce costume de *patron de bateau*, dessiné pour Tronquoy, et qui eut dans ce temps un si grand succès, nous l'avons vu longtemps dans la chambre de Gavarni. Il l'avait ainsi composé : une chemise de mérinos rouge, une petite veste blanche à deux rangs de boutons d'argent, un pantalon de velours noir, des bas de soie rouges, un chapeau de paille avec une branche de saule et une pipe d'argent passées à travers le ruban noir. Ce portrait semblait être à Gavarni comme une mémoire de la jeunesse de son plaisir, du carnaval, dont il parlait toujours avec un retour d'émotion.

Un soir, nous nous rappelons que, revenant sur ce temps, — c'était précisément un soir de mi-carême, — il nous dit : « Mais je vais vous montrer mes costumes »; et voilà, descendus dans une des sévères pièces de son rez-de-chaussée à Auteuil, des malles, des cartons dont on tire, sans parvenir à les vider, comme d'un chapeau de Fortunatus, des paillasses à carreaux bleus, des costumes andalous, des costumes égyptiens, des chicards, des costumes sauvages avec des sonneries de métal tout le long des manches ; enfin le costume historique du *patron de bateau*, exécuté sur le dessin de Gavarni, devant lequel s'alluma l'œil de l'ancien amoureux des bals de la Renaissance et de l'Opéra. « Voyez, ajouta-t-il, est-ce assez pimpant, allumé, *claquant !* Vous n'avez pas l'idée de l'effet que cela faisait, quand on entrait, ganté de frais, vernissé, — une vingtaine, chacun avec sa drôlesse... Cela tuait tout... Il n'y a pas de costumes pour avoir des masses pareilles. »

Ces bals Berthelemot, ces billets drolatiques, ces costumes claquants sont des années 1836 et 1837, années où commence à paraître dans l'œuvre de Gavarni une première image du carnaval, mais un carnaval paraissant descendre de la Courtille, sentir le corps de garde, la joie *mauvais genre*, avec, au bas, un texte cru qui n'a rien de la profondeur sans brutalité du verbe, rien de cette pointe de philosophie à la Rochefoucauld que contiendra, dans les suites futures de son carnaval, le littéraire engueulement de sa satire [1].

LI

Dans les rencontres, les aventures, les bonnes fortunes de sa vie, Gavarni souffrait de n'avoir que la froide curiosité de l'amour, de n'y trouver ni le bonheur ni le plaisir, et de n'y rien assouvir de plus que de simples fantaisies. Cependant il cédait toujours, ne sachant pas après à quoi, avec le peu d'un désir nonchalant, il avait cédé ; et ne trouvant

---

1. Donnons une idée du ton de cette série par une seule planche et sa légende.

Un domino effaré entrant dans une loge louée :

— Merci, monsieur, je ne danse pas...

— En v'là un chameau !

Nous rappelons, entre parenthèses, que quand Gavarni fut mis en rapport avec Alfred de Musset pour son portrait dans les *Contemporains*, ce fut cette légende que le poète choisit pour la lui citer, avec une espèce d'admiration énergique.

A propos de cette légende, il est assez piquant d'en rapprocher dans son Journal intime, à la date de mars 1838, une description peu flattée d'une descente de la Courtille : « *C'est un égout par lequel s'écoule la lie d'un carnaval... Ternaux à l'élégant tilbury, couché derrière un fiacre, en costume chinois, à côté d'un sale paillasse avec lequel il avait changé de chapeau, criant à la foule : « Il me reste quarante sous ! » Chienlit et dandy, c'était le même homme !... On jette de la boue, de la farine et des coquilles d'huîtres... Fenêtres garnies d'engueuleurs, femmes au fard écaillé, fumant la pipe des cochers auprès desquels elles sont hardiment montées... Les ménages cherchant la laitière dans ça... Petite pluie fine, nuit froide. On crie : La galette toute chaude ! »*

Théodore de Banville

en lui, et au plus mauvais recoin, — il l'avoue, — qu'une vanité qui
ricane, une sorte de bête avide et sans appétit !

Un jour vint pourtant à la fin, où le refrain de *Bonsoir Arsène,
adieu Charlotte !... Tra la la... J'ai des amourettes et point d'amours*, —
qu'il avait chanté à toutes ses maîtresses, lui fut cruel et douloureux
à dire. Arsène était une grande fille aux dents blanches, au rire humide,
au sein fier, aux cheveux d'Espagnole, faisant de belles lignes sur un
divan, toujours drapée dans du rouge ; elle avait cela et encore et surtout le je ne sais quoi d'une courtisane pour être aimée. Et elle le fut
par Gavarni plus que toute autre femme[1].

Au bout de deux mois, il avait perdu son habituelle puissance de
décision, sa facilité à rompre, son courage contre les regrets, cette
sécheresse de cœur qui lui faisait se plaire à la tristesse d'une sépara-
tion. Il ne pouvait plus se dire : « C'est fini », ni se faire une volupté de
ce mot mélancolique : « fini ». Et lorsque, sur cette créature, il apprit,
par un bas amant, plus encore qu'il n'en savait, des secrets si abjects
qu'il n'ose même pas les confier à son Journal, il s'ouvre d'un coup à
la révélation de cet amour qu'il ignorait, et auquel il s'était cru jusqu'alors supérieur. Son cœur éclate et se déchire dans ce cri : « *J'ai
compris en ce moment ce qu'on appelle l'amour ! Je l'ai compris avec
toutes ses abnégations, tout son dévouement... — Je pensais à la mener
aux Porcherons, à trinquer avec elle avec du vin à quatre sous, — à être
avec elle le goujat qu'elle voudrait !* »

---

1. Quoiqu'il eût connu, dès le premier jour, de quelle espèce était cette femme, et qu'il eût
essayé de se mettre en garde contre son ensorcellement. Il écrivait en effet sur elle, à son confident et ami Forgues, cette lettre où il essayait de combattre son illusion :

*J'ai été amoureux, presque pour de vrai, ce soir, ma parole d'honneur la plus sacrée ! — Ima-
ginez-vous que je me tortille pour vous écrire ces quatre lignes, tant j'ai peur de faire une phrase.*

*Dans la crainte de vous parler de mon « ange » et de dire à propos de ce qui m'en plaît des
choses que je serais dans trois jours tout chose d'avoir dites, il faut que je dise ce qui m'en déplaît,
histoire de me retourner.*

1º Cet « ange » est une fille entretenue ;

2º Avec cela elle a un amant ;

3º Cet amant est le frère de Juliette. Je vous demande un peu si c'est propre à penser ;

4º Elle est sotte et fait des cuirs comme on n'en fait pas ;

5º Elle a une laide jambe ;

6º Elle n'est pas belle ;

7º Elle danse, chez Musard, le carnaval.

Allez !

Je me roue, je me roue ! Mais je ne crois pas un mot de ce que je me dis.

A un dernier rendez-vous, lui prenant soudain le bras, il l'emmenait
à l'île Saint-Ouen, à l'hôtel du *Mouton Blanc*, où il était appelé « Monsieur Gabriel », et où la domestique du cabaret l'accueillait comme une
vieille connaissance. Écoutez ce joli récit humain et cette description
d'une fin d'amour dans une campagne qu'on dirait éclairée d'un soleil
qui essuie des larmes :

*« Arsène me dit avec cet air hautain qu'ont parfois les femmes de mau-
vaise compagnie : « Que cette fille est laide ! » C'est avec une sorte de volupté
que j'ai tourné la clef de notre chambre ; ce n'était plus ma maîtresse, mais
enfin, cette nuit-là, la courtisane était à moi. Je l'ai délacée à genoux...*
*. Puis je lui ai dit, en apportant le plateau de biscuits et de bordeaux sur
la table de nuit : « Tiens, si tu veux, nous allons nous griser. — Je veux
tout ce que tu voudras ! » Mais elle avait tant pleuré qu'elle n'a pas su boire...
Elle n'a pleuré que le premier jour. — J'ai voulu que les deux autres fussent
tout riants pour elle. Nous les avons passés comme on fait à la campagne,
en tête-à-tête, ces heures mêlées de niaiseries et de baisers : se coucher de
bonne heure pour se lever tard ; déjeuner et dîner longuement, aller sur
l'eau, jouer aux petits palets, cueillir des queues d'oseille dans le potager,
jouer avec des écrevisses, monter dans le moulin et se blanchir de farine ;
puis se laisser prendre par l'orage et se blottir ensemble sous une ombrelle
et rire d'avoir les jambes mouillées, et trouver dans tout cela, à tout moment,
l'occasion d'un baiser. Pas une plainte, pas un reproche, pas un mot du
passé. — Aussi, en revenant vers Paris, quand elle a parlé d'avenir et
que j'ai froncé le sourcil, elle m'a dit : « J'ai été si heureuse pendant ces
trois jours ! Veux-tu me faire pleurer ? Je retournerai chez toi demain,
n'est-ce pas ? » — je n'ai pas su répondre. Aussi, elle est venue le lendemain.
Tout ce que j'ai su faire, c'est de lui refuser de venir le soir même, et le
soir, je l'aimais tant, que j'aurais pleuré de ne pas la voir !*

La blessure fut longue à se fermer. Sept mois après elle était ouverte
et saignait encore, dans cette belle page de souffrances (1838, 21 février) :

« Vous voici d'un an plus vieux, Gabriel, — se dit-il à lui-même en s'ap-
pelant de son nom de Saint-Ouen. — *Et si vous rouvrez ce livre, fermé
depuis si longtemps, c'est encore pour parler d'elle, la pauvre femme qui vous
a fait écrire ici tant de belles phrases qu'elle ne lira jamais sans doute.*

Où est-elle, à cette heure que vous êtes si triste, si triste que ce bel habit de bal est resté là, et que le bal sera joyeux sans vous, parce qu'il le serait sans elle, qui aime tant le bal ! Où est-elle ? Endormie dans le coin d'une voiture qui vous l'emporte bien loin, et qui ne vous la ramènera jamais peut-être...

Oh ! que vous voudriez qu'elle fût morte au lieu d'être partie, — pour la pleurer à votre aise, — l'avoir perdue sans craindre qu'un autre vous la trouve !... Mais les absents, mais les femmes absentes, les femmes qui voyagent, qui vous emportent l'âme par monts et par vaux, vous pleurent d'un œil et rient de l'autre d'être libres de vous !...

Et le lendemain recommence le tourment de la même mémoire :

Le réveil est triste... quand on ne retrouve plus le matin la pensée vivante de cette compagne, l'odeur de ses cheveux, la moiteur de sa peau, le bégayement de ses premiers mots, son regard ébahi qui tombait dans le vôtre, — toutes ces choses qui vous étaient si peu quand vous les aviez, qui vous sont tant maintenant que vous les regrettez !

Et plus tard, bien plus tard, à l'heure des souvenirs fanés et des fantômes de ses amours qui repassent dans son œuvre, à l'heure de la série sombre de ses *Lorettes vieillies*, c'est Arsène qui lui reviendra ; c'est elle qu'il reverra accroupie au coin de quelque triste bouge, c'est à Arsène qu'il pensera en écrivant la légende sinistre : « Les poètes de mon temps m'ont couronnée de roses... et ce matin, je n'ai pas eu ma goutte, et pas de tabac pour mon pauvre nez ! »

LII

En ce temps, Gavarni vit beaucoup au foyer des acteurs, dans les coulisses, mêlé aux comédiens et aux comédiennes, en famille dans ce monde vers lequel son crayon s'était tourné dès ses débuts. Il fait son « Musée de costumes », cette série de deux cents petites planches sur le théâtre contemporain. Il est bénévolement le dessinateur en titre du théâtre du Palais-Royal, et il n'y a pas un travesti dont l'acteur et le costumier ne sollicitent auprès de l'artiste un courant crayonnage, une de ces croquades que personne n'a recommencées et qui disent tout au coupeur. Il fait des portraits en pied à la tête très étudiée, l'un d'Arnal, l'autre de Levassor, souvenirs qu'il gardait encadrés dans sa petite salle à manger d'Auteuil. Il est en rapports d'amitié et d'esprit avec Déjazet. C'est lui qui, entre autres costumes, lui dessine le svelte et frétillant débardeur d'*Indiana*, où, en marge du bristol, il a jeté cette piquante indication : « Des petits boutons à la culotte noire de la débardeuse *jusqu'à l'honneur* » ; aquarelle qui se trouve côte à côte dans le même carton avec des travestissements bouffes, des charlatans extravagants et des débitants ébouriffés d'eau merveilleuse : dessins d'opéra-comique qui ressemblent à des créations d'Hoffmann coloriées par Bonington. Il est aussi le dessinateur du boulevard du Crime et de la Porte-Saint-Martin. C'est lui qui a l'honneur d'habiller Mlle Georges elle-même dans *la Tour de Nesle* ; lui encore qui fait pour le théâtre d'Harel, lors de *la Guerre des servantes*, toute une série d'aquarelles, costumes, accessoires, détails cherchés dans un archaïsme fantaisiste, et dont la dernière page, que je vois encore, était comme la page finale d'un album japonais avec l'essuiement de tous les tons employés par l'aquarelliste : sa palette. Un album pour lequel il eut un moment l'idée d'écrire un texte.

Cette vie, cependant, n'était pas toute consacrée à des portraits, à des costumes. Elle introduisait son observation dans l'intime et le secret de ce milieu pittoresque, bizarre, illusoire, dans ce monde aux repas de carton. Elle inspirait à l'artiste ses *Coulisses*, sa jolie suite des *Actrices*, et tant d'autres qui viendront plus tard, où il mettra, en un relief spirituel, l'antithèse et le contraste de la grosse réalité avec la fiction, les trivialités matérielles, tombant dans le faux des existences factices : le théâtre comme retourné et vu entre ses portants : les reines du soir redevenant Titine dans la loge de leur mère ; l'opposition du grotesque avec le sublime, de la misère avec le clinquant, de la vérité canaille avec le mensonge de la tirade. Il écrira enfin et dessinera la comédie de la Comédie.

Le théâtre lui inspirera aussi cet élégant petit chef-d'œuvre, publié par les *Artistes contemporains*, cette planche de pénombre voluptueuse où, derrière un portant de coulisse, appuyée, accrochée d'une main, une danseuse toute légère et toute ombreuse dans sa robe de gaze, cause d'amour avec un joli homme, crânement profilé devant elle, le petit chapeau sur l'oreille, le stick sous le bras, et dont la main, enfoncée

dans la poche d'un habit de chasse, semble y rouler une cigarette :
l'homme, dans une intensité de noir qui fait contraste avec la demi-
teinte de la femme, et le flamboiement de la salle illuminant la silhouette
ridicule d'un ténor.

De cette fréquentation et de cette familiarité avec les gens de
théâtre, il arriva encore une chose facile à prévoir. Gavarni devint doucement amoureux d'une actrice, une des plus grandes actrices drama-
tiques de ce temps-ci, qu'il aimait un jour, oubliait l'autre, tâchait
tout à coup de reprendre à lui, avec de l'extraordinaire, des machines
à l'espagnole, des voyages de deux cents lieues, des traversées de toute
la France, au bout desquels, restant cinq minutes au théâtre, — le
temps de se montrer à ses yeux étonnés, — il allait se promener sur le
bord de la mer, sans chercher à lui baiser la main, — laissant à la femme
l'idée avec le doute de l'avoir vu.

LIII

Au mois de novembre 1837, Gavarni s'établissait rue Fontaine-
Saint-Georges, au numéro 1, dans un grand appartement, au premier,
faisant l'angle de deux rues sur lesquelles il prenait le jour par treize
fenêtres. L'ingéniosité inventive du locataire s'y était pleinement dé-
ployée, et avait donné à ce logement quelque chose de la maison arrangée plus tard, rue d'Assas, par le physicien, membre de l'Institut,
Foucault, la maison que les amis du savant appelaient *une maison de
précision*. C'était, dans cet appartement, machiné comme un théâtre :
des portes rentrantes, une combinaison de couloirs, pour refuser l'importun, recevoir un intime ou la maîtresse du moment, un tas de petites
mécaniques pour ouvrir la porte de sa chambre du fond de son lit et
fermer ses persiennes sans ouvrir sa fenêtre. Nous nous rappelons avoir
vu, chez son ami Tronquoy, dessinée par lui, une admirable épure, le
modèle de ce mécanisme jouant au moyen d'un système de poulies
simples et de poulies doubles. Enfin, le mécanicien qu'était Gavarni,
toujours un peu attiré par les ressorts cachés de la magie blanche et
la mécanique de l'escamotage, avait imaginé pour son logis toute une
série de *trucs* qui en faisaient un intérieur à la Robert Houdin.

LIV

L'année où Gavarni entrait dans cet appartement de la rue Saint-Georges, il commençait les *Fourberies de femmes en matière de sentiment,* qui étaient pour lui l'occasion de révéler au public la profonde étude que l'amoureux observateur de la femme avait faite de ses petits mensonges, de ses hypocrisies, de ses ruses, de ses roueries, de toute la jolie duplicité dont s'arme sa faiblesse contre son seigneur et maître. Gavarni donnait là le spectacle de ces fausses explications, de ces faux serments, de ces fausses indignations d'honnêteté, de ces fausses larmes, de ces fausses attaques de nerfs, de toutes les grandes et petites machinations machiavéliques avec lesquelles la femme endort une jalousie, repousse un soupçon, ou le noie dans une scène d'attendrissement : une spirituelle revue de tous les pièges qu'elle tend à la confiance, à la sensibilité, à l'affection d'un honnête homme de mari, qu'on voit, avec la bêtise éternelle de Sganarelle, devenir dans l'imbroglio de l'intrigue le commissionnaire aveugle de l'adultère, l'avertisseur de l'amant, l'indicateur des rendez-vous avec le parapluie que l'épouse lui fera prendre, qu'il pleuve ou non. Sa légende se mettait à parler la langue des sentiments de la femme, dans laquelle il se montrera plus tard si parfaitement expert et maître. Il y avait des phrases qui étaient comme un aveu du diabolique de l'âme de la femme, à certaines heures, des mots comme surpris dans une situation équivoque, et quelquefois du gros comique jaillissant du drame.

L'origine des *Fourberies de femmes* est curieuse. Le propriétaire du *Charivari,* après le succès de Robert Macaire, était venu trouver Gavarni, tout fier d'une idée qu'il apportait au talent de l'artiste ; il lui demandait une Mme Robert Macaire. Mais Gavarni lui répondait « que Robert Macaire n'avait pas de sexe, et que Mme Robert Macaire serait la même chose que Robert Macaire » ; et rejetant l'idée de la proposition, il faisait, pour *le Charivari,* au lieu de Mme Robert Macaire, les *Fourberies de femmes en matière de sentiment.*

Les *Fourberies de femmes* étaient suivies d'une série ingénieuse, *la Boîte aux lettres :* une série dans laquelle Gavarni avait été soutenu dans la vérité épistolaire, à l'aide de lettres d'amour qu'il nous disait avoir achetées au poids chez les épiciers, et où il faisait venir le sourire aux lèvres du lecteur, avec la naïveté, l'ironie, la blague autographe que colportent toute la journée les facteurs de la petite poste, et surtout avec le biscornu des sentiments à la bonne franquette et la cocasserie de l'amour sans orthographe.

Ces deux séries sont véritablement le point de départ de Gavarni, du Gavarni de la légende et du dessin, en même temps que ses débuts auprès du grand public du journal quotidien. Une autre série, qui suit de près les deux premières, demande à y être rattachée, la série peu connue qui a pour titre : *Leçons et Conseils.* On peut dire que là il bégaye, dans ses légendes, la philosophie sceptique qui parlera plus tard si carrément dans son Œuvre, mais qui est encore à chercher la matrice serrée de sa langue concise. Il est intéressant de le voir, pour les idées qu'il a déjà, en quête d'une formule frappée qu'il ne trouve pas. C'est ainsi que la légende de cette série : — « Faut bien montrer des images à l'homme, la réalité l'embête », semblable à un métal dépouillé de ses scories et de ses bavochures, deviendra plus tard, dans la bouche d'un escamoteur, le laconique axiome : — Faut que la vérité embête crânement l'homme.

LV

Avec les *Fourberies de femmes*, on peut dire que Gavarni commence un genre nouveau, un dessin qui satirise, à la manière vive et spirituelle du théâtre, les vices, les défauts, les travers de la société de son époque, un genre qu'on pourrait appeler la *Comédie de mœurs au crayon.* Ces planches sont une suite de petites scènes où le dialogue mordant ou senti de la légende détache le mot final d'une situation tirée de l'étude de la vie contemporaine, sans que jamais se mêle, à son délicat comique, de l'exagération ou de la charge. Quant aux acteurs de sa comédie, aux personnages que son Œuvre vous montre comme dans une interminable optique, ces personnages ne sollicitent votre sourire, votre attention, votre admiration, que par la fidèle et rigoureuse imitation de la nature et le rendu de son originalité toute seule, sans aucune déformation, sans aucun grossissement caricatural.

Dans la création de ces hommes et de ces femmes, le crayon de

Gavarni travaille, de même que la plume de Balzac, avec les souvenirs
d'humanité emmagasinés dans sa mémoire, et pareils à des amas de
clichés superposés. C'est ainsi qu'il construit un Matifat, un Bridau,
un Hulot, une Esther : un type qui porte, enfermé et résumé dans son
dessin, toute une description physiologique qui vaut celle du romancier.
Gavarni est un portraitiste de types... On conçoit alors que le mot
caricature n'a rien à faire avec ses lithographies, et qu'il trouvait même
assez plaisant qu'on lui donnât le titre de caricaturiste.«La caricature,
que je ne méprise pas du tout, disait-il, est pour moi le dessin naïf
approchant le dessin de l'enfant. Eh bien, je suis arrivé, après de longues
études, à faire un bonhomme comme en fait un enfant de dix ans, mais
je ne puis en faire qu'un comme cela. »

LVI

Établi dans son appartement de la rue Fontaine-Saint-Georges,
Gavarni recevait, le soir, cinq ou six amis dont la causerie le reposait
du travail de la journée. Ces petites soirées intimes où Balzac venait lire
ses épreuves, ne se tenaient pas dans son atelier. L'amateur de petits
coins, de petites pièces, le frileux que fut toujours Gavarni, lui faisait
réunir et agglomérer son monde, non dans son atelier, mais dans son
petit salon.

Deux années se passaient ainsi, au bout desquelles, le nombre de
ces venants du soir grossissant, il prenait le parti de choisir la soirée du
samedi pour ses réceptions, « histoire de fumer et de prendre les genoux
des femmes »[1]. Les familiers, les habitués de ces samedis, étaient
Balzac, Henri Monnier, Émile Forgues (Old Nick), Louis Leroy, alors
aquafortiste ; Ourliac, le chrétien futur ; Aussandon, le médecin amer,

---

1. « Ces nuits, disait Gavarni en les dépeignant de sa plume la plus vive, ces nuits résument
la journée, la journée elle-même. On pense à sa pensée, on rêve au rêve ; on se moque de tout, de
la vie, de l'art, de l'amour des femmes qui sont là et qui se moquent de la moquerie ! Philosophie, musique, roman, comédie, peinture, médecine, amours, luxe et misère, tout cela vit ensemble, rit ensemble ; quand ces intelligences barbues et ces plâtres vivants habillés de satin
sont partis, il reste ici pendant deux jours une odeur de punch, de cigare, de patchouli et de
paradoxe, à asphyxier les bourgeois. On ouvre les fenêtres, et tout est dit. » (Passage cité par
Sainte-Beuve, dans son *Étude sur Gavarni.*)

presque diabolique, suicidé depuis ; Chandellier, le bouffon mélancolique : un comte Valentini, italianasse bellâtre et aquarelliste, voisin de l'atelier de Gavarni, et que Gavarni devait retrouver plus tard à Londres ; Tronquoy, l'ancien camarade de chez M. Leblanc, le *fidus Achates* au costume de patron de barque ; Laurent-Jan, aux mots appréciés par Gavarni ; Lassailly, le marquis de Chennevières, etc.

Il passait encore à ces samedis des artistes connus, des musiciens célèbres, comme Liszt, dont Gavarni — le moins mélomane des hommes et « ne connaissant, disait-il, rien de plus bête que les musiciens » — comparait le grand morceau : *Une promenade au bord de la mer*, à des alouettes qui s'envolaient d'un piano ; des républicains. comme ce grand Godefroy Cavaignac, dont la hautaine roideur s'humanisait à ces soirées de bonne enfance et de franc plaisir, jusqu'à faire, au milieu du salon, le *pont d'amour*.

Il y a eu bien des légendes sur ces soirées, qu'on a peintes « échevelées », et qui étaient de pauvres petites soirées à grogs pour tout rafraîchissement, et dont le plus ordinaire divertissement se composait de jeux innocents au bout desquels Balzac, avec sa grosse naïveté fine et sa bonhomie d'homme de génie, disait : « Maintenant, si on ne jouait plus ? Si on s'amusait ? » Un temps, ce fut une mode et une grande récréation d'y improviser des charades, des proverbes, de petites comédies, dans lesquelles Henri Monnier était l'excellent comédien de société qu'il est ; Ourliac y étincelait d'esprit à côté du duc d'Abrantès jouant avec un vrai talent d'acteur mondain. Les habitués gardent encore la mémoire de deux scènes : la première : un juif qui avait acheté un diamant faux ; et une autre : un bourgeois venant faire faire son portrait chez un peintre romantique, séance qui se terminait par une ahurissante allocution du maire de Strasbourg.

Du plaisir d'esprit, c'était surtout le plaisir de ce salon et du maître de la maison, qui, devant les prises d'esprit de Balzac et de Laurent-Jan, les duels de leurs paroles, y assistait comme un témoin réservé, et un public qui s'amusait du travail des autres. A la fin, par leur bruit, par l'éveil de la curiosité, par les récits fabuleux, ces soirées amenaient à Gavarni tant de demandes de toutes sortes de gens, de banquiers même et de sots du monde de l'argent, que, pour ne blesser personne, il se décida à les abandonner et à fermer son salon.

Un moment, ces soirées du samedi, vives et libres, avaient alterné,

dans la semaine de Gavarni, avec des soirées du mercredi, soirées tout
honnêtes, dont il laissait faire les honneurs à sa mère, et où venaient
les femmes de ses amis et quelques bas-bleus qu'on recevait alors dans
le meilleur monde. Cēs soirées, qui durèrent peu, se transformèrent, par
un contraste bizarre, en parties de garçons, chacun avec sa chacune, où
l'on s'embarquait à quatre heures pour quelque banlieue. On dînait
à Saint-Cloud, à la *Tête Noire*, au *Petit Pêcheur*, — ou bien à Asnières,
chez les Laroche, les gargotiers tragiques et la famille ténébreuse au
bord de la rivière. Les dîneurs qui étaient le fond des intimes du samedi,
auxquels s'étaient joints quelques amis nouveaux : Cavaillé-Coll, un
éditeur de musique nommé Richaud, et l'éventailliste Duvelleroy,
s'étaient organisés en une *Société philharmonique*, non qu'elle fît jamais
de musique, mais pour rappeler la bonne harmonie qui devait régner
parmi les sociétaires. Et que de belles après-dînées, que de gais retours !
Gavarni, avec sa petite, « la brune Adèle », la vraie femme des parties
de campagne, dont il fait le portrait dans *Une Faction hors tour ;*
Valentini, avec la Mocassine, sa grosse rougeaude de maîtresse ;
Mme Hercule, le *modèle* aux histoires et aux amours burlesques, au bras
du premier ou du dernier venu, et en tête l'ivresse farce d'Ourliac,
improvisant, toujours sur un air d'église et de plain-chant, des chansons
sans queue ni tête, et criant au sommeil des villages par où l'on passait :

> Le père de la demoiselle,
> Un monsieur fort bien
> En culotte de peau,
> Qui voulait tout savoir [1] !

LVII

Ici, ouvrons une parenthèse. Rien de meilleur marché que le plaisir,
chez ces hommes de la génération de 1830 ; que leurs amusements faits
souvent de presque rien et pareils à des jeux de grands enfants. Parfois

---

1. Nous avons trouvé dans les papiers de Gavarni une série de billets d'Ourliac, d'un tour assez
drolatique. Dans l'un, daté de 1841, il l'invite à une soirée de bourgeois au quatrième et lui
promet « du thé, des bourgeois et leur encadrement pour les regarder en dedans » ; dans un
autre, daté de 1840, il lui écrit : « Vous devriez bien m'amener une créature à l'usage des com-
mençants ».

une friture, arrosée du vin de l'endroit, qui déteint en bleu sur la nappe, cela représentait toute la dépense, toute la maigre dépense. Ils avaient des joies faciles et ne coûtant rien, naïves et presque innocentes, des joies simples et qui n'avaient pas besoin de l'orgie. Et ce n'était pas seulement avec les « gourgandines ». Gavarni nous parlait de l'attrait qu'avaient pour lui ces soirées, ces nuits blanches passées avec une bande de jeunes et honnêtes femmes au faubourg du Roule, au bois de Boulogne, dans la banlieue, à dire des folies, à *bêtifier*, à rire des cocasseries de Chandellier, à rire du rire fou de cette Mlle Aimée, qu'on appelait la Grande, et qui devait être plus tard pour Gavarni une si dévouée garde-malade.

Il nous parlait, comme d'un des souvenirs les plus jolis de sa vie, d'une journée à la campagne chez Mme Mélanie Waldor, en compagnie de Mlle Aimée et de Chandellier. Or, la campagne de Mme Waldor était, cette année-là, deux chambres louées chez un blanchisseur, et qui pour toute perspective n'avaient que le mur de la cour et le linge qui y séchait. Et cependant on s'y trouvait entre soi si bien, qu'après y avoir déjeuné, y avoir dîné, on ne pouvait se séparer, et on demeurait la nuit à causer, les deux hommes assis sur deux chaises, les femmes sur le lit dont elles s'étaient fait un divan, autour d'un punch qu'on allongea avec de l'eau que Chandellier dut aller puiser à la Seine, en usant des imaginations, des gamineries et des singeries habituelles à ce charmant paillasse roux.

LVIII

En ces années de travail, de composition, d'invention de sujets, de dessins, de lithographies ; en ces années de dettes, de courses à l'argent, de visites chez les usuriers ; en ces années d'amours, d'amourettes, de rendez-vous et de correspondances galantes ; vivant à la fois deux ou trois existences, le Gavarni des bals et des spectacles trouvait encore du temps au commencement de sa journée ou au milieu de sa nuit, des heures solitaires où il jetait, dans un bout de lettre à un ami, ce qui lui passait par la tête, les pensées originales, singulières, tortillées, biscornues même qui lui affluaient au cerveau, et dont il semble qu'il avait besoin de se vider par l'écriture et l'envoi à la poste, « histoire de philosopher et d'en dire deux ». C'est ainsi qu'il appelle cela quelque part. Ébauches de paradoxes, esquisses d'esthétique, brouillons d'aperçus, élucubrations du penseur qui tourne au rhéteur, bouffonneries sérieuses et graves, style en pantoufles, langue en négligé, jeux d'une imagination à la fois mathématique et fantastique, raisonnements envolés, formules pareilles, pour ainsi dire, à des bulles d'idées, il y a là comme un côté inconnu de l'artiste-écrivain. Voici un de ces curieux documents :

Mon ami,

Dans les peintures et dans les livres, l'humanité se voit toujours trop en perspective, comme les maisonnettes dans les paysages. On parle, il est vrai, quelquefois, de l'âme et du cœur, mais d'une façon vague ou obscure. — Ou bien on fait de ces objets une étude trop spéciale. — Rien n'est moins satisfaisant à cet égard que les livres de chirurgie : par exemple, que comprend-on à ce qu'on appelle « le cœur humain » dans ces représentations de veines, de fibres, de nerfs, des images cousues à ces livres ? — Rien. Si peu de chose, qu'on y distingue à peine le cœur d'un homme du cœur d'un lapin. C'est comme à propos des maisons si mal expliquées par cet imperturbable dessin géométral qui vous les montre en plan, en élévation, en coupe verticale, et cela si exactement qu'on n'y voit rien. Il me semble qu'il faudrait pour ces maisons, comme pour les peintures de l'homme et de son cœur, mêler un peu de ces deux façons d'expliquer les choses : la bonhomie et le savoir, le perspectif et le géométral.

Je voudrais voir le valet, la serviette au bras, monter le plat de macaroni de la cuisine D par l'escalier F, à la salle à manger K, tandis que la soubrette lave les pots de madame dans la chambre B. — Mettez les caleçons dans les cabinets, la fumée dans la cheminée et le chat sur la gouttière, et faites frapper l'ami à la porte de la rue, et le dessin intéressera.

Et ainsi pour autre chose. — Un peu de mathématique ferait on ne peut pas mieux dans les peintures de scènes familières ou autres, jusqu'à présent trop absolument pittoresques.

Combien il serait amusant et instructif de voir en une image bien faite, par exemple, la coupe verticale d'une femme prude offensée d'un mot leste !

Mercredi soir.

Le plus souvent, c'était, comme Gavarni nous le disait, au saut du lit que s'envolaient ces confessions, pour ainsi dire, des songes de ses idées échappant à une pensée toute fraîche éveillée, matinale et reposée, comme les choses après la nuit.

Mais laissons la parole à Gavarni lui-même, dans cette lettre qu'il adresse au confident ordinaire des rêvasseries intimes de son lever, au jeune ami : *Petit, petit,* ainsi qu'il appelle familièrement l'enfant qu'il a vu à Tarbes bien des années auparavant, étendu sur un tapis, au pied de l'horizon des Pyrénées, lisant dans un livre plus grand que lui :

Tu devrais bien faire un article sur tous ces beaux articles à jamais inédits que nous composons le matin, en nous rôtissant les jambes devant notre bon petit feu, bien seuls, bien fermés à toutes les ennuyeuses préoccupations de chaque jour, — avant que notre porte soit ouverte à la vie réelle. Sommes-nous ingénieux ! Sommes-nous gaillards, tendres, malins, forts, faibles, tout ! excepté bêtes, — comme nous le redevenons le reste du jour. . . . .

. . . . .

. . . . .

Sais-tu ce que l'on appelle les laveurs de cendres *? Ce sont les gens dont l'industrie est de laver les cendres qui viennent des forges d'orfèvre, pour y trouver de l'or. — Fais-moi un conte fantastique :* Le laveur de cendres, *— un artisan littéraire qui laverait les cendres de quelque poète.*

J'ai brûlé tout à l'heure, comme cela, les plus belles pages du monde, — un superbe morceau très bien pensé et écrit, — je te le demande ! — intitulé :

La Presse,
Lettre à Old Nick[1],

avec cette épigraphe de l'abbé Galiani, je crois :

Rien ne contribue à abâtardir le goût d'une nation comme la liberté de la presse établie par édit. Savez-vous ma définition du sublime oratoire ? C'est l'art de tout dire sans être mis à la Bastille, dans un pays où il est défendu de rien dire.

Et je prouvais — mais incontestablement — que depuis trente ans tout le monde était bête — excepté moi — et toi...

---

1. M. Émile Forgues. La lettre a été imprimée.

LIX

En 1839, Gavarni lance cette série dont le succès était tel, qu'on se
disputait *le Charivari* aux tables des cafés, qu'il y avait rassemblement
à l'étalage de Martinet, et que ce dessinateur, qui sera le Valentin de
l'Illustration, se levait le matin pour être à la première heure de l'exposition, et pour voir, ainsi qu'il nous le racontait, la nouvelle imagination, le nouveau dessin de celui qu'il regardait comme son maître.

C'est la série, en soixante lithographies, des *Étudiants*, la rieuse et
charmante monographie d'un monde disparu, d'un quartier Latin qui
n'est plus, tenant et condensant, dans ses légendes et ses images, toute
la gaieté, l'indépendance, la libre insouciance de la jeune jeunesse
d'alors. Nous y trouvons l'étudiant dans son débraillé pittoresque,
l'étudiant à la petite casquette, aux grands cheveux longs, la pipe de
terre d'un sou à la bouche, la redingote boutonnée par le bouton d'en
haut pour cacher l'absence de gilet, la chemise bouffant et retombant
sur le large pantalon à la cosaque où s'enfoncent ses mains ; l'étudiant
du temps, un État dans l'État, l'avenir en béret rouge, l'opinion publique du parterre de l'Odéon, un ordre d'enfants terribles qui avait ses
usages, son livre d'or, ses cafés, ses hôtels Cicéron et une religion révélée
par Béranger ; l'étudiant carbonaro, romantique, et de tous les partis
qui avaient vingt ans, présent à *Hernani* comme aux émeutes ; l'étudiant
qui inventait le pas de la « girafe en calèche » ; l'étudiant qui était l'ennemi personnel des sergents de ville ; l'étudiant qui vendait son cor
de chasse pour aller au bal de l'Opéra.

L'étudiant et la grisette, cette autre espèce disparue de la race
parisienne, la femme des temps finis, qui aimait pour un tartan, une
robe de mérinos, un peu d'amour qu'on lui donnait et le plaisir du dimanche. Car ils ne vivaient pas l'un sans l'autre : c'étaient deux existences bras dessus bras dessous dans ce *trivium* et ce *quadrivium* des
sept arts libéraux, dans ce quartier Latin, le paradis de la Misère et la
capitale de l'Espérance !

Nous entrons avec Gavarni dans l'intérieur intime de ces ménages,
dans cette chambre où sèche, sur une ficelle, une économique lessive ;
dans cette chambre qui a au mur, sur une planchette, une tête de mort,

un Code civil avec des papillotes pour marques, des pistolets, une blague à tabac, des pipes, et, dans un angle, un petit poêle qui n'est guère chauffé l'hiver que par les lettres de *l'ancienne*, brûlées par la nouvelle maîtresse : pauvre et joyeux logis, d'où tombent par-dessus la gouttière, quand se rencontrent le rendez-vous de la maîtresse et l'envoi de la pension, ces hâtives et plantureuses commandes :

« M'ame Perpignan !... M'ame Perpignan !... Deux douzaines, une bouteille, deux pains, un filet champignons, une pomme sautée et deux cigares... des quatre sous ! Rondement !... »

Logis où la grisette, presque toujours emménagée, installée dans la tenue de son chez elle, en bonnet, en tablier, empêche, avec ses gaietés de pinson, le travail de l'étudiant enchanté de flâner, et partage, dix mois de l'année, avec son « seigneur », une heureuse paresse et la tristesse des jours sans le sou, quand c'est bal le soir au Prado ou à la Grande Chaumière. Bonne, naïve et crédule créature, que l'étudiant, sans pitié dans ses gaietés, s'amuse à effrayer avec le squelette accroché à son mur.

« Tu ne la connais pas ?... Eugénie ? l'ancienne à Badinguet[1] ?... Une belle blonde qui aimait tant les meringues et qui faisait tant sa tête...

» Oui, Badinguet l'a fait monter pour trente-six francs.

— Si c'est vrai !

— Non, va ! c'est un tambour de la garde nationale... bête ! Tu ne vois donc pas que c'est un homme ? »

Gavarni vous déroule tous les tableaux, tous les côtés, tous les aspects, toutes les scènes de ces existences. Il vous en donne le décor, la localité ; il fait passer sous vos yeux ces trottoirs devant les monts-de-piété où s'échangent les dialogues de la déception ; ces portes d'amphithéâtre sur le pas desquelles les maîtresses font des scènes à leurs amants en tabliers d'internes, pour avoir acheté un cadavre au lieu du mantelet promis ; ces fonds de rues lointaines où deux amis, en battant le pavé, philosophent sur leurs deux avenirs :

« Eh ! mon cher, ne te plains pas ! Tu seras médecin, je serai procureur

---

1. Cette légende a son intérêt pour les chercheurs de l'origine des mots. Elle donne l'acte de naissance de ce nom de Badinguet, qui depuis eut une si grande fortune politique. Gavarni l'avait fabriqué avec le nom de Badingo, un ami qu'il avait dans les Landes.

du roi ; quand tu seras forcé d'avoir du talent, je serai forcé d'avoir
des mœurs, c'est ça qui sera dur ! »

Enfin Gavarni nous promène par ces corridors qui sont, dans son
Œuvre, la coupe révélatrice et la confession des secrets d'une maison,
ces corridors d'hôtels garnis où les paires de bottines voisinent avec les
paires de bottes, où, par une porte entre-bâillée, une tête d'homme
jette à un camarade qui frappe : — *Non bis in idem !* où les trous de
serrure permettent de voir, le lendemain d'un mariage, la mariée, près
de son époux, qui dort, fumant un bout de cigare. Vie de débine et de
bonne humeur, d'ivresses à bon marché, d'amours légères, de liaisons
passagères, que termine si bien cette légende d'un étudiant, le pied sur
la malle qu'il boucle pour le départ des vacances :

« Adieu, mon bonhomme ! Je te laisse ma pipe et ma femme...
T'auras bien soin de ma pipe ! »

LX

Bien inférieure à cette série des *Etudiants*, était la série que Gavarni
avait consacrée l'année précédente aux *Artistes*, et où il n'avait guère
apporté que l'esprit courant du rapin et le comique déjà connu de la
vie de l'atelier. Cette suite est cependant intéressante au point de vue
des sentiments de l'homme, en ce qu'il met dans la bouche des *Chevelus*
et des *Chapeaux pointus* un peu du mépris qui perce dans vingt endroits
de ses journaux et de ses ébauches littéraires, de ce mépris qui lui inspirera plus tard la formidable légende :

« Les bourgeois... un vénérable troupeau de mufles ! »

Gavarni n'a pas connu la bourgeoisie saine et pure ; les hasards de
sa vie l'ont mis en rapport avec l'autre : la petite bourgeoisie corrompue ;
et il avait gardé de celle-ci des souvenirs qui se répandaient souvent au
dehors de lui, avec de l'indignation encore chaude et un esprit de parti
englobant toute la caste. Il nous racontait toutes les vilenies, les
compromis honteux dont il avait été le témoin, les infamies qu'il avait
traversées, et dont certaines de ses lithographies étaient des fragments
d'histoire ; il nous parlait d'un mari fermant les yeux sur sa liaison avec
sa femme, et se payant grassement de sa complaisance en se faisant
son homme d'affaires, un homme d'affaires auprès duquel les intendants

du dix-huitième siècle étaient des naïfs. Et combien d'autres récits de ce genre ! Un jour il nous peignait, à la Balzac, une maison bourgeoise qu'il avait étudiée pendant sa retraite à Saint-Ouen. Le mari était un usurier, le plus redoutable fripon sous des apparences bonasses, — « une tête de lapin où il y avait du serpent ». — La propriété d'un journal qu'il avait étranglé était tombée entre ses mains ; il lui fallait un rédacteur en chef qu'il ne payât pas ; il avait fait lier une intrigue épistolaire par sa femme avec un ami de Gavarni, et tous trois vivaient ensemble, en pleine banlieue, l'ami de Gavarni dans une vieille robe de chambre du maître du logis. Une maison de campagne, qui semblait toute pleine de l'innocence des petites fêtes bourgeoises et des joies honnêtes d'honorables commerçants en villégiature, mais où la fille de la maison, qui avait seize ans et qui en paraissait douze, tant elle était petite, était condamnée, par la jalousie de sa mère, à porter des pantalons d'enfant, à sauter à la corde et à être fouettée le soir quand elle avait parlé, dans la journée, à l'ami de Gavarni.

LXI

En cette année 1839, Gavarni était douloureusement touché par le dénouement d'un grand drame judiciaire dans lequel l'accusé se trouvait être un écrivain et un journaliste qui avait été de ses amis, Peytel, condamné à la peine de mort par la cour d'assises de l'Ain, dans l'audience du 30 août. Gavarni, après un premier voyage à Bourg[1], y

---

1. A ce premier voyage à Bourg se rapporte une curieuse lettre sur le Midi de la France, adressée à M. Tronquoy, et que nous donnons ici :

27 août, à bord de l'Aigle, sur le Rhône.

Je voulais vous écrire de Marseille, mon bon ami, mais j'y suis resté très peu d'heures, et je n'ai pas eu seulement le temps d'y dormir. — Je devais me rembarquer à deux heures du matin...
Ma malle était au chemin de fer de Nîmes, et j'ai perdu deux jours à courir après mes chemises ; — sans Monsieur mon nom, gravé sur la plaque, je n'aurais peut-être jamais retrouvé mon bagage, mais le Charivari a des abonnés à Beaucaire.
Les eaux du Rhône que nous remontons sont très basses, et nous sommes engravés à chaque instant. — On parle de trois ou quatre jours pour arriver à Lyon (et nous étions venus de Lyon à Beaucaire en un jour !). Mon retour à Paris sera donc retardé de tous ces retards ; — prévenez-en

retournait une seconde fois et recevait du condamné, le bras noué autour de son cou, et la bouche collée à son oreille, une confession qui changeait absolument la nature du crime[1].

Le pourvoi en cassation était rejeté le 10 octobre. Quelques jours après, M. Teste, alors ministre de la justice, remettait au roi un mémoire de Gavarni contenant l'historique de l'homme, des particularités

---

ma mère, à qui j'ai écrit de Marseille que je retournerais de suite — pour qu'elle ne soit pas inquiète. Allez lui demander quelquefois à dîner avec votre femme.

Je ne connaissais pas cette partie du Midi de la France. — J'avais vu l'autre. On m'avait fort vanté celle-ci ; — mais on vante tant de choses ! Ce voyage sur le Rhône est le plus beau qui se puisse faire, Marseille est éblouissante. Je ne saurais vous donner une idée du caractère de cette ville, de ses maisons, de ses rues, de sa population surtout. On parle de Marseille comme d'une belle grande ville, riche, peuplée, bien alignée, bien Paris ; sous ce rapport, les grandes villes sont assez insignifiantes pour nous, et Marseille comme les autres, pour un Parisien. — Il y a donc trois ou quatre places, trois ou quatre quais, trois ou quatre rues, trois ou quatre boutiques qui font l'ébahissement des provinciaux provençaux. — Ce qui est admirable à Marseille, c'est ce dont on ne parle pas. — La première chose que je fais en arrivant dans une ville, c'est de ne pas regarder ce qu'on m'a dit d'y voir : de laisser de côté la grande rue, la grande place, — et de courir dans les faubourgs, dans les petits quartiers. — Toutes les villes tendent à se ressembler, et c'est par les grandes rues qu'elles commencent. Donc ce qu'il y a de laid à Marseille est admirable. — C'est beau comme l'Orient de Decamps.

Et Arles ! la ville des belles femmes, — elles sont belles et jolies que c'est une bénédiction ! — et coquettes ! J'étais à Arles dimanche, j'ai vu ces chères amours en grande tenue. Je les ai vues, dimanche aussi, à Tarascon et à Beaucaire, où j'ai passé une grande partie de la journée. — Toutes ces jolies femmes étaient dans les rues par ribambelles, à l'ombre sous de larges toiles tendues d'une maison à l'autre. — Je les ai vues à l'église ou assises et causant entre elles sur les marches des logis, derrière de grands rideaux. (Par ici toutes les portes ont des portières en toile à ramages ou à carreaux, ce qui donne aux intérieurs un air étrange et mystérieux.) — Quant aux hommes, ils sont d'un autre côté, passant leur dimanche à jouer sur une fournaise avec des boules de fer et à crier comme des paons. — Je ne m'expliquais pas comment cette foule d'imbéciles pouvait se résigner à jouer ainsi aux boules dans la poussière au lieu d'aller baiser les genoux de ces adorables femmes. — Quand on voit les femmes d'Arles, on ne comprend pas comment il peut y avoir en même temps des cartes, des billards et des boules à Arles, — autre chose que de l'amour, le dimanche surtout, puisqu'on a toute la journée.

Je ne sais trop si vous pourrez lire ce griffonnage tremblé, que je vois tout trouble (nous avons une machine qui broute fort). — Adieu : à Paris, je vous parlerai de Marseille et du Rhône, — je vous dirai de tout cela de si belles choses que vous irez les voir l'an prochain.

G.

. L'affaire de mon pauvre ami Peytel, pour laquelle je vais à Bourg de ce pas, a commencé hier : je suis fort inquiet — et j'arriverai trop tard.

Dans une autre lettre écrite de Marseille, à Forgues, Gavarni dit :

Il y pue, on y crie de la plus bruyante façon, on y mange des tripes à l'oignon : mais que c'est beau !

1. *Une voiture de masques.* Dentu, 1856.

de sa vie et de l'affaire, racontant enfin la confession à lui faite par le condamné dans la prison de Bourg.

Au mémoire était jointe une lettre arrivée d'une manière assez singulière à Gavarni, et dans laquelle Peytel, parlant de lui à la troisième personne, faisait ainsi la demande d'un poison.

« Il le prie de lui faire parvenir de l'opium en quantité suffisante pour produire un *effet complet dans une heure et demie au plus;* il n'en fera usage que lorsque *tout espoir sera perdu,* lorsqu'on viendra lui mettre la camisole, ce qui aura lieu seulement *deux heures avant,* attendu qu'il ne *sera prévenu que deux heures avant.* — Pour lui faire tenir cet opium, ou *toute autre matière produisant le même effet,* il faut lui envoyer de suite *une Bible (il n'en a pas)* ; cette Bible sera reliée à la Bradel ; le carton de la couverture sera entaillé dans divers endroits, recouvert d'un carton mince pour empêcher de sentir les cavités, et ces cavités seront remplies de la matière, qui devra être solide et non liquide, comme on le voit. Ceci est pressé, car il a encore la possibilité de recevoir quelque chose comme une Bible, mais rien autre, et il peut arriver qu'on lui retire cette possibilité. — Pour ne compromettre personne, il laissera un écrit portant ces mots : « Étant à la prison de Bel..., je me suis fait apporter une boîte de pharmacie, j'ai pris dedans ce qui m'a servi et je l'ai toujours porté sur moi ; cela était de la baudruche qui semblait retenir un taffetas sur des cors que j'ai aux pieds, et, par ce moyen, on ne l'a pas vu. » — Et, en effet, le malheureux a aux pieds du taffetas retenu par la baudruche. — La couverture et le livre même seront brûlés, attendu qu'on lui fait du feu *une fois* par jour pendant deux heures. — *Il promet de n'en faire usage qu'au dernier moment. Ce sera un vrai service à lui rendre, car il ne servira pas de spectacle à tout un pays, et quel spectacle !...*

Cette lettre cachetée était remise avec cette suscription, de la main de Gavarni : *Dernier billet du pauvre condamné, pour le Roi, le Roi seul.*

Il n'y eut pas décision au conseil des ministres sur le recours en grâce. Le soir, Gavarni reçut des mains de M. Teste la lettre de Peytel, recachetée du cachet du roi, avec ces mots que nous avons lus sur l'enveloppe : *Fidèlement recacheté, L. P.* « Le Roi, écrivait Mme d'Abrantès, avait été préoccupé pendant quarante-huit heures au point de n'en plus manger ni dormir. Enfin, il avait fini par demeurer persuadé que Peytel avait tué sa femme « avec préméditation ». Et, chaque jour, Gavarni ouvrait le journal avec de la terreur et une anxieuse curiosité. Il n'y trouvait pas la nouvelle de l'exécution. Sept jours — sept mortels jours — s'écoulaient ainsi. Enfin, le 30 octobre, Gavarni éprouvait un profond désespoir, comprenant seulement que, par ce long retard, Louis-Philippe avait voulu, en sa miséricorde, laisser au condamné, à l'auteur de la *Physiologie de la Poire*, le temps de mourir ; à l'ami, le temps de l'y aider.

LXII

Dans la biographie de Gavarni, cette triste affaire a un autre intérêt que celui qui se rattache à Peytel. Le dessinateur jusque-là n'avait fait qu'entrevoir Balzac. Ce procès les met en rapport et en connaissance intime, et nous vaut un curieux et bizarre portrait du grand romancier moderne.

Au moment du procès, Gavarni était en froid avec Balzac. Curmer venait trouver Gavarni et lui disait que Balzac avait la tête pleine de choses pour la défense de l'accusé ; bref, les réconciliait. Et voilà les deux grands peintres de Paris partis en chaise de poste pour Bourg.

Au premier relais, Balzac, avec sa vanité enfantine, commençait à dire au postillon : « Menez-nous vite ; monsieur qui est là gagne cinquante francs par jour et moi cent... Vous comprenez ce que chaque heure de retard nous fait perdre. » Et à chaque relais il augmentait le chiffre de ce qu'ils gagnaient tous les deux.

« Balzac est tout là », disait Gavarni, qui nous racontait ainsi l'impression qu'il avait éprouvée la première fois qu'il l'avait vu. C'était à *la Mode :* il vit un petit homme gros, avec de très jolis yeux noirs, un nez retroussé et un petit peu cassé, parlant beaucoup et très fort. Il le prit pour un commis en librairie : c'était Balzac. Et là-dessus : « Tenez, pour le peindre, l'homme c'était ça ! » — Et se mettant à couper dans une carte un corps qui, par derrière, n'était qu'une ligne droite avec un ressaut aux mollets, et, devant, faisant la moitié d'un as de pique : « Le voilà ! » Il ajouta : « Balzac ! indécrottable ! ouvrant de grands yeux à tout ce qu'on lui disait, en même temps naïf et étonneur des gens par des connaissances qu'il n'avait pas ; voyant un tas de bois dans la rue, vous disant : Il y a cinq minutes qu'il y eut contravention

de tant, et ce n'était pas vrai ! Sale, malpropre, portant des gilets blancs
ridicules, achetant, quai Lepelletier, dans des allées, des chapeaux de
maçon avec un fond de lustrine bleue. Je lui dis un jour : « — Ah çà,
» Balzac, pourquoi n'avez-vous pas un ami ? — Un ami ? — Oui, un
» de ces bourgeois bêtes et affectueux, comme on en trouve, qui vous lave-
» rait les mains, qui vous mettrait votre cravate, enfin qui prendrait de
» vous le soin que vous n'avez pas le temps... ? — Ah ! s'écria Balzac, un
» ami comme cela, je le ferais passer à la postérité !... » Mangeant d'une
façon terrible, comme un porc. Indigestionné, le ventre ballonné de bous-
tifaille et quasi fou, il se couchait. A minuit, il se faisait réveiller par son
domestique, prenait du café et couvrait matériellement du papier pendant deux heures. Alors, alors seulement commençait le vrai travail...
Car, je vous le répète, dans la vie privée, il était bête et ignare. Il semblait
qu'il se fît en lui un phénomène singulier lorsqu'il travaillait, et que,
concentré sur un point, par intuition, il se rappelât toutes choses, même
les plus ignorées... — Du somnambulisme de génie ! » reprit l'un de nous.

L'appréciation de l'homme, de l'individu, du particulier, est-elle
absolument juste ? Les admirateurs de l'immortel romancier de mœurs
auront bien de la peine à l'admettre, et cependant Gavarni était sincère,
sans amertume, sans jalousie contre Balzac, au talent duquel une page
d'un de ses journaux rend ce large hommage :

*Balzac a fait de belles choses, on ne pourra guère pousser plus loin
la vigueur de l'analyse. Son œuvre, composé d'imagination et d'intuition,
est une grande œuvre.*

Entre Balzac et Gavarni, la dernière entrevue devait être, dans la
gare de Versailles, un triste échange de mots, par-dessus la barrière
séparant les premières des troisièmes : « Eh bien, nous voilà tous les
deux, — lui dit Balzac, — vous, vous êtes criblé de dettes ! moi, je suis
obligé de prendre les troisièmes !... J'en parlais ce matin au ministre. »

LXIII

Dans une série intitulée *l'Eloquence de la chair*, on rencontre des
planches représentant des leçons de bâton et de savate. Scènes intéressantes, qui sont la révélation d'un des goûts de cette génération de 1830,

où les hommes de lettres et les artistes, épris de la force physique, amoureux des aventures brutales, étaient gagnés, à l'imitation de lord Seymour, au plaisir de *se cogner* avec le populaire. Rappelons-nous-le : ce fut sous le règne de Louis-Philippe que la leçon de *l'Adresse française*, c'est-à-dire « de la savate », entra pour la première fois dans l'éducation des princes du sang. Singulières années, où se mêlaient à des tendances élégiaques dans les esprits et les talents romantiques, des appétits d'athlétisme ; où l'on voyait des poètes recommencer les pugilats dans la rue de Géricault.

Un jour, l'auteur d'*Albertus* nous faisait un spirituel récit de la culture et du développement général du muscle en ces années. Pour lui, une grande leçon avait été de voir, à Montfaucon, des chiens nourris de soupe, — avachis, sans aboi et sans crocs ; et, à côté de ceux-ci, d'autres chiens nourris de viande, — des dévorants, des furieux, des lions ceux-là ! Le poète s'était mis au régime des derniers, et il était devenu fort à casser les dynamomètres des Champs-Élysées ainsi que les messieurs en blouse qui ne lui laissaient pas tout le trottoir.

Ce goût du déploiement de la force, des exercices violents et colères du corps, Gavarni, svelte, élancé, nerveux, l'eut comme les autres. Il fut, en descendant de Montmartre, pour les chercheurs de querelles, un redoutable adversaire, et Feydeau nous racontait qu'un jour, dans la rue des Martyrs, occupé à lire un journal et brutalement heurté par un ouvrier, il l'avait envoyé rouler dans le ruisseau ; des camarades sortant d'une allée et ayant voulu manger du bourgeois, il avait luxé les deux poignets du premier qui s'était avancé pour le boxer. D'ailleurs, il avait derrière lui de sérieuses études de boxe, de canne et de bâton. Après avoir fréquenté, en 1829 et en 1830, la salle d'un nommé Gobine, il est, de 1839 à 1843, un élève assidu du fameux *Michel Pisseux*, auquel il a assuré une sorte d'immortalité par cette terrible réclame sur un mur de fond d'une de ses lithographies : « *Rue Buffaut*, 10, *Michel (dit Pisseux)*, maître de danse, entrepreneur de *tournées, roulées, suées, brûlées, trempées, tripotées, trépignées*, tient magasin de gifles, calottes, gnions, torgnioles et poche-œil (bon teint), tient tour de reins, coups de trique et coups de pied n'importe où, et renfoncements soignés. »

D'autres lithographies de l'élève montrent le maître, le petit homme trapu à la mouche noire, donnant la leçon dans sa salle, avec cette parole colorée, revivante au bas de la pierre, dans cette légende :

« Asseyons-nous commodément, et attention ! N'oublions pas que
la canne doit vous couvrir son homme de la tête aux pieds, habit,
veste et culotte. Il pleut des coups ? Bon ! Le pareur est un môssieu
habillé de bois... »

Un détail curieux sur ces leçons. L'esprit théorique de Gavarni
jeta à cette époque, en tête d'un cahier de mathématiques, une espèce
de traité raisonné, et illustré de petites académies à la plume, dessinant
dans des lignes de points le mouvement des bras, la marche des jambes,
le pivotement sur les pieds, tout le jeu du corps développé par le
chausson et par le bâton.

En marge de deux de ces figurines lançant un coup de poing, nous
lisons : *Principes des mouvements de l'homme relatifs à la peinture ;
ceci serait un ouvrage neuf.*

LXIV

Et toujours de l'amour, de l'amour se mêlant et s'entre-croisant
avec d'autres amours ! Des premiers baisers courant sur une créature
nue jusqu'aux hanches dans une tunique de mousseline, et dont les
seins roses flottaient sous des plis transparents : une reine de théâtre ;
— du parfait sentiment avec une pauvre fille : une grisette ; et, par-ci
par-là, sous les lèvres de l'amoureux, *des joues de jeunes filles qu'il
dit sentir encore la bouillie et déjà la fleur d'oranger.* Enfin une aventure,
une aventure avec une femme du grand monde, rencontrée un jour de
pluie dans un omnibus, — oui, dans un omnibus ; — une charmante
voisine d'un moment, gantée comme un ange, avec un cou long, que le
souffle de Gavarni caressait, en faisant envoler les cheveux follets de
sa nuque. Elle descendait. Il la suivait, et il l'attaquait dans les rues du
faubourg Saint-Germain avec une de ces causeries rieuses, spirituelles,
poliment audacieuses, respectueusement enthousiastes, dont les hommes
à femmes ont le secret à Paris. Il la quittait fort intrigué et ne sachant
rien de la femme ni des dispositions de son cœur. Et il jetait sur son
journal en rentrant : — « Écrira-t-elle ? »

La dame tardait à écrire. De la conversation, Gavarni avait retenu
que le mari, en parfait légitimiste du temps, était abonné au *Charivari.*

Pour se rappeler à elle, il eut la jolie fantaisie de faire insérer dans le journal cet article :

OMNIBUS

« Un de ces soirs, le diable, après avoir corrigé dans quelque imprimerie la trente-septième édition de ses Mémoires par M. Frédéric Soulié, grimpa, pour se distraire, sur le marchepied d'un omnibus. Un aigre coup sonna, et l'aiguille de fer dut marquer sur le cadran un voyageur nouveau : c'était le conducteur stupéfait. Lui-même, il venait de donner six sous au diable, et se laissait conduire.

» La casquette sur le coin de l'œil, Satan regarda donc les piétons d'une manière attentive. Il avisa bientôt dans la foule un homme à gants frais. C'était Michel, une manière de poète. Celui-ci mordait nonchalamment la pomme de sa canne en comptant les pavés du trottoir au bout de ses bottes vernies. Satan fit un signe, et Michel monta. Le diable avait une idée.

» A quatre pas de là, il aperçut une belle dame et fit un autre signe. La belle dame monta. Il pleuvait.

» Ceci fait, Satan prit lestement, à droite, à gauche, ce qu'il put trouver en voyageurs de plus épais, de plus mal plaisants. Après avoir entassé bourgeois sur bourgeois dans son coche et crié : « Complet ! », il tira, sous les jambes d'un électeur éligible, le petit tabouret pour s'asseoir. Ici l'ange déchu se prit à sourire, tout en faisant avec son ongle un trou dans un parchemin. Les yeux rouges de l'omnibus flamboyèrent alors, et les chevaux hennirent.

» A l'autre bout de Paris, la voiture s'arrêta ; la belle dame descendit d'abord, Michel ensuite, et tous deux se perdirent dans l'ombre d'une rue déserte. La voiture repartit... vers la barrière d'Enfer, sans doute.

» Nos voyageurs causèrent... »

Dans le récit du *Charivari*, il y avait un rendez-vous donné par la belle dame à Michel. Mais, au jour de ce rendez-vous, Michel ne trouvait qu'un petit garçon assez malpropre qui lui remettait un billet armorié ainsi conçu :

« Un des plus doux plaisirs d'une femme est de faire un regret. »

Et le rédacteur Michel Gavarni ajoutait : « Michel ne saura peut-être jamais que cette petite écriture, si « comme il faut », était celle de la duchesse de Marqueray, une des plus spirituelles et des plus élégantes

GAVARNI
à l'âge de 66 ans.
(*Lithographie Latosse, d'après une photographie.*)

femmes de Paris. Elle aurait été la plus jolie du monde... si elle n'avait eu le malheur de perdre un œil étant tout enfant. La duchesse est borgne du côté droit ; mais elle a le profil délicieux. Or, Michel était placé à gauche dans la voiture. »

LXV

La dame du faubourg Saint-Germain voulut-elle prouver à l'auteur qu'elle avait un œil droit tout pareil à son œil gauche ? Nous ne savons. Ce qu'il y a de certain, c'est que l'article du *Charivari* la décida à écrire à Gavarni, ou plutôt au poète Michel.

Alors commença ce roman d'amour et de métaphysique sentimentale, si bien analysé, si finement raconté par M. Sainte-Beuve dans la sympathique étude consacrée par lui au dessinateur, et où il donne de longs extraits de la correspondance[1].

C'est donc un roman épistolaire, où l'amour de l'écrivain avait affaire

---

1. GAVARNI, *Nouveaux lundis*, vol. VI. Nous extrayons de cette correspondance quelques passages qui pourront en donner une idée au lecteur :

Soyez confiante. Je suis de si bonne foi ! ce que je veux de vous c'est vous-même. Que me fait le reste ? Il y a dans vos lettres un ton de hauteur dont je ne songe pas à être blessé, car il est adorable. — Ce que je penserai de vous ? — Je ne sais. — Vous le verrez, dites-vous. — Eh bien, vous le verrez. — Ce que vous êtes ? — La femme ravissante que j'ai vue ! n'est-ce pas ? que j'ai mal vue ! que j'ai devinée !...

Vous avez été au quai d'Orsay lundi ! Moi, j'ai recherché tout seul les rues que nous avions parcourues ensemble ; j'ai étudié ce cher quartier ; j'ai cherché, cherché, trouvé presque. Tout cela est oublié aujourd'hui. Je n'ai questionné personne, ne craignez rien ! Avez-vous lu Voltaire ? Je m'inspirais de l'intelligence de Zadig, qui, pour trouver la trace de je ne sais plus quel prince ou quelle princesse, — à cheval, je crois, ne demandait rien aux gens et cherchait dans les choses.

Votre instinct, c'est le meilleur de vous. La pensée d'une jolie femme n'a jamais rien de mieux à faire que de s'humilier devant son instinct.

Vous ne pouvez pas m'aimer encore, parce que vous êtes une femme, et que les femmes n'aiment pas ainsi pour un oui, pour un non. Il faut à leur tendresse une garantie, une consécration. Il leur faut le temps. Elles n'aiment pas tout de suite ; elles aiment plus tard, — beaucoup trop peut-être. Vous ne m'aimez pas. Il n'y aura pas de bonheur pour vous dans ce petit voyage que nous pouvons faire ensemble ; mais il y aura, j'en suis certain, du plaisir. Le plaisir de me savoir heureux.

Je voudrais faire de l'amour un autre monde où rien ne fût de celui-ci. J'ai des horreurs profondes pour les formes, pour les considérations de tous les jours. A force de remuer les choses, dans la pensée, elles changent de valeur, et on éprouve cette lassitude de l'intelligence qui ne la fait se reposer que dans le paradoxe ; et il arrive que parfois le distingué vous devient si commun, l'esprit

à une femme lymphatique, triste de l'ennui d'une grande existence
vide, dévote à la façon d'une paroissienne de Saint-Thomas d'Aquin,
assidue au sermon du prédicateur en vogue et liseuse du roman du jour,
quintessenciée, précieuse, se servant de grands mots empruntés à des
livres sérieux, préoccupée avant tout d'un certain idéal de la distinction, offensée du désir d'un homme comme d'une inconvenance, faisant
intervenir à tout moment un grand diable d'ange gardien que Gavarni
aurait voulu *plumer tout vif ;* au fond, tourmentée par une curiosité
intermittente, par l'appétit de l'inconnu, du défendu ; une femme de
son temps et de son faubourg de laquelle M. Sainte-Beuve a dit très
justement qu'elle avait, avec des restes d'Elvire, des commencements
de Lélia.

Avec une telle femme, le métier n'était pas facile. Il fallait chaque
jour l'arracher à ses hésitations, à ses incertitudes, à ses scrupules,
couper ses interminables raisonnements par des paradoxes amusants,
arrêter, enrayer son perpétuel épilogage sur les manières d'aimer. Il
fallait joliment plaisanter la hauteur de ton que la dame prenait parfois
avec l'amant roturier. Il fallait l'enlever à ses préjugés, la guérir du *faux
distingué* de son monde, apprivoiser ses effarouchements et ses peurs
d'un manque de respect. Il fallait à tout moment la rassurer sur la
moindre faveur accordée, et faire taire ses légers mais loquaces remords ;
traiter et amollir la résistance de sa vertu par toutes les adresses de la
pensée et de la phrase. Il fallait surtout la relever de sa tristesse, de la
mélancolie prise dans un mauvais roman. Il fallait distraire, impres-
sionner cette âme seule et ennuyée, renouer chaque semaine le fil cassé
de la relation, et d'une aimable querelle faire sortir un raccommodement;
la dominer par de l'imprévu, par l'originalité d'une cour qui, à propos

---

*vous paraît si bête, et qu'enfin tout ce qu'on préconise vous est si peu, qu'on irait volontiers boire au
cabaret avec des charbonniers pour trouver quelque distinction.*

*Marie, je n'ai pas tout vu, quoique je sois fort curieux : je n'ai pas tout analysé, je n'ai pas tout
nié, Dieu merci ! Vous dites que je sais plus que vous. Je suis pourtant fort ignorant, mais voici
ce que je sais et comment je sais. J'ai pour raison une sorte d'oiseau qui peut voler haut et voir de
loin. Quand les religions et les intérêts de ce monde si nombreux, si divers, criaient autour de moi
à me rendre sourd, dans ces rues tortueuses de cette vie de nos jours, dans les corridors de cette Babel
où nous sommes, j'envoyais l'oiseau dans quelque point de l'espace, d'où il pût voir tout ce qui se
fait, tout ce qui s'est fait, dit, édifié, détruit, refait, redit depuis qu'on agit et qu'on parle en ce monde,
et l'oiseau revenait me dire : « Les sociétés sont folles, partout Dieu n'est et n'a été que l'enseigne d'une
boutique, la morale n'est qu'un comptoir ; le bien et le mal sont des faits ; le devoir est une mesure.*

d'amour, mettait aux pieds de cette femme les conceptions, les improvisations, les rêves, les hautes fantaisies de la philosophie de Michel. Délicatesse, tendresse, poésie, bel esprit, raillerie, badinage, des phrases sachant le chemin de la vanité féminine, des images chatouillantes, l'éloquence, l'émotion même, tout ce qu'a souligné et fait ressortir notre ami, dans cette correspondance, nous montrent dans Gavarni un charmant écrivain d'amour. Et nous voulons ici, pour notre part, donner la dernière lettre et le dernier mot du roman :

Je viens de relire, une à une, ces quelques lettres si pleines de je ne sais quel esprit faux et railleur, — ces billets doux si méchants, mais quelquefois si tendres.

Puis de doux regrets me sont venus.

Puis il m'est venu une idée souriante et vague, — un désir de malade, — un besoin indiscret peut-être, mais si impérieux que j'y cède, une envie d'ajouter, après deux ans, un mot de souvenir, — un reproche tout bas, — une phrase de plus à ce mystérieux entretien, un post-scriptum à ces billets perdus ou brûlés, — oubliés sans doute.

Moi qui n'ai rien brûlé, rien oublié.

· Tenez, voici une nouvelle page pour ce gentil roman par la poste que nous faisons tous deux et que vous avez fermé, — qui sait pourquoi ? Voici qu'il se rouvrira, — si vous voulez.

Si vous voulez croire à tout ce que j'éprouverais de plaisir aujourd'hui à apprendre de vous que vous n'êtes point morte — et que vous vous souvenez de moi.

LXVI

L'écrivain d'amour, affirmons-le, est encore plus *lui* dans d'autres lettres d'amour. Dans cette correspondance avec cette femme du faubourg Saint-Germain, le style naturel de Gavarni est quelquefois gêné par la dame : il devient guindé, il cherche une espèce d'ennoblissement dans un mauvais romantisme à la castillane, dans une phraséologie de cape et d'épée. Qu'elles sont autres, les lettres qu'il n'adresse pas à des grandes dames ! Comme dans ces libres épîtres il se joue ! Comme il écrit à l'aise ! Comme il est sûr de lui-même ! Quelle phrase coulante !

Quels détours enlaçants ! Comme il sait les mots qui s'emparent de
la femme, comme il sait bien la caresser à la place même où elle aime
à l'être, comme il se fait humblement esclave, comme il paraît adorer
dans ses liaisons les plus éphémères, comme il l'étourdit et comme il la
trouble, comme il la rend incertaine et hésitante sous l'alambiquage
voulu et travaillé de sa prose, et comme des paradoxes font bien disparaître de la faute charmante l'idée d'une faute ! Comme son désir
se fait petit, puis grandit, grandit, grandit, grandit toujours !

En même temps, il n'a pas de hâte et ne brusque rien. On dirait que
ses correspondances amoureuses ont la séduction doucement et perfi-
dement enveloppante de ces promenades d'amoureux qu'on voit,
bras dessus bras dessous, et où la femme va où veut l'homme, désarmée,
entraînée, vaincue malgré elle, par un bruit murmurant de paroles et
la musique d'une voix basse qui lui effleure l'oreille.

C'est un art, chez ce « chasseur de femmes », que cette partie de son
métier ; la partie de la lettre d'amour où il met vraiment sa vanité,
une ambition de se contenter lui-même, et où il paraît souvent travailler
bien plus pour la satisfaction de son esprit et de son observation que
pour celle de son cœur. Ses lettres au ton victorieux, écrites dans une
forme légère, enlevée, dans la langue d'amour d'un lettré, resteront un
monument de rouerie littéraire.

Et encore quel talent dans la compromission d'une femme, et quel
savant entortillage pour l'entraîner et la décider à un rendez-vous,
à une lettre, à un signe, à ce rien qui, dans l'amour, est le commencement
de quelque chose ! Et quel désordre dans ce qu'il écrit, dans ce qui semble
y trembler de l'émotion d'une déclaration parlée ; et la lettre qui ne
finit jamais et qui recommence toujours, rabâche et rabâche encore toute
l'éloquence de l'amour, ces trois mots : « Je vous aime ! »

Qu'on en juge par ces deux lettres et ce billet :

Samedi soir.

*Je m'étais imposé une loi que je vais enfreindre, Madame, je m'étais
promis de ne jamais vous parler.*

*C'est la première fois que votre regard est tombé dans le mien (il y a
deux ans de cela, vous ne vous en souvenez pas), le cœur m'a battu si fort
que j'ai dû penser à ce que vous auriez de dangereux si vous étiez coquette,*

et, je l'avoue, je craignais que vous ne le fussiez. Et voyez pourtant, j'avais si bien compris ce qu'il y a de distinction dans toute votre personne, que, ce matin, j'ai été surpris, fâché presque, de vous trouver plus jolie que je ne pensais, tant il m'importait peu que vous fussiez jolie.

Voyez-vous, je ne connais qu'un vrai regard du monde, c'est le vôtre. Je vous écrirais quatre pages à propos de vos yeux, Madame, sinon pour vous apprendre comment ils sont, du moins pour vous conter tout ce qu'ils m'ont dit de vous, malgré vous peut-être. Avez-vous quelquefois souhaité d'être comprise ?

Oui, je voulais me défendre de vous, je voulais garder mon illusion, si pour moi vous en étiez une. Ce que je redoutais m'eût désenchanté d'abord, puis ce que j'éprouvais ne se prodigue point à des railleries. Un doute avait suffi pour me retenir. Maintenant une certitude m'éloignerait plus encore et en me laissant moins de regrets. Ce que je pourrais vous donner d'affection ne s'offre pas deux fois à qui le refuse.

Aujourd'hui, cependant, j'allais vous parler, — vous l'avez cru, — moi aussi, — cela était tout simple, n'est-ce pas ? pourtant une pensée m'a arrêté tout à coup.

Où nous étions, que pouvais-je vous dire ? Quelques lieux communs. Allais-je venir à vous avec un compliment banal, avec des tendresses de premier venu ? Je m'étais arrangé d'être mal reçu, mais point d'être mal écouté. C'était folie de penser à vous dire, là, un mot qui eût le sens commun.

Au moins, quand vous lirez cette lettre (si vous la lisez, si je ne la brûle pas), au moins il n'y aura pas de cet ennuyeux public entre nous. Oh ! vous saviez combien je le donnais au diable, je l'ai vu à votre imperceptible sourire. Mais vous n'avez pas deviné tout ce qu'il y avait aussi de bonheur pour moi à être une fois près de vous, si près. Non, vous ne l'avez pas deviné, car je vous aurais vue rougir. Eh bien ! il me faut savoir si cela vous déplaisait ; — vous, il faut me le dire, il faut me répondre.

Écoutez, — ceci est sérieux et vaut, je vous l'assure, la peine que vous y songiez un instant. — Sans doute vous n'allez pas vous croire obligée de prendre un air offensé. Et si vous pensez qu'il y a peut-être quelque convenance à me répondre, vous ne me ferez pas l'injure de craindre pour un mot, que d'ailleurs vous pouvez faire aussi vague et insignifiant que vous le voudrez pour tout autre que celui qui l'attendra.

Non, il me semble qu'il peut y avoir maintenant entre nous quelque chose d'assez élevé pour être inaccessible à des préjugés vulgaires, — il me

15

semble que nous nous entendrons, quoi qu'il arrive ; et que votre réponse, dût-elle m'être défavorable, peut encore nous laisser une estime l'un de l'autre. Parlez et soyez vraie. Si je me suis abusé, vous n'aurez pas de moi une prière de plus : je vous le jure.

Et ne croyez pas que je vous demande un refus pour m'autoriser de votre silence. Non. — Ce silence me blesserait trop pour que j'insistasse davantage. Pour que ce billet soit le dernier, il vous suffira à vous, Madame, de le vouloir même sans le dire. Seulement, pour moi, vous voir ne pas répondre serait pis qu'un chagrin, ce serait une déception.

Est-ce que vous voudrez me réveiller d'un beau rêve ?

Minuit.

... Ne jouons pas au sentiment ensemble. — Bon Dieu ! j'ai toujours eu le malheur de gagner à ce misérable jeu, dont toute la finesse consiste à n'avoir point de cœur, parce que personne n'en a moins que moi, quand je n'en ai pas.

Samedi.

Voyez ! J'avais écrit cela. On s'abuse parfois dans ce monde.

Pourtant je vous aurais bien aimée. Si vous saviez ce que je vous sacrifiais ! Votre amour-propre au moins en eût été flatté.

Ceci est donc un adieu. Déjà !

Écoutez-moi bien : — Je ne crois pas à la vertu des femmes, des femmes d'une certaine supériorité d'esprit surtout ; et je l'estimerais moins encore que je n'y crois. Quelque chose me paraît bien autrement sérieux, bien autrement respectable : c'est leur indifférence.

Entre la niaiserie et la fatuité il y a la place pour un caractère d'homme, et je l'ai choisie. Si ce que je vous apportais de désirs vous avait plu, je l'aurais trouvé tout simple ; malheureusement, il était tout simple que le contraire arrivât, et j'aurais assez de bon sens, à défaut de fierté, pour ne point chercher à m'abuser encore.

Ce serait être coquette, m'avez-vous dit, que de vous laisser une espérance; en disant cela, vous étiez vraie, si vraie que vous ne pensiez pas même à me cacher le secret plaisir que vous éprouviez à l'être, préoccupée peut-être d'un autre plaisir de femme, — celui de me laisser un doute. Je n'en avais plus. Oh ! dans ce moment, je vous haïssais bien cordialement, un moment seulement, le temps de souffrir. Rien ne fait mal comme un bonheur rentré.

Pardon de vous avoir parlé autant de moi, — c'est que, moi, c'était vous ; maintenant ce n'est plus que moi, et je serai bref.

Après le ridicule de ces lettres, il ne me reste plus, Madame, qu'à m'en accuser auprès de vous, — et c'est pour le faire que je vous ai priée de vouloir bien lire celle-ci encore.

Maintenant que rien ne m'autorise plus à être importun, je vous prie de croire à tous mes regrets de l'avoir été.

Croyez aussi, Madame, que vous serez toujours un bien gracieux souvenir pour moi, une de mes plus douces pensées.

Pour donner ici au public l'écrivain d'amour au complet, nous publions une autre lettre écrite dans un genre différent, une lettre poliment impertinente, au ton dégagé et fringant, et telle qu'un seigneur eût pu l'écrire à Margot, sur une pirouette de son talon rouge ; ou, mieux encore, une lettre cavalière qui semble écrite sur le pommeau de sa selle par le garde national à cheval qu'un moment fut Gavarni :

Vraiment, comme je vous l'ai dit, il faudrait que je vous fasse signifier mes lettres.

Comment ! ma longue lettre ? Vous n'y répondez pas !

Voilà la seconde, vous devez bien penser que ma vanité d'homme se refuse à une troisième, et vraiment ce sera avec beaucoup, beaucoup de regrets.

Moi aussi, j'avais une bonhomie : c'était de croire que, malgré la forme un peu vagabonde parfois de nos rapports, il y avait dans tout ceci quelque chose de vraiment affectueux, et je me gardais bien, moi, de prendre vos atrocités à la lettre.

Folie, — c'était vraiment maussade et froid, — réellement dédaigneux, — vous boudiez pour de vrai ! — horreur ! ! !

Je vous haïrai, — au moins.

Non. — Mais convenez que c'est un étrange roman. Ne s'être point vus, — savoir à peine si l'on est brun ou blond, — ne pas s'être touché du bout des doigts, — ni jamais s'être passé un bras autour du cou pour se dire : Mon ange, ou mon amour, en se regardant dans le blanc des yeux, se quitter sans s'être pincé, ni égratigné, ni mordu seulement une pauvre petite fois, — c'est absurde.

Ainsi soit-il !

Voici mon dernier billet. — Adieu, mon inconnue, c'est un adieu fait comme un bonjour. A d'autres de se tourner le dos tout bonnement; à nous, gens sans familiarité, une révérence est de rigueur. Quelque jour peut-être nous nous trouverons face à face au boulevard turc ou ailleurs, et, s'il arrive que nous nous reconnaissions, nous qui nous sommes dit des tendresses par la poste, ce sera pour penser : J'ai vu cette figure quelque part, — et puis ce sera tout.

Adieu donc, je penserai souvent à vous. Ce sera toujours avec plaisir et regret toujours.

Et vous, quand vous entendrez dans la rue le galop de la cavalerie nationale (que le diable l'emporte !), quand vous verrez briller au soleil les casques emplumés et les lames de sabre, vous vous direz, n'est-ce pas : « J'avais un amoureux dans ce régiment-là ». Et vous donnerez un souvenir à la boutique du pâtissier, à l'homme aux moustaches, aux petits billets griffonnés les soirs.

J'ai besoin de vous dire encore adieu. — Adieu, ma Jenny, — car, quoi que vous fassiez, vous êtes ma Jenny et vous la serez longtemps encore.

En terminant, n'oublions pas de signaler de curieuses lettres de Gavarni publiées dans un recueil intitulé *les Nuits de bals masqués*, sous le titre de : « Lettres de Latour », et qui sont les lettres de l'artiste adressées à la femme auteur, à la comtesse Dash.

Un moment, Gavarni eut l'idée de faire un compte rendu du livre, proclamant l'authenticité des « Lettres de Latour », mais annonçait qu'à la suite de soupçons qui lui étaient venus sur la véracité des réponses de la femme, il avait eu le bonheur de découvrir les vraies lettres de l'amante de Latour (les lettres de Mme Dash), qu'il offrait au public.

LXVII

En 1841, Gavarni dessinait la série des *Lorettes*, avec un tel succès que *le Charivari* lui demandait des suites en 1842, en 1843. Et, près de dix ans plus tard, l'artiste déjà vieux revenait à ce sujet de jeunesse, qui avait fait une partie de sa réputation et de sa popularité, et le

complétait par la série des *Partageuses* : une œuvre où le dessinateur
et l'écrivain des légendes luttèrent entre eux de finesse, de délicatesse,
de profondeur d'observation, une œuvre en cent vingt planches, dont
le double talent de l'artiste fit la monographie la plus complète et la
plus réussie de la lorette.

Vous la voyez à sa toilette, dans les conversations qui se tiennent
entre les bonnes cyniques et leurs maîtresses.

Vous la voyez accroupie à terre, dans le débraillé de sa robe de
chambre, se tirant la bonne aventure sur une peau de lion.

Vous la voyez dans son chez elle, dînant l'assiette au genou.

Vous la voyez jouant une partie de cartes avec son amant de cœur,
couché à plat ventre sur le tapis.

Vous la voyez avec ces appuiements de main caressants et coquins
sur les gilets des entreteneurs râblés à cravates écrouelleuses.

Et quelle connaissance de ces milieux d'amour, avec ces improvisations de mobiliers autour du meuble de fondation : le divan ; ces deux
ou trois tableaux fournis par le tapissier, que la belle se dépêche d'ac-
crocher au mur en se frappant sur les doigts ; ces intérieurs désordonnés
aux tables chargées de choses hétéroclites, de bouteilles de champagne,
d'encriers, de livres de cabinet de lecture, d'un corset ; ces éternelles
oppositions de luxe et de misère où, par la porte entre-bâillée d'un opu-
lent salon, l'on aperçoit la maîtresse du salon en jupon court, faisant
la lessive de ses bas sur un carton à chapeau !

Toutes les aventures, tous les épisodes, toutes les péripéties de la
vie de la lorette, vous en avez là le tableau et l'histoire secrète. Vous
assistez au désespoir comique d'un abandon, au ferraillement de la
parole et de l'injure entre amies, à la querelle terrible que deux rivales
se font à propos d'un amant volé, à cette tentative de rébellion d'une
femme en chemise s'armant d'une pelle contre les recors qui saisissent
ses meubles. La lorette, l'artiste vous la fait revoir, dans les campagnes,
marchant à petits pas aux côtés d'un monsieur qui porte son chapeau
au bout de sa canne ; ou bien sous la tonnelle d'une guinguette, faisant
ses confidences à une camarade ; ou bien encore en un coin de rivière,
barbotant dans l'eau courante, sous une perche coiffée d'un verre près
d'une bouteille nouée à la perche par une ficelle.

Les rapports de la lorette avec sa famille, qui les a exprimés d'une
manière à la fois plus vraie, plus saisissante et plus satirique que

Gavarni, lorsqu'il montre le père buvant un *canon* en compagnie des domestiques de madame, lorsqu'il fait envoyer la mère aux provisions par sa fille avec ce mot :

« Allons ! va au marché, m'man..., et n'me carotte pas ! »

Et dans cette parenté anormale et bizarre, quel joli cours d'éducation d'après nature l'artiste nous donne, dans cette planche où il met en scène la mère d'une lorette, et sa fille qui tient en gigotant entre ses bras la petite-fille de la vieille :

« T'as bien tort... va, ma fille, de laisser ta petite te parler comme ça !

— Dis, grand'mère, tu nous embêtes ! »

Disons-le ici, dans cette peinture sociale il y a quelque chose de plus qu'une représentation des faits et gestes de l'espèce, de plus qu'une représentation pittoresque et sensuelle de la femme dans toutes les séductions du négligé, du diabolique de sa chair et de sa demi-nudité provocante : ainsi que celle-ci qui, les pieds à l'air, posés sur le tournant du canapé, la tête en bas, dans un raccourci de volupté, livre et abandonne à la pleine lumière son front et l'orbe naissant de ses seins, pendant que sa main joue, au-dessus de sa tête, avec la cordelière de la robe de chambre sur laquelle elle est couchée : — l'artiste s'élève à une représentation morale et, pour ainsi dire, psychologique. Avec Gavarni, on touche à la scélératesse de ces petits conciliabules de femmes à l'encontre de l'Argent, de l'homme qui paye. Le faiseur de légendes vous mène au fin fond de ces natures capricieuses et troubles, dans cette lithographie où une femme dans un bain, dont le regard noir passe au travers d'un verre de champagne en s'abaissant sur l'eau, dit à une amie assise sur le rebord de la baignoire :

« Ce que c'est pourtant que nos sentiments !... Sais-tu que faut convenir que c'est bien farce, Minette, quand on examine ça !

— Une forêt de Bondy, quoi ! »

Dans la planche : *On fait des contes à l'actionnaire*, le dessinateur vous fait surprendre le mensonge sous l'air de parfaite innocence de cette toute jeune lorette.

Personne pour rendre comme Gavarni le souci et le vide de cette vie de la lorette, dans ces vautrements au milieu de fonds sombres, dans ces aplatissements sur les pages grasses d'un roman, dans ces poses d'ennui et de ne savoir quoi faire les jours où il n'y a pas d'opéra, dans ces avachissements inertes, dans ces méditations profondes, concentrées,

absorbantes : le laborieux enfantement de la *carotte.* Personne qui ait
su mieux que lui peindre, au repos, la torpeur de ces créatures, pareille
à la torpeur des assassins, des voleurs, des conspirateurs, des joueurs,
de toutes les existences attendant tout de l'aléatoire du Hasard et de
la Veine.

LXVIII

Cette habituelle figuration du plaisir, de l'amour, de la vie de Paris,
cette peinture des mœurs prise dans leur vérité naïve ou cynique, cette
exposition mordante du vice parisien, valaient à Gavarni les attaques
que l'hypocrisie contemporaine dirigeait en même temps contre l'auteur de la *Comédie humaine. La Presse* lançait à l'adresse du dessinateur
le gros mot d'immoralité[1]. On faisait le procès à la nature de son talent, il était signalé aux bourgeois comme un homme qui ne dessinait,
infandum ! que des femmes malhonnêtes. Bref, son œuvre était présenté ainsi qu'un recueil d'obscénités. Aux moralistes du journalisme se
joignaient les républicains, les *purs* de la politique, qui, ne pardonnant
pas à l'artiste ses opinions conservatrices et aristocratiques, accusaient
ses lithographies d'exercer une action mauvaise, pernicieuse, délétère
sur les masses, et traitaient sérieusement le lithographe de corrupteur
du peuple. Ne riez pas. Quelque temps avant la révolution de 1848,
un ami de Gavarni, un républicain, s'épanchant avec lui, lui racontait
que les hommes du parti avancé étaient décidés, s'ils arrivaient au
pouvoir, à le « faire guillotiner ». Ça leur coûtait, parce qu'ils le regardaient au fond comme un bon garçon, mais c'était un *corrupteur du
peuple.*

LXIX

Qu'eût dit le rédacteur de *la Presse*, dont la pudibonderie s'indignait
si fort de ces innocentes images de la vie privée des lorettes, s'il avait
connu, s'il avait pu signaler à ses lecteurs les *Scènes de la vie intime,*

---

1. M. Yriarte donne, dans *Manières de voir et façons de penser*, la réponse de Gavarni à
l'article de *la Presse*, réponse que Gavarni eut le bon esprit de ne pas envoyer après l'avoir écrite.

ces douze lithographies peu chastes[1], ce petit coin d'œuvre libre
dans l'immense Œuvre du maître ? Oui, Gavarni, ainsi qu'un grand
nombre d'artistes, a eu une heure d'imagination libertine, de pensée
polissonne, d'humeur gaudriolante, tombée sur quelques feuilles de
papier. C'est une suite d'amoureux baisers, accompagnés de pan-
tomimes exaltées, et de mains qui fourragent les plis des robes ; mais
cependant, dans ces jolies impuretés, il faut vraiment le reconnaître,
il y a bien plus de passion, d'ardeur sensuelle, de volupté libidineuse,
que d'obscénité pure. Le nu caractéristique de ces sortes d'estampes ne
s'y montre que fort rarement ; puis ces planches gardent toujours, en
leurs libertés, l'esprit habituel du dessinateur, qui les sauve du dégoût.

Ainsi, à voir cette bonne, aux mains si occupées à tenir un bol plein
de lait, sans en renverser, et qu'attouche vivement, dans un escalier,
un garçon épicier, on est bien plus amusé par l'embarras comique de
la femme que par l'indécence de la chose. Une de ces compositions,
disposée et arrangée comme un tableau de grâce, peut se décrire : un
jeune homme est à sa table de travail, au milieu de ses livres ; une femme
rattache sa jarretière, le pied posé sur la chaise où est assis son amant,
qui, se retournant et se baissant, comme adieu, met à sa maîtresse un
baiser sur la peau, un pouce plus haut que sa jarretière. Dans un ordre
différent d'idées, un autre sujet semble le comique d'une chanson de
Béranger, mis en dessin. Nus comme des locataires du Paradis, un Adam,
qui a un chapeau sur la tête, un livre sous le bras, et une Eve grassouil-
lette qui tricote une chaussette, s'éloignent du céleste séjour à la porte
de guinguette portant : *Au Pommier sans pareil,* — et devant laquelle
se tient une espèce d'ange exterminateur grotesque, un balai à la main,
qu'il brandit, avec le geste menaçant d'un portier.

LXX

Les années s'écoulent, et c'est toujours, chez Gavarni, le même
travail journalier et continu, qui a pour unique distraction l'amour.
Mais il ne faut pas que l'amour vienne à l'heure du travail, que la femme

---

1. Ces lithographies ont été publiées en 1837.

aimée frappe chez lui de midi à cinq heures. Elle trouve la porte impitoyablement fermée : l'artiste n'appartient à la femme, à l'amour, que
le soir. Le travail et l'amour continuent donc à être les deux seules
affaires qu'il juge dignes de mériter son temps et sa pensée, et il se demande quelque part si, « après le travail, qui est une volupté, et l'amour,
quand c'en est une », la vie vaut la peine qu'on la vive. Chez cet homme,
qui n'est pas sensuel, répétons-le, qui n'est pas même tendre, qui
semble avoir toujours gardé dans la passion le don de la froide observation et de l'analyse, c'est une contradiction curieuse que la persistante jeunesse des impressions amoureuses, les bonheurs fous, les faciles
pertes de raison, les transports que lui donnent les bagatelles de la
sentimentalité : la félicité qu'il a de sentir contre sa botte l'appuiement
d'une bottine qui aime et qui le dit ; le bien-être exalté qu'il éprouve
dans le délicieux émoi où l'on se trouve « quand on est amoureux comme
des fous sans parler d'amour, qu'on s'abandonne ensemble à toutes les
coquineries du désir, tandis qu'on joue à quelque niaiserie, qu'on se
parle de la pluie et du beau temps d'une voix si troublée qu'on s'entend
à peine ». Il y avait pour Gavarni dans ces jeux, ces escarmouches,
cette lutte galante, « *une fleur d'émotion* » qu'il déclarait ne savoir
trouver nulle autre part. Aussi, cette fleur d'émotion, il la cherchait
tous les jours dans le neuf d'émotions nouvelles, dans les doux riens
d'une amourette qui commence, dans les successives petites victoires
d'une cour faite à une femme qui se la laisse faire, dans l'occupation
mi-platonique, mi-concupiscente d'un être adoré, — qui était pour lui
ce qu'il aimait le mieux de l'amour, — et dont il avait fait le verbe *gin-
giner*, aimer avec la tête, avec l'imagination.

Toutefois, il ne pouvait pas se tenir toujours à ces jolis préludes,
on le forçait souvent à aller plus loin, et il lui arrivait de faire la remarque
que les affections sont parfois gênantes. Mais il avait tellement l'habitude d'en être enveloppé, de vivre dans leur caresse et leur aimable
agitation, elles étaient devenues si nécessaires au sentiment de sa vie,
qu'il lui semblait, quand l'une venait à lui manquer, *que quelque chose
se mourait en lui.* Vite, il se dépêchait de la remplacer. Et c'étaient
tous ces ans, tous ces mois, presque toutes ces semaines, de nouvelles
émotions, de nouvelles femmes, depuis les plus quintessenciées jusqu'aux
gourgandines.

Ces jours de renouveau dans l'amour, ces jours heureux et affolés,

étaient mélangés, ainsi que dans tout le reste de sa vie, « *de jours aux
rudes soucis, comme les artistes en connaissent seulement, de ces jours
auxquels les autres ne sauraient croire, tant les heures en sont laides,
sombres, pleines de misère; des jours cependant que faisait oublier et
chassait comme s'ils n'avaient jamais été; l'amour, toujours l'amour* ».

Une fois, l'escalade d'un mur et l'aventure d'un peloton de laine
jeté à une jeune fille.

Une autre fois, cette retrouvaille et ce dialogue : « *Ah ! qu'on est
heureux de retrouver un moment son cœur d'enfant, de retrouver femme la
jeune fille qui vous aimait si bien, et de s'entendre dire : « Je t'ai bien
» aimé, et toi ? — Moi aussi ! et je t'aime encore ! — Moi aussi !* »

Une autre fois encore, des lèvres s'entr'ouvrant dans un baiser avec
des mots charmants murmurés dans un petit *charabia* qui tenait de
l'allemand et du français.

LXXI

C'est alors[1] qu'il découvrait une veine comique jusqu'alors
inexplorée par la littérature et la peinture, une veine nouvelle à laquelle nul avant lui n'avait touché. C'est la série amusante et inattendue
qui se dégage des demandes, des interrogations, des remarques, des
indiscrétions, des naïvetés de l'enfance ; de ce qui sort de risible ou de
féroce de la bouche rose de ces angéliques bourreaux qu'il appelle les
Enfants terribles.

Comme il sait et possède bien cette petite humanité ! Comme il la
fait parler avec son tutoiement familier, les élisions et les mangements
de mots, les répétitions, les interversions d'idées dans le récit, tous les
détours et tous les crochets de la pensée et de la toute jeune parole,
avant d'arriver à la vérité cruelle, au mot final qui tue l'illusion, l'espérance, la tranquillité, la confiance ! Qu'il détache nettement, sur le
fond des conventions et des mensonges de la société, la brutale franchise
et la dure impolitesse de leur égoïsme, dans cette phrase où un enfant
dit à un vieux qui lui a promis du bonbon en s'en allant :

____

1 Les *Enfants terribles* paraissaient en 1842.

« Eh bien, Môssieu, donne-le-moi tout de suite, et puis va-t'en. »

Qu'il nous les fait joliment voir ces jolis crapauds, dans les habitudes remuantes ou paresseuses de leur petit corps, juchés debout sur les barreaux de la chaise où ils sont assis ; à moitié perdus au fond d'un immense fauteuil, et disparaissant jusqu'aux oreilles sous le chapeau de l'amant ; cavalcadant sur les genoux des visiteurs ; grimpant derrière le fauteuil en maroquin de leur père, penché sur des papiers d'affaires, et à l'oreille duquel ils glissent :

« Un petit de la pension qui disait que t'étais renégat... j'y ai fichu des gifles... N'est-ce pas, père, que t'es catholique ? »

Et comme ces charmants petits monstres sont aplatis dans ces poses souples, disloquées, tortillées, vraies poses de serpents que prennent ces petits êtres, dans le distillement de la méchanceté !

Elles sont là, dans les cinquante images, toutes les traîtrises commises par ces révélateurs du caché et du mystère du foyer, ces divulgateurs bavards des secrets de la toilette de la maman, des secrets de la cuisine et du garde-manger, des secrets des tendresses de l'alcôve, des secrets entre la bonne et le papa, de tout ce qu'ont entendu ces terribles petites oreilles sur le compte des amis, des connaissances, des dîneurs, de tous les secrets enfin : celui-ci même trahi d'une si innocente façon, dans un jardin public, par une petite fille près d'un monsieur qui lui demande :

« Petit amour, comment s'appelle madame votre maman ?

— Maman n'est pas une dame, monsieur, c'est une demoiselle. »

Et cette planche, si drôlement tragique, où un gamin inconscient devient l'assassin du bonheur conjugal de son père :

« Ils t'ont dit de jouer tant que tu voudras dans la salle à manger ? Et ta mère !... t'a donné !... quatre sous ! — Malheureux ! »

Innocents petits êtres, avec lesquels Gavarni introduit et amène dans les ménages des coups de théâtre de cinquième acte : un ressort et un moyen tout neuf dans l'intrigue et le dénouement de la Comédie humaine. Balzac en comprendra l'importance, se souviendra des *Enfants terribles* et les emploiera, après Gavarni, dans *la Marâtre*.

LXXII

Gavarni n'a pas la soif de l'argent, l'ambition de la fortune ; il ne souffre pas trop de la complication de ses affaires, il n'a pas l'inquiétude du lendemain ; il possède une philosophie qui résiste, par l'ironie, aux accidents et au mauvais imprévu de l'existence. Son travail, qu'il aime et qu'il respecte, suffit à ses goûts, aux bienfaisants et amoureux penchants de sa nature ; il est content de son lot ici-bas, et donne, en quelques lignes, l'original programme d'un bonheur qu'il a réalisé :

C'est assez pour vivre comme je vis, au jour le jour, payer, sans me presser trop, de vieilles dettes, avoir une espèce de maison, faire l'amour par-ci par-là, — par-ci par-là faire la charité à de pauvres gens, porter des gants jaunes et me moquer du reste ; — avec cela, il ne m'est pas encore venu la moindre ambition, le moindre désir de me faire plus carrément ce qu'on appelle une fortune, — ou, si ce désir m'est venu, le courage de faire pour cela un peu plus vite m'a manqué.

LXXIII

On le voit, dans les lignes qui précédent, il n'est pas trop dur à Gavarni de tirer le diable par la queue, mais cette queue, il veut la tenir avec des gants jaunes. Les gants jaunes, la misère en gants jaunes, cela revient souvent sous sa plume ; car il accepte la misère, mais une misère dont les privations ne touchent jamais à son élégance, au dandysme de sa personne. Il veut, avant tout, avoir toujours l'enveloppe et la tenue recherchée de l'homme du monde, de l'homme qu'il dessine d'après lui-même dans *le Voyageur* de 1846, le type du fashionable qu'il a inventé, avec l'habit boutonné en haut sur la cravate blanche par un seul bouton et fuyant des deux côtés de la taille sur le velours noir d'un long gilet, avec le pantalon collant, le chapeau cambré, la botte carrée, la badine sous le bras, les moustaches en croc, ce costume d'exquise distinction, à la tournure dégagée, à l'aspect vainqueur.

Gavarni avait plaisir à parler de ces modes[1], à la fois créées et portées par lui. Il nous détaillait, avec une certaine gloriole d'inventeur, ces toilettes plaquantes aux formes ; il se montrait à nous dans la grosse cravate noire, dans la redingote au collet engoncé, la redingote étroite, boutonnée jusqu'en bas, serrée au poignet, et laissant passer un petit bout de jabot au haut de la poitrine, dans un pantalon si juste que, pour attacher les sous-pieds, il était obligé de monter sur une chaise. Il nous entretenait longuement de Humann, du grand Humann[2], pour lequel son crayon imagina tant de coquets modèles, et nous racontait comment le célèbre tailleur faisait un pantalon : l'artiste ne venait pas chez vous, on allait chez lui, sur un rendez-vous qu'il vous donnait. Un garçon vous apportait votre pantalon entièrement fait, qu'il vous passait ; puis Humann, s'agenouillant, tournait autour de vos jambes, qu'il sabrait à grands coups de craie indiquant des pinces, des *suçons*, et le pantalon, renvoyé à un autre atelier, vous revenait comme une gaine, mais tout en morceaux recousus. Ce n'est pas Humann qui coupait les redingotes de Gavarni ; il avait pris un tailleur de régiment, spécial pour faire coller les redingotes. Et toujours, au bout de ses récits, l'homme grave qu'était alors Gavarni se mettait à se moquer de l'autre homme qu'il avait été, confessait, en riant, qu'il avait eu un moment l'amour du raffiné, du prétentieux, du *voyant*, et que ses contemporains l'avaient justement traité de *puant*. Venait-on à se récrier, il vous disait : « Ah ! vous ne m'avez pas connu, du temps où je portais des bagues sur mes gants. »

---

1. Gavarni était un causeur fin, distingué, ingénieux, et même raisonnable, des choses de la mode et du costume, qu'il traitait sérieusement. Un jour, à Londres, chez Ward, dans la salle à manger, — devenant le dimanche une *parlote*, où s'agitaient, entre artistes et littérateurs anglais, toutes les questions imaginables, — ces messieurs, au moment de l'Exposition universelle, voulurent essayer une révolution dans le costume, trouvant que l'occasion se présentait de débarrasser à tout jamais l'Europe moderne de son vilain habillement. L'un apportait un chapeau qu'il avait inventé, et dont il défendait le mérite et l'élégance, l'autre un vêtement dont il préconisait la beauté et la commodité. Gavarni, au beau milieu de l'enthousiasme révolutionnaire, prit la parole, et dit que, dans une société égalisée, il fallait que la distinction du costume ne fût pas dans le costume, mais dans la manière de le porter, ne fût pas dans la richesse de l'étoffe, mais dans le goût de l'*habillé*, dans ce je ne sais quoi qui fait que, dans un monde de redingotes, l'homme distingué est discerné. Et, sur le *speech* de Gavarni, l'Europe continua à porter l'habit noir et le chapeau en tuyau de poêle.

2. Humann a toujours raconté qu'il n'y avait qu'un seul homme pour faire un habit noir, et que cet homme était Gavarni.

LXXIV

En 1843, paraissent les *Musiciens comiques ou pittoresques, Physionomies des chanteurs*, publiés dans *la Revue et la Gazette musicale*,
une série où Gavarni dépense la plus ingénieuse imagination, fait passer
devant les yeux tous ces types si variés, si divertissants, si drôles, des
faiseurs de bruit de Paris, et où il trouve des idées d'une si fine bouffon-
nerie, comme le concert donné par un enfant de trois mois. Cette série,
avec les autres séries de la même année, montre enfin et bien décidément chez Gavarni un dessin tout personnel. Car, c'est une chose à
noter, ce dessinateur, le plus original des dessinateurs à l'époque de sa
formation complète, est, pendant le long temps de ses commencements,
porté à l'imitation de ceux qui l'entourent. C'est d'abord, à son tout
premier début, Grenier qu'il cherche, puis Victor Adam. Plus tard, et
même après cette acquisition qu'il fait à Montmartre d'un premier
caractère et d'un commencement de signature de son talent, encore
vacillant, incertain, tiraillé et comme inquiet, — certains jours, il
s'essaye à s'assimiler, à fusionner, avec la manière qu'il possède, la
manière d'un autre, d'un émule, d'un rival, tantôt de Decamps, et
tantôt de Daumier, dont l'influence sur lui est très visible pendant les
années 1838 et 1839, particulièrement dans la série des *Muses*, et
dans nombre d'aquarelles dont nous n'indiquerons que deux, possédées
par M. E. Forgues : *Une cantatrice, avant et après qu'elle a chanté.*

A l'heure où nous sommes de sa vie, son talent n'est plus tourné
vers le talent de personne. Il n'a plus de réminiscence. Il s'est aussi
corrigé d'une certaine tendance au grossissement de la tête et d'un
comique hydrocéphalique qu'à la longue lui avaient donné, au temps
de sa passion pour le fantastique, ses nombreuses études de grotesques,
et qu'il cherchait — ainsi qu'il nous le disait — dans la déformation
monstrueuse ou l'allongement d'une figure étudiée dans un verre con-
cave ou convexe. Il a maintenant complètement rompu avec le précieux,
le fini et le microscopique de cette petite facture dont nous ne citerons
que cet exemple : *Un Bal de la Chaussée d'Antin*, publié en 1837, qui
ressemblait, dans sa minceur d'aspect et la minusculité de ses personnages, à un bal d'insectes. En le revoyant avec nous, il ne put s'empêcher

de rire, tout en témoignant pourtant un certain étonnement de l'effort, de l'acquis dépensé en pure perte. Il est sorti de la multiplicité du détail pour arriver à la simplicité caractéristique. Enfin, dans les séries qu'il dessine maintenant, il ne cherche plus le joli et le spirituel du dessin, mais sa grandeur, sa largeur et sa force.

Ah ! c'est un grand et vif regret pour tous les admirateurs de Gavarni que ses séries les plus vives, les plus riantes, les plus gaiement étourdies, comme les *Etudiants*, et tant d'autres de sa première verve, n'aient pas eu la fortune de réunir, à la jeunesse de sa légende et de ses scènes, toute la maîtrise du dessinateur et du lithographe. Dans ce métier lithographique, qu'il a choisi pour la vulgarisation de ses imaginations, il faut bien reconnaître que ce n'est qu'à partir de ces années 1843 et 1844 qu'il commence à fixer sur la surface jusqu'alors si rebelle de la pierre, le foncé des ombres, la douceur des demi-teintes, à y mettre pour la première fois le ton de la mine de plomb, le charme gras d'un dessin sur du papier, à faire sortir de la rêche et sèche manière de ses devanciers un art tout nouveau et tout illuminé.

LXXV

Toutes ces années-là, Gavarni a comme la fièvre du carnaval. Il est de tous les bals, dans tous les endroits où l'on danse, dans tous les endroits où l'on intrigue : ici sous le costume qu'il a inventé, là dans l'habit noir qu'Humann lui a fait sur son dessin. Ce sont six semaines qui sont sa saison de folie, où il n'est plus maître de lui-même ni de sa volonté, mais comme emporté par un de ces vents étourdissants du Plaisir antique, le vent de la Bacchanale qui passe. Il parle quelque part, à cette époque, de démangeaisons dans les jambes et d'insomnies nerveuses toutes particulières[1]. Le carnaval, dit-il quelque part, « m'émeut d'une façon étrange ». D'ailleurs, l'air du temps y était pour quelque chose. Ce sont les années des bals des Variétés et du règne de

---

1. Lettre à Forgues : « *Je t'ai écrit que j'avais été pris une seconde fois par ce mal singulier que j'avais eu déjà, — des insomnies atroces, jointes à des démangeaisons de danser, une maladie de carnaval enfin, venue trop tôt. — J'en ai été quitte ces jours-ci pour la peur des sangsues. — J'ai l'horreur des sangsues. — On dirait qu'on attente à votre pudeur avec un paquet de cure-dents.* »

lord Seymour, les années où le carnaval fut une sorte de gymnastique enragée, de démence amoureuse, de délire furieux, ressuscitant les Saturnales à Paris.

Donc, à l'ouverture du carnaval, fermeture des salons de la rue Saint-Georges et envoi aux amis de la lettre lithographiée suivante :

« Gavarni n'attendra ses amis ni demain, ni les samedis qui suivront jusqu'à la fin des bals de l'Opéra et du carnaval. »

Et tous les samedis, Gavarni est au bal, les sentiments et l'imagination exaltés, dans un état d'excitation de tête, cherchant dans la foule et la cohue quelque aventure secrète et tendre, ou simplement des *sensations*, grisé par tout ce mystère masqué de la femme qui tourne et flotte autour de lui, par la soie d'un domino que ses genoux froissent et étreignent, par des regards qui se rencontrent avec les siens dans la glace d'une colonnette, par le bruit, la musique, la lumière, la chaude odeur de l'atmosphère et de la danse. Au retour, sur son journal, d'une main à peine dégantée de son gant de bal, il écrit là-dessus des pages bizarres, d'une fantaisie un peu visionnaire.

LXXVI

De cette fascination singulière, de cette vision enthousiaste, de la saisie de ce kaléidoscope éblouissant, avec des yeux qui semblaient, dans leur fièvre, plus lucides, pour ainsi dire, plus *voyants*, — sort le Carnaval de son Œuvre, la représentation, en mille images qui ont le diable au corps, de cette vie nocturne, — et qui ont la parole ; en sorte que la Postérité n'aura, quand elle voudra connaître le Carnaval du dix-neuvième siècle, qu'à ouvrir et feuilleter le Carnaval de Gavarni[1], qu'à y regarder, qu'à y écouter.

Voilà le cancan, les Flambards, les Loupette, les Anatole, les hommes en femmes, les femmes en hommes, les maris en bonne fortune, les physionomies ahuries des intrigués, les dos paternes et les tricornes moraux des sergents de ville, le fracas des danses, et jusqu'aux « chouettes harmonies » qui semblent bruire dans ces estampes. Voilà

---

1. Voir *le Carnaval*, *les Débardeurs*, *la Foire aux Amours*, etc.

ces grands tremblements de planches, les bals de la Renaissance, les
bals de l'Opéra ! Voilà cette mer moutonnante de bonnets de Pierrots
qui brisent l'un contre l'autre, sous le bâton de Dufrêne, et jettent,
comme une écume, leur mèche au ciel ! Voilà le grouillement, la furie,
le roulis et le vertige de ces fonds sur lesquels s'agitent des bras et des
manches blanches, et cette gaieté courante, ardente, mettant le feu aux
regards, aux gestes, aux mots et aux jambes.

Voilà les déhanchements, les effets de cuisses sous les pantalons de
velours noir, les jolies retraites de corps mignons et leur défense qui se
tord sous l'audace de l'attouchement, les chemises glissant d'un sein
nu, les épaules sortant des fanfreluches du tulle, le velours et la soie des
dominos, les extravagances des nez postiches, les grotesques, les messieurs
très bien en batterie de cuisine, les haillonneux pittoresques, les plumets
en plumeau, les présentations d'une demoiselle à califourchon sur le
cou d'un homme ; voilà ces petites femmes, résolument campées,
ironiquement cambrées, — des figurines de l'engueulement ! — les
mains aux poches, le regard casseur, jetant à un déguisé en « un qui
s'embête à mort » les *confetti* de l'endroit ; voilà les chapeaux enru-
bannés des forts de la halle jetés sur de mutines figures aux anglaises
blondes, et les Pierrettes ballantes dans leur sac, et les hussardes avec
la petite veste soutachée de grelots : — le voluptueux de la femme et
de ses formes serrées dans le collant d'un vêtement de l'homme. . ...
. . . . On voit, dans les coins, des ours
qui ôtent leur tête et remettent leurs lunettes ; et là, s'avance un Polichinelle énorme, entripaillé comme un majordome de mardi gras,
frappant de sa haute canne le parquet encore tremblant et vibrant des
quadrilles, suivi d'un Pierrot tendant une assiette aux bonnes âmes :

« Pour boire à la santé des malheureux qui meurent de soif ! »

Et les apostrophes et les ripostes, l'entre-croisement des dialogues,
les empoignages, les huées, la parole mordante, la stridente ironie de
la blague. Toutes les voix du bal revivent dans les légendes de Gavarni.

. . . .

Un corridor :
« Croyez vraiment, mademoiselle, à toute la sincérité de mes sentiments...

— Et c'est là tout ce que tu payes ? »

17

Sur l'escalier qui descend au bal, une petite, démasquée, les poings sur les hanches, à une amie retardataire, finissant de se ganter :

« Comme tu viens tard !

— Et les affaires ? »

Un Otaïtien tatoué, à un domino :

« J'suis pas mal sauvage, et vous, madame ? »

Dialogue d'un débardeur essoufflé, collé au mur, avec sa débardeuse :

« J'ai cancané que j'en ai pus de jambes, j'ai mal au cou d'avoir crié... et bu que le palais m'en ratisse...

— Tu n'es donc pas un homme ! »

Entre un domino noir et un domino blanc :

« Il n'est pas ici, madame !

— Il y viendra, madame ! »

Deux débardeurs montés sur une banquette :

« Y en a-t-i' des femmes, y en a-t-i' !... et quand on pense que tout ça mange tous les jours que Dieu fait ! c'est ça qui donne une crâne idée de l'homme ! »

Deux dominos et un chiffonnier à la hotte, au croc, à la lanterne :

« Qu'est-ce que tu peux venir chercher par ici, philosophe ?

— Je ramasse toutes vos vieilles blagues d'amour, mes colombes : on en refait du neuf. »

C'est encore l'ouragan de la musique, le brouhaha de la danse, le tapage, le brio, la mêlée ; c'est une débardeuse à cheval sur un rebord de loge et laissant pendre une jambe dans le vide ; ce sont les nœuds des capuchons battant de l'aile au dos des femmes ; ce sont les loups qui donnent aux blondes des yeux de saphir, et ces paupières de violette que chante Pindare ; c'est le papillotage et le clapotement des dorures, des rubans, des dentelles dans les feux du gaz et la poussière lumineuse, et les contredanses enragées, et les postures trouvées par la fantaisie dans l'épine dorsale d'un clown, et le grand écart des reines de la danse à l'avant-deux, et le galop final, le galop de *Lénore*, écrasant tout, semant dans l'air les chapeaux des pékins, qui volent !... une trombe !

Puis le jour pâle du matin fait blafardes la salle, les loges, la bacchanale, — et l'on entend deux masques qui jettent du haut du paradis le cri du départ :

« Ohé ! v'là le jour, ohé ! bonsoir, la foire aux amours ! »

Alors vient la sortie de l'Opéra, les escaliers où les masques, sur les

tapis, s'entretiennent, comme des philosophes accoudés sur le tricli-
nium, du rôle des huîtres de Marennes dans les tourbillons de Descartes,
— les femmes en manteau, — la question de cabinet du souper, — les
tombées de masques, — la chute des illusions, — les verres dont on casse
le pied, — les culottes de peau qui sombrent sous la table, — des femmes
qui se couchent dans le drap de la nappe, tandis que, par les corridors
du restaurant, le vieux Saint Pierre de la cave, le sommelier, débouche
le champagne, coiffé d'un bonnet de pierrot.

LXXVII

A ce carnaval de tout le monde, il faut ajouter dans l'œuvre de
Gavarni une espèce de carnaval privé, plus furibond, plus licencieux,
plus orgiaque que le premier, surveillé et contenu par l'œil de la police ;
le carnaval que Chicard installa dans la grande salle des *Vendanges de
Bourgogne*, et dont Gavarni dessina les types et les costumes saillants :
Chicard, avec son casque en carton, couleur de bronze, surmonté d'un
plumet rouge, le casque de Marty dans *le Solitaire*, son gilet de financier
à la Louis XIV, son tricot, ses bottes à revers ; — Floumann, un Mercure
transformé en banquier moderne ; — un Hercule devenu un *çovage
sivilizé ;* — Balochard ; — un Insulaire de n'importe où ; — Minon
Minard ; — un Cacique ; — un Pétrin ; — la nommée Pistolet, etc.
Dans ce salon des *Vendanges de Bourgogne* se réunissaient des
femmes de partout, à qui l'on ne demandait que de la beauté, et des
hommes appartenant la plupart au commerce, parmi lesquels se glis-
sèrent, avec une certaine peine, quelques artistes et quelques hommes
de lettres ; car Chicard faisait son contrôle en personne et était d'un
exclusivisme féroce pour les admissions. Gavarni, au moment où allait
paraître dans *les Français peints par eux-mêmes* l'article de Taxile
Delord sur le bal Chicard, avait toutes les peines du monde à faire
admettre l'éditeur Curmer. Une autre fois, Gavarni amenait Balzac,
qui, monté sur une banquette, sous sa robe blanche de moine, regardait
avec sa face rabelaisienne, ses petits yeux pétillants, le chahut épilep-
tique. Après Chicard, parmi les drolatiques de l'endroit, qui avaient
le talent d'exciter un rire fou, c'était Brunswick, qui ne dansait pas,

mais marchait avec des mouvements comiques de joueur d'orgue, et
un joaillier du Palais-Royal chantant des romances *arsouilles* et s'ac-
compagnant de la guitare. Un souper avait lieu dans la grande salle
de danse, et, pendant qu'on mettait le couvert, hommes et femmes
descendaient dans les cabinets, où l'on buvait du champagne. Le souper,
qui coûtait avec le bal quinze francs, n'eut jamais rien d'extraordinaire,
sauf une seule fois, où, d'un gigantesque pâté, une femme sauta nue
sur la table et se mit à danser.

Chicard, l'organisateur de ces bals, le débrideur poissard de Musard,
de Valentino, de la Renaissance, le chorégraphe révolutionnaire, s'appelait de son vrai nom Alexandre Lévêque, était de son état banquier
pour le commerce des cuirs. Ce grand homme, cette célébrité, qui a
doté la langue française des mots *chicarder, chicander, chicandard,*
empruntés à sa danse, à son vocabulaire, à sa personnalité, — semblable
à M. de Chateaubriand cachant à ses maîtresses le bruit de son nom et
de sa renommée, — était aimé par une petite grisette honnête, à laquelle il laissait ignorer son illustration européenne.

LXXVIII

Un travail sur Gavarni ne serait pas complet si l'on n'y parlait pas
de l'illustrateur[1], du dessinateur qui, dans le format de la vignette,
a jeté, au milieu du texte moderne, tant et de si vives et si coquettes
images, qui a fait apparaître, à côté de la chose écrite, la chose peinte,
qui vous donne la vision exacte et fidèle du bonhomme ou de la petite
femme que le récit met en scène.

Personne n'a eu, comme Gavarni, l'art et l'à-propos de semer dans
l'imprimé ces bouts de dessin qui font corps d'une manière si étroite
avec lui, de jeter dans un coin de page ces têtes, ces hauts de corps, ces
gentils morceaux de jolies créatures, ces dessins qui ne sont que le
baiser d'une bouche sur une main. Et l'ingéniosité et l'agencement des
attributs ornementant les grandes lettres, et ces culs-de-lampe tout

---

1. Citons entre autres livres illustrés et les plus remplis d'images de Gavarni : *le Diable à
Paris*, publié par Hetzel en 1845.

— — Y avait la parole, y a eu l'imprimerie ; misère et corde ! ne manquait plus que ce fil-fer du diable à la menterie humaine, pour arriver de longueur aussi raide qu'un tonnerre !

nouveaux, — le cul-de-lampe moderne, pris dans le pittoresque des objets familiers, des objets de la garde-robe, du ménage, et dont il fait des têtes de lettres si trouvées, une fois avec un miroir, des rasoirs, une savonnette dans un verre ; une autre fois avec un chapeau coiffant une bouteille posée sur un pantalon.

C'est dans les nombreuses physiologies illustrées par lui qu'il faut aller chercher l'invention, l'esprit, l'enlevé de son illustration, qui ressemblent à des croquetons galopant à travers tout le livre. Et le charme de sa façon d'illustrer, comparable à l'attrait d'une page d'album avec son désordre, avec son caprice, avec le *jeté* d'une croquade toute vive d'après nature ; nous n'en connaissons pas un plus délicieux exemple que les quatre pages publiées par *l'Illustration* sous le titre de *Un mobilier de police correctionnelle*. Là, Gavarni déroule devant nous, dans un *faire* expressif et cursif, l'accusé, le président, les juges, l'huissier-audiencier, le témoin principal, le témoin qui n'a rien vu, etc., une multitude de physionomies, de silhouettes, de profils d'avocats et de public, de têtes dont quelques-unes, qui ne sont qu'un trait, contrastent avec le fini de certaines autres et donnent à l'ensemble de ces bois le caractère d'une grande esquisse crayonnée avec les parties que le crayon s'est amusé à finir et les parties qu'il n'a fait qu'indiquer.

Mais la grande qualité de Gavarni comme illustrateur, répétons-le, est la faculté de réaliser le type que l'écrivain a composé, d'arrêter et de fixer, dans une forme plastique, la flottante vision que fait naître dans le cerveau du lecteur la lecture des imaginations d'un romancier. Nous ne citerons, parmi tant d'ouvrages illustrés par Gavarni, que *le Juif errant* d'Eugène Sue. N'a-t-il pas donné la physionomie et le corps à tous les personnages de cette épopée moderne, les grandissant par le style qu'il leur prête ? Qui ne s'est arrêté à voir et à reconnaître dans leur vivante représentation, et Moroch, et Dagobert, et Goliath, et la Thomas, et Nini-Moulin, et la Mayeux, et Rodin, et Ciboule, la virago, élancée en avant, le haillon fouetté et flottant autour d'elle, une main armée d'un gourdin, l'autre couronnant sa tête d'un geste formidable, qui prolonge au loin la gueulée de sa bouche, — la personnification effrayante de la *Clameur* de l'émeute.

LXXIX

Émile Forgues, le vieil ami et le camarade de Gavarni, se mariait.
A la lettre de faire part, Gavarni répondit :

Mon ami, tu me serres le cœur !
C'est en riant que tu dis cet adieu à la jeunesse. — Ingrat !
Pauvre vieux Nick !
Oui ! je serai là jeudi, bien sérieux, va ! — trop sérieux, selon toi,
n'est-ce pas ? Ingrat ! Vous étiez donc bien las de porter cette perruque
blonde !
Pauvre vieille jeunesse ! Laisse-les faire. — Je connais un môssieu
qui aura joliment larmoyé derrière ton corbillard !
Enfin ! — A jeudi.

GAVARNI.

11 mars 44.

Cette lettre semblait la lettre d'un célibataire endurci et bien décidé
à rester garçon. Et cependant, dans cette même année, quelques mois
après, Gavarni se laissait aller à suivre l'exemple de son ami ; et l'on
pouvait lire sur le tableau de sa mairie la publication de mariage entre :

M. Sulpice-Guillaume Chevallier, fils majeur de feu M. Sulpice Chevallier et de Mme Marie-Monique Thiémet, veuve Chevallier, demeurant
avec sa mère, à Paris, rue Fontaine-Saint-Georges, n° 1, d'une part ;

Et Mlle Jeanne-Léonie Martin de Bonabry, fille majeure de M. Pierre
Martin de Bonabry, conseiller honoraire à la cour royale de Limoges,
demeurant à Limoges, et de Mme Lasnier-Desbarres, son épouse,
demeurant à Trachaussade, commune de Périlhac, ladite demeurant
aussi à Trachaussade, pour le moment, dans la maison d'éducation de
Mme Panetier, rue de Clichy, n° 41, à Paris.

Le mariage se célébrait dans le Limousin, et le soir de sa célébration,
Gavarni écrivait à sa mère ce billet ému :

La mère, nous sommes mariés, et notre première pensée est pour toi. Le soir, 27 décembre 44, huit heures et demie.

Trachaussade.   GAVARNI.

« Ma bonne mère, je veux vous faire l'honneur de ma première signature de femme mariée, et je vous embrasse de toute mon âme.

» Jeanne GAVARNI. »

LXXX

Quelque temps après le mariage de Gavarni, sa mère tombait malade à Auteuil[1]. Peu d'hommes ont éprouvé une affection filiale semblable à celle que Gavarni avait pour son père et sa mère. Nous nous rappelons qu'un jour où nous lui demandions s'il avait vraiment aimé dans sa vie, il nous dit, d'un ton singulièrement dédaigneux pour l'amour : « Moi, j'ai aimé mon père, ma mère, mes enfants ». Cette affection avait

---

1. C'est de là que partaient ces invitations aimablement originales au ménage Leroy :

« Mes petits enfants, vous venez mercredi, — bon ! mais faut coucher, — ce sera plus farce, — hein ?

Nous disions par ici qu'il était bien ridicule à vous autres de venir, comme vous l'avez fait, dîner au coup de six heures. — Pourquoi ne viendriez-vous pas après, — avant déjeuner même ? — Je vous demande un peu pourquoi j'ai acheté un jardin ? Une supposition que vous fassiez la partie d'aller dîner au pré Saint-Gervais : est-ce que vous iriez à six heures ?

Vienne le printemps, jeudi par exemple, on vous verra sans doute. — Venez donc vous promener sous les marronniers. — Eh bien, si la pluie vous prend, vous profiterez de cela pour entrer faire visite en passant par hasard, et l'on vous gardera à dîner.

JARDIN DU POINT-DU-JOUR
BILLET D'ENTRÉE
Valable le jeudi
POUR DEUX PERSONNES
M. LEROY
Le secrétaire des commandements de Gavarni,
GAVARNI.

Une autre invitation s'exprime ainsi :

Fichtre, n'allez pas manquer de venir jeudi, fichtre ! Que le temps n'y fasse rien. — Jeudi 14. — c'est la fête de la mère, fichtre !

le caractère d'un culte qui payait ses parents de l'adoration qu'ils ressentaient pour l'enfant inespéré de leurs vieilles années.

Son père, le révolutionnaire de 93, l'avait élevé avec la plus extrême douceur, et Gavarni nous racontait que dans sa jeunesse, comme il fréquentait un mauvais café du boulevard, pour l'empêcher d'y retourner, son père se contenta de s'y rendre un soir, de s'asseoir à une table et de le regarder comme un étranger, avec un regard qu'il ne lui connaissait pas. Ce système d'éducation, s'adressant au cœur de son enfant, avait donné au père une grande autorité sur son fils, sur la conduite de sa vie, et les volontés et les désirs paternels pesaient en secret sur les actes du jeune homme.

Nous trouvons, à la date du 29 septembre 1835, alors que Gavarni a trente et un ans, cette curieuse note sur son journal :

Je suis un homme déshonoré à mes yeux. — J'avais promis à mon père de ne pas fumer jusqu'au 12 octobre, et je viens de fumer un cigare, un de plus que ce qui était convenu. Il faut que j'écrive cela ici.

Voici une autre note, jetée sur un livre de mathématiques : « *Cette volupté si pure, si indicible, qu'on peut éprouver, enfant, à passer les doigts dans des cheveux blancs, cette attendrissante mélancolie, avec laquelle on compte les plis qui s'amoncellent sur une main osseuse.* » Cette note n'indique-t-elle pas la pieuse et chère contemplation avec laquelle l'artiste considérait ces vieux traits paternels, si amoureusement et si fréquemment reproduits par lui ?

Pour sa mère, sa tendresse, s'il est possible, était encore plus grande, et quand la pauvre femme fut attaquée d'une maladie de poitrine, obscure et mystérieuse, pareille à celle qui tua Gavarni, on ne peut dire les soins dont son fils l'entoura, les aimantes caresses sous lesquelles il essaya d'adoucir la souffrance, le désespoir qui s'empara de lui, à voir tous les jours la malade plus faible, plus languissante, plus rapprochée de sa fin. Sa mère morte, Gavarni resta quelque temps enfermé, ne voulant voir personne ; enfin il se décidait à rentrer dans la vie, et à recevoir ses amis intimes, invitant au *Point-du-Jour* l'ami Forgues, dans cette lettre où perce l'accent d'une grande douleur :

J'ai recu ta bonne lettre, qui m'a fait du bien...

Je suis bien triste. — Pauvre ami ! Un jour, bien éloigné encore sans doute, tu sauras ce que c'est !

Nos amis viennent samedi. Viens, venez tous deux. Ta femme aura ici ma belle-mère, Mme de Bonabry, Mme Leroy et la femme de mon camarade Tronquoy, — un vrai ange de bonté.

Si rien n'empêchait ta mère de se joindre à vous, nous serions bien heureux de la recevoir aussi. — Remercie bien ta mère de ce qu'elle a bien voulu me faire dire.

Je n'ai pas la moindre idée de ce que c'est que d'être un père, mais l'imagination ne saurait deviner ce qu'on éprouve à n'être plus un fils, vois-tu. Rien ne signifie plus rien. Que de choses à te dire là-dessus ! Que de conseils j'ai à te donner !

Ne craignez pas d'être attristés samedi. Mon deuil est tout en moi. Et je ne crains pas un peu de joie, au contraire. Dis-moi si vous viendrez. Vous trouverez, en hommes, M. Leleu, le président Talabot, H. Monnier, Tronquoy, qui habite la maison, et peut-être Chandellier, le dernier des célibataires.

G.

Jeudi.

LXXXI

En 1846 et 1847, années où Gavarni publie ou continue les séries des *Impressions de ménage,* du *Carnaval,* des *Affiches illustrées,* des *Gentils-hommes bourgeois,* des *Mères de famille,* des *Baliverneries parisiennes,* des *Faits et Gestes des propriétaires,* des *Patrons*[1], etc., il les baptise d'*Œuvres nouvelles,* avec la conscience d'un talent qui se sent dans toute sa force et dans toute sa plénitude. Par ce coup d'œil qui s'empare à tout moment de la nature, la case, la range et la fixe dans sa mémoire ; par les études du nu qu'il fait chez lui comme en une académie secrète ; par ces fragments de membres, ces jambes, ces morceaux de torse, tantôt largement frottés, tantôt poussés au plus extrême rendu, sous les petites tailles croisées et les hachures menues, dans ce mélange de sanguine et crayon noir qu'aimait Watteau, et avec lequel Gavarni donne

---

1. Notre travail, avons-nous besoin de le dire ? n'est fait que sur l'ensemble de l'œuvre de Gavarni ; nous renvoyons pour le détail au *Catalogue raisonné (Lithographies originales et essais d'eau-forte et de procédés nouveaux),* publié par MM. J. Armelhault (Mahérault) et E. Bocher, Librairie des bibliophiles, 1873.

la vie et presque la chaleur de la chair ; par ces dessins patients et serrés, aussi bien que par ces croquetons qui volent en trois coups, un mouvement, un aspect ; enfin, par cet agrandissement, pour ainsi dire d'optique, auquel s'élève avec les années tout dessinateur doué, Gavarni est arrivé au large dessin enveloppé, au gras modelé, aux contours ressentis et noyés, à la ligne puissante, en même temps que sa constante préoccupation de la couleur avait fait de lui, à la longue, un coloriste uniquement avec le blanc et le noir de l'image.

Avec les recherches, avec les découvertes des procédés employés par lui depuis quelque temps, à partir notamment de 1843, avec le bouchon de liège, qui fait, sous ses habiles doigts, les demi-teintes de la gravure du keepsake anglais ; le lavis d'encre, qui rend les noirs intenses de la soie et du velours ; avec une plume qui s'écrase, au milieu du travail libre et fouetté du crayon, dans une tache brillante ou la cernée d'un pli ; avec le grattoir jetant des réveillons dans l'ombre, Gavarni a conquis ce qu'il ambitionnait, ce qu'il appelait si ardemment, sur un de ses carnets de Bordeaux : le *gris* et le *velouté du noir*.

Il est maître maintenant de ses procédés. Il les mélange, il les associe, il les équilibre dans une parfaite mesure, ne donnant à chacun que la part qu'il doit avoir dans l'effet général, ne se laissant plus aller à la pente, si naturelle d'ailleurs, qu'il avait à abuser, dans les années précédentes, de l'invention toute fraîche, du moyen tout neuf. C'est le temps, dans ses planches, d'un magique clair obscur, de ces oppositions de nuit et de lumière, de ces ombres et de ces demi-jours rembranesques avec lesquels il fait le mystère de cette scène :

« Madame à son piano, Môssieur à sa cuisine. »

Parfois il a de ces bonheurs, de ces réussites d'un noir d'une certaine valeur, qu'il nous disait n'avoir jamais pu retrouver, et dans son œuvre apparaissent pour la première fois ces fonds aux obscurités remuantes des cirques de Goya ; apparaît cette blanche clarté dans laquelle rayonnent des femmes au chignon noir, à la nuque lumineuse, aux grandes anglaises dépeignées, à la taille molle, aux bras nus, les mains dans de petits tabliers : de blanches femmes ballonnantes dans le linon.

C'est encore l'époque où commencent à se montrer, dans son œuvre, ces tête-à-tête de deux personnages à mi-corps, ces scènes à l'énergique facture, ces croquis grandioses et violents qui sont comme les dessins des Passions humaines.

LXXXII

Dans ces séries que nous annoncions tout à l'heure : *Carnaval*, *Impressions de ménage*, *les Mères de famille*, etc., au milieu de ces œuvres spirituelles, de ces suites égayées et légères, de ces croquis de psychologie féminine, des mille planches moqueuses et railleuses de sa Comédie humaine, se détache, datée des mêmes années, une série qui a passé inaperçue, et à laquelle on n'a pas accordé jusqu'ici l'attention qu'elle mérite, une série révélant chez l'artiste un talent inattendu, une force dans le sinistre, une *maestria* dans l'horreur, une science de la silhouette du chenapan, du coquin, de l'assassin, — dix planches, — où il a déroulé comme la route scélérate du Vol et du Crime, et qu'il a appelée *le Chemin de Toulon*. Cela ouvre par une première planche. Au pied d'un mur, dans des arbres ; deux blouses et ce dialogue :

« Comment ! y avait gras, et rien qu'un mur de rien, et deux méchantes pesées à faire... feignant !

— J'avais pas d'outils. »

Une autre montre le dos d'un homme qui fait le guet au bout d'un bois. Son camarade empoigne d'une main violente le milieu de la jupe d'une femme éperdue d'épouvante et qu'il tire à lui, levant son autre main sur elle dans un raccourci homicide avec ces mots :

« Gueule pas !... j'cogne ! »

Plus saisissante, et d'un effroi de dessin plus admirable encore, est la planche qui porte en bas : « Entre onze heures et minuit. Une femme en chemise, presque nue, levée sur le bord de son lit dans un sursaut de terreur, un coude encore à l'oreiller, échevelée, fuyante, reculante et enroulée sur elle-même, semblant, de ses bras croisés sous ses seins, serrer sa vie contre elle ; et sur elle la brute du meurtre en bourgeron, au front mangé par les cheveux, à l'œil allumé, avançant et approchant une main armée d'un tire-point... Vrai chef-d'œuvre que cette planche de cauchemar nocturne, avec l'opposition de son noir et de son blanc !

Tout aussitôt, dans la planche qui suit, une rentrée de l'esprit, et la jolie réflexion philosophique qu'un escaladeur, à cheval sur le chaperon d'un mur, communique à un compagnon dont on ne voit plus que les mains et le front :

« Comment qu'un jury saurait le mal qu'on a dans nos états ? »

D'où vient celui-là, avec un bâton et une sacoche à ses pieds, la pose lasse, assis de travers sur une chaise, accoudé à la table où est un litre, la tête renversée sur la paume de sa main, et qui, à la demande de l'aubergiste : « Qu'est-ce que vous prendriez bien avec ça » ? lui répond : « Qu'est-ce que vous avez ? »

Et, pour achever l'œuvre, quel finale, dans ce paysage de carrières, que cette académie d'assassiné, cet aplatissement d'un corps assommé, répandu, étalé, les quatre membres épars sur le sol pierreux !

LXXXIII

Le rêve du jeune homme de vingt-quatre ans, le rêve qu'il caressait les yeux ouverts, sur la terrasse de Montmartre, devant l'immense cité étalée devant lui, s'était réalisé.

De Paris, Gavarni avait fait sa proie et sa conquête, et Paris était à lui. Paris ! — un monde, et tous les mondes ! Paris, — des hommes, des femmes, et du peuple à poignée ; — des marchands d'habits chargés de pantalons, de fleurets et de guitares ; — des crieurs de canards ; — des commissionnaires portant des bouquets et de l'amour ; — le saltimbanque en habit de ville, une souquenille de paillasse sous une redingote d'occasion ; des croquemorts qui devisent ; — des blouses, des bourgerons, des brûle-gueule, — et des bourgeois ! — Le sergent de ville élancé en avant, traînant un délinquant avec la furie de l'ange vengeur de Prudhon qui amène le Crime à la Justice ; — des têtes de propriétaires sculptées dans un marron d'Inde ; — de vieux jockeys diplomatiques fourbus ; — des gamins gouailleurs ; — les chanteuses poitrinaires qui, dans la rue, poussent des notes de cigale, le dos au mur, pour que la bise ne les balaye pas ; — le bouquiniste en plein vent, au teint d'un brugnon de vigne ; — les petites qui musent par les rues et badaudent, une mèche de cheveux dans l'œil, un reste de châle au dos et la jupe au talon ; — les jolies enfants des riches, maîtres d'un canapé, blottis dans les coussins en compagnie d'un Polichinelle tombé à la renverse, les bras, les jambes en l'air, — l'actionnaire *en faction devant un dividende ;* — les balayeurs et les balayeuses, au petit jour

qui blanchit derrière les maisons grises ; — au bras des mères grimaçantes, regardant de côté avec un sourire d'enseigne et un œil d'usurier, les jeunes personnes, coiffées à la chinoise, avec un regard en dessous, un nez effronté et une bouche au coin de laquelle se cache la queue de lézard que voyait Henri Heine au coin de certaines bouches ; — des binettes qui n'appartiennent qu'à l'institution de la garde nationale ; — de gras cuisiniers, des gibelottiers grandioses drapés dans leur majesté d'éligibles ; — de triomphants rentiers, épanouis dans la Terre promise par Sieyès au tiers état ; — les joueurs allongés sur le billard, en équilibre sur la pointe de la botte gauche et que l'œil enfile par la semelle de la botte droite ; — le tailleur accroupi sur son établi sous le jour froid de la fenêtre ; — l'homme d'affaires au nez de proie, à la bouche mince, pareille à une raie au-dessous d'une addition ; — des jeunesses éblouissantes ; — des ménages vieillots, ratatinés, fluxionnés, qui semblent, dans la rue, le vieil air de *Monsieur et Madame Denis* sur un orgue édenté ; — les artistes chevelus et barbachus, en carmagnole de flanelle, déjeunant au pouce sur le poêle avec le modèle rhabillé à mi-corps ; — les hommes noirs du protêt, de la signification, du commandement, de l'opposition, du jugement, de la contrainte, les figures plates et effacées des recors qui brossent leurs chapeaux en sonnant : la Saisie en personne naturelle ; — le monde du monde, les habits noirs et les cravates blanches de la diplomatie en visite dans les coulisses de l'Opéra ; — les fashionables dans le buisson ardent de leurs favoris en côtelettes, un suprême de sourire aux lèvres ; — de jeunes blondins, couchés sur un divan, le regard en coulisse, tout pleins de grâces de chat, et rayonnants de lumière fauve ; — la large oreille, la face porcine et allumée, jaillissant de son faux col comme un bouquet de son cornet de papier, la prestance énorme du Million paillard, qui mêle sur sa face batracienne le type de Mayeux et le type de Camusot. — ...Paris ! des barbes convaincues où tient une doctrine ; — des pétrins phtisiques respirant la nuit sur le pas des portes ; — des bourgeois gentilshommes et des gentilshommes bourgeois ; — des endimanchés qui portent, en se dandinant, un brin d'arbre de la banlieue sur une épaule ; — des vieilles agrafant leurs tartans avec des mains parcheminées et osseuses, semblables à des serres ; — les vagabonds, penchés avec des poses d'orateur sur le banc de la police correctionnelle ; — des avocats se chuchotant à l'oreille, en riant du regard, une cause d'adul-

tère, au-dessous des coupables ; — la fille de la Halle, un verre de vin
à la main, coiffée du mouchoir d'où jaillit un flot de chevelure noire,
le sourcil fort, l'œil chaud et cerné, la bouche à mordre et l'air d'une
chanson à boire ; — les vieilles commères de la regratterie, les marchandes des quatre saisons, le madras sur les yeux, les pieds en truelle
de maçon, l'éventaire à ce ventre dont le tablier tombe comme d'une
bosse. — Populace et bohême ! — les vieux mauvais sujets, arc-boutés
des deux mains, sur les genoux, inassouvis et crispés, dont la face semble
un médaillon de Tibère au café Turc ; — les Macaire et les Bertrand sans
linge, boutonnés avec des capsules de bouton ; — les races d'hommes à
la face glabre, avec une mèche grasse qui pend et se tortille contre la
joue pour un accroche-cœur ; — les chiffonniers barbotant dans le
ruisseau ; — la plèbe faubourienne, avec ses cheveux retroussés, son
petit œil en vrille, le nez relevé comme d'un coup de poing, et deux
pinceaux de moustache aux lèvres ; — ces lignes de visage qui redes-
cendent de la ligne faciale de Cramer, de l'homme à la brute, ces cerveaux obtus, ces fronts bas, ces crânes plats coiffés et calottés d'un
bonnet de cheveux laineux... — Paris ! la misère, les salières qui creusent
les épaules, les pauvresses grelottantes et les mains dans le giron : le
haillon haillonnant... Paris ! les quinquets et la rampe, et les baguettes
des fées taillées dans le manche à balai d'un portier, la comédie à l'envers,
l'alcôve de la tragédie, les hommes vineux et graisseux du monde de
la contremarque, la cuisine du fard, des larmes et des faux mollets, les
actrices jetant leur regard par le trou de la toile, les pompiers qui causent
avec les Buridan, les danseuses à la joue effleurée par les moustaches
des moucheurs de chandelles, et les reines de théâtre, dans leur lit, le
matin, le lendemain d'une *première*, une épaule sortant de la chemise,
une corbeille de feuilletons versés sur les draps de batiste... Paris !
l'amour tout fait, la Céramique de Breda... Paris ! la femme ! Paris !
la Parisienne ! le plus grand article Paris de Paris ! la Parisienne du soir,
et du matin, et de la nuit ; la Parisienne qui sort, et la Parisienne qui
rentre ; la Parisienne en papillotes et en camisole ; la Parisienne qui va
au bal, qui dort, qui rêve, qui bâille, qui ment ; la Parisienne qui passe,
lutinée par le vent, le voile envolé de son petit visage clodionesque, la
jupe bouffante, le pied preste, spirituel, volant sur le pavé qu'il rase ;
la Parisienne sur le trottoir, et la Parisienne au logis qui, pendant un
sermon conjugal, bat du bout de sa bottine une mesure impatiente et

regarde distraitement l'amande rose de ses ongles ; la Parisienne qui sait tout de naissance, et sourire, et bouder, et embrasser le front de Coquardeau quand il se le gratte... Paris ! tous les Paris !

Tout ce peuple, tout ce monde de Gavarni est vivant, parlant. Ces têtes écoutent, répondent, méditent. Elles ont des perplexités, des stupéfactions, des épanouissements venant d'une parole à l'oreille, des éclairs, des silences, un éveil et un *guet* de l'œil qui sont la nature même en action. Toutes sont révélatrices du *moi*, des mouvements de l'âme de l'individu ; et le sous-entendu de ce regard d'homme qui se bride en parlant à une femme, le sous-entendu de cette interrogation d'un bout de nez, le sous-entendu de ce sourire, vous le lirez à première vue sans que la légende de Gavarni ait besoin de vous le dire. Chacun de ses personnages affiche sur son visage son caractère, ses instincts, son tempérament, presque son état[1], et révèle à l'observateur le diagnostic de ses passions et de ses habitudes morales. La vieillesse, par exemple, n'est jamais, dans son œuvre, l'éternelle et banale tête d'expression du vieillard et comme un masque tout fait qui va à tous. Elle a ses nuances, ses manières de ruine et ses degrés de mort. Elle ne fait que sculpter plus profondément les traits de ceux-ci, elle abâtardit les traits de ceux-là. Il y a des visages qu'elle a émerillonnés, et où les restes de la sensualité sont une goguenardise. Tantôt elle est la belle vieillesse dont l'âme semble respirer dans un sourire de grand-père ; tantôt la vieillesse chauve de l'argent et sa figure fermée à clef ; tantôt encore la vieillesse de l'expérience, où l'âge et la vie ont dégrossi dans les chairs le fin profil de l'ironie.

Aussi nettement qu'il a exprimé les variétés de la vieillesse de l'homme, Gavarni exprime les diversités des décadences de la femme. Il rend les différences d'un passé de débauche avec un passé de misère, et empêche toujours de les confondre. Les dégénérescences des individus ont des caractères spéciaux et désignatifs. Il y a dans la tourmente de cette face, dans l'écroulement de ces traits, ou de la souffrance, ou du

---

1. Gavarni était un profond connaisseur des individus, à première vue. Morère nous racontait que, dans les cafés où Gavarni allait avec lui, il avait un sens divinatoire pour dire, sans se tromper, l'état, la profession des gens qui étaient là. Il arriva souvent à Morère de rencontrer quelques jours après, dans la rue, ces mêmes gens avec les instruments de la profession que Gavarni leur avait attribuée.

chagrin, ou de l'hébétement alcoolique. Partout on retrouve chez lui cette particularité des expressions propres à chacun, et cette dissemblance, admirablement saisie, des manifestations d'un même mouvement chez deux natures différentes. Met-il en présence deux colères de peuple ? Il opposera à la force brute qui rugit, en grinçant des dents dans un mufle de Goliath, la rage blanche serrant les lèvres du petit savatier qui médite un *ramassement de jambe*. Et il différenciera aussi bien les têtes et les physionomies mondaines que les têtes et les physionomies du populaire : cet élégant sera « le beau », cet autre « le bellâtre ». C'est par là que le dessinateur donnera à son Œuvre, par une observation merveilleuse, par une physiognomonie pratique digne de Gall et de Lavater, la variété continue et intarissable de ses types.

Le geste aide encore à cette vie de la physionomie. Le corps a ses mœurs que font et défont les civilisations. Ce que sont devenues aujourd'hui ces lignes extérieures, — grandies et roidies à Rome par l'existence en plein air et à la dure, en poses héroïques et à grands plis ; ces lignes ondulantes, tortillées, gracieusées sous le crayon des dessinateurs du dix-huitième siècle, — son œuvre en donne l'image d'après nature. Le crayon de Gavarni a saisi au vol les allures du corps moderne, dans la mélancolie, la fatigue, l'étrangeté, le sans-façon, le nonchaloir et le débraillement de son repos et de son mouvement. Voilà nos bras, nos jambes, nos torses, nos renversements, nos horizontalités, nos accoudements, notre marche et notre pas ; toutes ces postures lâches où nous nous complaisons ainsi que dans des pantoufles faites ; un portrait en pied pour lequel le dix-neuvième siècle a posé comme il était dans la rue, dans sa chambre, sans prendre une pose.

Ce sont les mollets sur les poêles de fonte encore tièdes, les index interrogeant l'argent de la poche d'un gilet, les mentons qui jouent avec le pommeau d'une canne, les doigts distraits qui usent le bois de la table d'un cabaret, le salut peureux de l'huissier, la façon sinueuse et contournée dont la jeunesse dorée attache le bouton de son gant, le geste poissant et attoucheur de la canaille.

De la femme, il sait par cœur les ondulations, le souple manège de la taille, la chatterie de ses caresses, et les remuements diaboliques de sa jupe. Comme elle est là, dans toutes les attitudes qui développent les voluptés de son corps ! — au lit, avec les coquetteries du sommeil sur l'oreiller qu'il creuse ; ou bien, éveillée et les yeux ouverts, se faisant une couronne de ses deux bras croisés sur sa tête ; ou bien encore les deux genoux levés soulevant le drap, devenu le pupitre de la correspondance amoureuse ! Et comme Gavarni la représente bien chez elle, dans ses paresses songeuses, dans les rêveries de coin de cheminée, dans la mimique intime de sa grâce moderne !

Le costume ajoute sa physionomie à la physionomie du visage, du geste, de l'attitude. Le vêtement dit l'histoire, le passé, le caractère, la situation sociale de l'individu qui le porte. Ses plis parlent, sa coupe raconte, ses trous avouent. Ce que l'homme communique de lui-même à tout ce qui l'habille, Gavarni l'exprime. Il annonce et révèle une existence dans un habit, une redingote, une blouse. Entre ce paletot et cet autre, il met un monde, un quartier, trois étages. La redingote de l'ouvrier, courte aux manches et rognée par derrière, contraste avec la redingote où les vieux propriétaires se pelotonnent comme dans une guérite. Il y a des mises douteuses par le je ne sais quoi des mises douteuses. Un pantalon sort de chez le grand tailleur, un autre est le pantalon coupé par un portier. Le fichu honnête et le fichu déshonnête ne se confondent jamais, pas plus que la robe décolletée de la femme comme il faut, avec la robe décolletée de la femme comme il en faut.

Vous avez toute la gamme des gilets, du gilet plastronnant au gilet à petit collet droit du faubourien, toutes les cravates, de la cravate en ficelle à la cravate en rabat où pose une épingle en diamant. Des gants, les uns sont le moule de la main, les autres figurent un crustacé à cinq pattes. Les chapeaux ont tous les âges, tous les styles, tous les aspects, tous les gondolements et toutes les déformations ; ils vont du chapeau de soie garni de cuir blanc au feutre cabossé que la marchande de vieux habits promène sur sa tête. Et puis mille autres chapitres : le chapitre intime des pantalons à pied et des robes de chambre patriarcales, bonasses, sabreuses, que sais-je ? la robe de chambre du colonel de hussards aussi bien que la robe de chambre du petit rentier du Marais.

Le décor de ce monde, le fond mobile et changeant sur lequel se détache toute cette humanité, le chez soi et la rue n'ont pas été négligés par Gavarni. Il a voulu que son peuple parisien fût représenté dans les milieux exacts et précis où se passe et s'agite sa vie. Il a placé ses personnages comme au cœur de leurs habitudes, les a entourés des acces-

:soires de leur bonheur ou des meubles de leur misère, comme dans la patrie nue ou dorée de leur existence. La borne, le trottoir, le mur, le lambris, la chaise, les rideaux parlent au second plan des lithographies de Gavarni, aussi éloquemment que parlent, au premier, l'habit de l'homme et la robe de la femme. Ils sont aussi significatifs, aussi dénonciateurs ; un détail, un rien, un coin entrevu derrière une scène, en complète le sens et en accentue la réalité.

C'est une sorte de théâtre mobile, de lanterne magique des intérieurs : — des entresols mystérieux avec le clair-obscur des alcôves, leurs portières tombantes, leurs potiches ventrues, leurs cadres lourds, leurs tapis sourds ; — le poêle en fonte des petites gens avec une bouteille vide servant de poids à la clef, portant les pauvres reliefs et le pain éventré ; — les jardins des mansardes fleurissant dans des pots à tisane; —les comptoirs de marchands de vin, reflétant, dans le poli de leur étain, le *bleu*, le *sacré-chien* et l'armée des fioles pailletées de lumière ; — les portraits de maris en uniforme de gardes nationaux, perchés au-dessus du canapé conjugal, comme des épouvantails au-dessus d'un arbre aux fruits mûrs.

Le théâtre change et change encore. Maintenant viennent et défilent les désolées perspectives des quais glacés et la file des maisons noires alignées à la marge du ciel gris ; — les palissades des maisons en construction ; — les pierres de taille en attente dans les terrains vagues ; — les antichambres avares du mont-de-piété ; — les pianos logés dans les soupentes des portiers ; — les cheminées de vieilles femmes où des oiseaux empaillés moisissent sous globe. La coupe d'un taudis vous montre une vieille paire de bottes adossée à une malle qui bâille ; — la gargote, ses patères d'où pendent d'honnêtes parapluies ; — l'étude, ses chapeaux défoncés qui pleuvent la graisse sur les affiches de vente. Après quoi, nouvelles toiles de fond : les grabats sur lesquels file par une tabatière un jour terne ; — les tables tachées des cafés ; — les profils d'oreiller où niche, dans un pli, une carte oubliée de la dernière bonne aventure ; — les miroirs cassés des mansardes, derrière lesquels est passé un brin de buis bénit : le fin fond des aspects et des logis de Paris.

Et la comédie de Gavarni passe-t-elle la barrière comme un Dimanche qui va aux champs ? Ne croyez pas à la Nature, aux grands arbres, aux prés feutrisés, aux sources fraîches ; — elle côtoie les hauts murs des chemins de ronde, elle s'achemine le long des lignes géométriques des fortifications. Le génie parisien de Gavarni la fait vaguer dans la campagne de plâtre de Paris. Il l'accoude aux tables boiteuses des guinguettes, sous la tonnelle où meurt, ficelée, une maigre plante grimpante. Il l'assied, entre un octroi et un bureau d'omnibus, dans un de ces jardins ridicules où l'ombre du chapeau de paille du propriétaire est la seule ombre du jardin. Il la fait aller et venir dans les perspectives grises d'un horizon de banlieue, fermé par les maisons lépreuses des maraîchers, les toits de fabrique surmontés de la cloche du travail, les obélisques de brique qui crachent au ciel la fumée du noir animal. Sur sa tête, il met un ciel de pluie, roulant de lourds nuages blancs; sous ses pas une herbe rare, foulée, meurtrie, tallée, l'herbe qui pousse sous les pieds et les détritus des industries, dans l'espace mort, la zone de stérilité, le désert suspect que créent autour d'elles les grandes capitales.

LXXXIV

Cette science, ce bonheur, cette magie du procédé, cette pénétration de l'observation, la peinture fidèle de la physionomie, du geste, du costume, du décor : tout cela n'est pas assez pour l'animation de l'œuvre de Gavarni. Les hommes, les femmes, les enfants que son crayon met en scène, parlent comme parle l'homme, comme parle la femme, comme parle l'enfant, comme l'Argent, comme la Misère, comme l'Amour, comme l'Esprit de Paris.

Une femme du peuple dira :

« Mon homme... un chien fini... mais le roi des hommes ! »

Une débutante au théâtre dira :

« Je vous garde un coupon pour Chantereine jeudi, mon petit Charles. Je joue « la Fille d'honneur ».

— Ça sera drôle !

— Tous mes amis y viennent.

— Ça sera plein ! »

Un pochard dira :

« Que veux-tu, Zénobie, chacun a sa misère ! Le lièvre a le *taf*, le chien a les puces, le loup a la faim... l'homme a la soif !

— Et la femme a l'ivrogne. »

Un vieux bonhomme dira :

« M'ame Norine !

— Hein ?

— Y a quarante ans, je croquais les pommes vertes et je n'haïssais pas les femmes mûres !

— Après ?...

— Après ?... Quand j'ai aimé les pommes mûres, j'ai aimé les femmes vertes.

— Vieux passionné !... Allez donc manger vos pommes cuites ! »

Un masque dira :

« Baste ! quand tu me donnerais un peu de sentiment pour ce soir...

— Ça l'use ! »

Un vieux monsieur dira :

« Les lorettes, moi, j'aime ça : c'est gentil comme tout, ça ne fait de mal à personne !... Quoi ? des petites femmes qui...

— Qui gagnent à être connues. »

Un jeune homme dira :

« Ah ! que c'était une riche nature de femme ! jolie, tout cœur ! pleine d'esprit... et si bon garçon !

— Ça c'est vrai... enfin !... il y en a d'autres ! »

Un père dira :

« Ah ! tu me reconnais pas aux Champs-Élysées quand j'ai pas ma redingote !... Mais, malheureuse enfant, quand t'es venue au monde..., toi, qui t'a reconnue ? »

Une blonde et lymphatique lorette dira :

« Ah ! je te prie de croire que l'homme qui me rendra rêveuse pourra se vanter d'être un rude lapin ! »

Un manieur d'argent dira :

« Si l'on avait assez de fonds pour acheter toutes les consciences qui sont à vendre... les acheter ce qu'elles valent et les revendre ce qu'elles s'estiment..., ça serait, ça, une belle affaire.

— Ah ! fichtre ! »

L'artiste mettra au bas de ses dessins toutes les phrases, les ironies, les blagues du dix-neuvième siècle. Et ce ne sera pas le moindre des étonnements de la postérité que tous ces tableaux soient des tableaux parlants, que toutes ces images aient une langue et une voix, et que le

miracle soit renouvelé au bas de ses lithographies des paroles dégelées dans l'air, au dire du curé de Meudon.

Car Gavarni a écrit la langue parlée comme nul autre. Point d'auteur qui ait saisi au vol d'une façon pareille la parole humaine. Ses légendes, on ne les lit pas ; il semble qu'elles vous tombent dans l'oreille du bout d'un salon ou d'un coin de rue. Tout jeune, il avait eu le goût et la curiosité des mots frappés, des expressions peintes, des manières de dire pittoresques. Sur un calepin de ses voyages aux Pyrénées, on lit : « *Eludier les enseignes et les noms de Bigorre* ». Et cela ne s'arrête pas à des noms. Il note quelquefois sur ses cahiers le tour d'une construction de phrase dont l'originalité l'a frappé. Toute sa vie, il se livre, dans ses journaux, à un grand travail sur le désossement des mots pour les effets comiques, à des recherches de synonymie bizarre, de calembours, de dictons estropiés. Il essaye toutes les décompositions d'un mot : Mme de Pignonac, Pignonet, Pignoneuf, etc. Il fabrique des noms avec des participes passés : par exemple, Mlle Ida Hérissé. Toute sa vie, il écoute la parole de la correctionnelle : l'école du dialogue.

N'avez-vous pas rêvé parfois une sténographie de l'idiome courant, usuel, débraillé, qu'un peuple et un temps emportent avec eux ? Une sténographie de la langue parlée et causée ? Cette langue dans la langue, inacadémique, mais véritablement nationale, et qui a les bonnes fortunes et les couleurs d'un argot ; toujours retrempée, reforgée, enrichie, recréant la grammaire, faisant loi de son besoin, drue et pleine de nuances, éclatant en ces tropes qui enchantaient le grammairien Dumarsais, absorbant tout, jaillissant de tous : — cette langue véritable confluent de mots, de phrases, de façons de dire, des dix mille patois parisiens qui roulent sous le français écrit, officiel, inventorié et châtré, des dictionnaires et du livre ? La légende de Gavarni est cette sténographie.

Puis chez Gavarni, les apostrophes, les balivernes, les dialogues ne sont jamais des phrases. Ils sont toujours une parole. Ils ont les coupures, les réticences, la syntaxe au petit bonheur, le flux, le désordre et l'éclair du verbe sous le coup d'une émotion ou d'une pensée. Ils ont l'essoufflement même de la voix.

On entend ces deux enfants, l'un juché sur un mur, l'autre en sentinelle d'en bas :

« Jean-Marie !

— Hein ?

— Y en a-t-i' des abricots ?

— Y en a, mai' y a des chiens !

— Allons ! viens, Jean-Marie !... Gros, Jean-Marie, les chiens ?

— Tout gros...

— Viens, j'te dis, Jean-Marie, c'est pa' à nous, ces abricots... »

On entend se conclure un mariage entre cet homme et cette femme :

« Tiens, Fanny, c'est pas tout ça ; t'es honnête, t'as rien, t'es ce qui me faut ; comme aussi bien c'est moi qui te faut... Ça te va ?... Ça y est !... viens boire un canon.

On entend la colère éloquente de ce mari du peuple rossant un amant de sa femme :

« Ah ! t'aimes les femmes... Eh bien, prends-en une... une vraie, à la Mairerie... à Saint-Leu... à la barrière, et tout... fais-y des moutards, et travaille comme un chien pour... leur bailler la pâtée... et s'il vient un méchant moderne... comme t'es... pour te la... reluquer... prends-le-moi par les faces... et... tu y en flanqueras ! tu y en flanqueras ! »

C'est, je vous dis, la parole comme elle parle, le langage de source de la Comédie et du Drame, — où nos comédies et nos drames feraient bien d'aller apprendre à *parler la passion.*

Il est utile d'établir ici que toutes ses légendes sont de lui, entièrement de lui, uniquement de lui. Il avait un certain amour-propre, une espèce de coquetterie d'orgueil à les trouver, à les créer lui-même. Celles qui lui arrivaient à l'oreille, — et il en entendait souvent de charmantes, — il se contentait de les raconter, mais il ne les employait pas. C'est dire qu'il n'eut jamais de collaborateur pour ses légendes. Et un jour, ayant lu dans un petit journal que ses légendes lui avaient été fournies par Théophile Gautier, Alphonse Karr, etc., il nous dit : — « La vérité tout entière là-dessus, la voici : il n'y a que deux légendes dans mon œuvre qui ne soient pas de moi. Une est de Karr. Ce sont deux étudiants faisant leur toilette ; au bas, Karr a écrit : « Oreste et Pylade seraient volontiers morts l'un pour l'autre ; mais ils se seraient brouillés s'ils n'avaient eu qu'une cuvette et un pot à l'eau. » Une autre est de Forgues. C'est, autant que je me souviens, une femme masquée et assise dans un de mes carnavals. Il a mis à peu près :

Toi qui t'en vas au bal Chicard,
Tu rêves Don Juan, tu trouves Chicandard.

» Et puis, Philipon, qui a dérangé quelques mots de mes légendes des *Coulisses*. Et c'est tout. »

Un soir que nous parlions à Gavarni de ses légendes et que nous lui demandions comment elles lui venaient :

« Toutes seules, nous dit-il ; j'attaque ma pierre sans penser à la légende, et ce sont mes personnages qui me la disent... Quelquefois, ils me demandent du temps... En voilà qui ne m'ont pas encore parlé. » Et il nous montrait les retardataires, des pierres lithographiques adossées au mur, la tête en bas.

Contrairement à ces paroles de Gavarni, déjà données par nous dans *D'après nature*, et que citait M. Sainte-Beuve dans son article sur Gavarni de ses *Nouveaux Lundis*, M. Yriarte, à propos de la trouvaille de quelques légendes inédites, affirme que M. Sainte-Beuve a pris l'exception pour la règle, en avançant que le dessin précédait la légende. Nous opposerons à l'affirmation de notre sympathique contradicteur, ces autres paroles de Gavarni, qui sont textuelles :

« Je tâche de faire dans mes lithographies des bonshommes qui me disent quelque chose. Oui, ils me disent ma légende. C'est pour cela qu'on les trouve si bien en scène, avec le geste si juste. Ils me parlent, ils me dictent. Quelquefois, je les interroge très longtemps ; ceux-là finissent par me lâcher mes meilleures, mes plus cocasses légendes. Quand je fais mon dessin en vue d'une légende faite, j'ai beaucoup de mal, je me fatigue, et cela vient toujours moins bien : *les légendes poussent dans mon crayon, sans que je les prévoie ou que j'y aie pensé avant.* »

LXXXV

Gavarni partait en 1847 pour l'Angleterre[1], précédé par sa réputation et un renom d'élégance.

L'aristocratie avait une curiosité de son talent ; et les familiers de la cour racontaient que les œuvres du dessinateur français étaient une des grandes distractions du palais de Windsor : que la reine et le prince

---

1. Gavarni partait de Paris le 21 décembre 1847, débarquait à Folkestone le 23, et allait coucher le soir à Londres.

Albert passaient des matinées, accroupis comme des enfants, sur le
parquet d'un petit salon jonché de ses lithographies, où ils les triaient,
les choisissant à quatre pattes, puis les découpant et les collant dans
des albums.

LXXXVI

En arrivant à Londres, quoique Gavarni eût du noir dans les idées
et le souci d'affaires qui faisaient de son voyage en Angleterre un exil
de France pour quelque temps, le dessinateur était rattaché au goût
de son art et repris de l'envie de crayonner devant l'originalité et l'excen-
tricité des personnes et des choses anglaises. La curiosité de l'artiste,
surexcitée par le neuf du spectacle, passait en revue les professions
typiques, les industries en plein vent, les plaisirs, les jeux, les divertis-
sements nationaux, et enlevait ces croquis si exacts, si fidèles, si anglais :
croquis paraissant dans *Gavarni in London* ou publiés par l'*Illustraled
London News*, l'*Illustration française*. Il faisait défiler devant les Français ignorant Londres : le *Marchand de pommes de terre cuites à la
vapeur*, accoudé sur sa machine de fer-blanc d'où s'échappe un filet de
fumée ; le *Marchand de pocket-book*, avec sa tête suspecte ; l'*Enfant
loué*, juché sur le dos d'une pauvresse au regard tors ; la *Marchande de
lavande*, l'*Invalide de Chelsea*, etc. A ce vieillard chauve, la tête entre
ses genoux, qui cache sa figure d'une main tendue pour l'aumône, il
opposait la haute fashion, ces femmes de lumière, ces blondes aux chairs
lactées, suivies du grand domestique poudré, avec le chapeau à cocarde,
l'habit à la française, la canne haute à la main. Après la salle sombre
d'un *public-house*, où des femelles à tignasse dépeignées et vêtues de
trous, buvaient à pleins pots, devant la table où posaient leurs pipes
éteintes, — venait le Théâtre-Italien, où la beauté fine et hautaine d'une
lady baignée de ses longues boucles s'étalait sur un rebord de loge. Dans
une grande planche, il représentait le *carman* massif, qui a fait marcher
toute la journée ses robustes chevaux avec le brusque : *Now then !*
et qui, rentré à la maison, voit sa femme, à la délicatesse gracieuse, lui
apporter un pot de bière, tandis que son fils, à demi étouffé sous son
lourd chapeau, s'essaye à brandir son grand fouet.

Un autre jour, il donnait les aspects des tavernes de *Bower-Salon*,

Eagle-Tavern, Tête de Garrick, où Nicholson parodiait la justice et amusait les buveurs de grog par l'invention de procès en adultère des plus croustillants, joués avec un faux tribunal, de faux témoins, de faux accusés, et de faux serments sur la Bible. De la ville aux cinquante mille voleurs, il exprimait d'une manière saisissante l'*oursin*, le marmot voleur explorant avec une baguette les poche sdes paletots entre-bâillées ; — le faux marin, exploitant la confiance qu'inspire en Angleterre une ancre estampée sur un bouton de métal : le costume de Jack ; — le *swell-mob*, une silhouette où on sent le juif ; — le *pick-pocket* supérieur, le faux dandy fréquentant tous les lieux de plaisir, les bains de mer, les *meetings :* une classe qui a des spécialistes, comme le voleur qui, posté à l'entrée de l'orchestre du Théâtre de la Reine, ne vole uniquement que les épingles de cravate ; — le voleur à la tire, *buzman*, avec sa coiffure à la Bendigo, la fleurette à la bouche, l'œil quêteur, muni d'un ongle d'acier qui s'adapte à son index, et avec lequel il coupe les poches de gilet. Gavarni nous montrait encore le *buzman*, les jours de pluie, monté en omnibus, deux honnêtes mains dépassant son *waterproof* et reposant innocemment sur ses genoux, — de fausses mains, — tandis que les vraies travaillent les poches des voisins.

Et quels expressifs dessins que les dessins qu'il consacre aux combats de rats, et où il a si bien rendu le chien terrier et l'éveil de sa petite tête, — le *Rat catcher* (chasseur de rats), l'homme à tablier prenant les rats dans une cage ; — le *Time keeper* (le juge de la durée du combat) ; — *The performance* (la lutte et les spectateurs) ; — enfin le *Pit* (enceinte), ce dessin si bien disposé qui fait tableau ! Dans un coin, s'accumulent l'un sur l'autre des rats effarés ; dans un autre coin, une montre dans la paume de la main, et devant, en l'air, deux mains suspendues prêtes à laisser tomber dans le *pit* un terrier dont les oreilles toutes droites projettent leur ombre sur le bois de la barrière.

Passons à ces dessins de la boxe et des boxeurs, à ces *croquis d'après nature à la taverne de John Burn*, à ces deux *fighters* célèbres, ces têtes carrées et massives, aux cheveux courts, aux cous de taureau enveloppés dans des cache-nez de laine, aux surfaces de la face comme aplaties à coups de poing. Et encore les trois dessins du *Combat*, du *Vaincu*, du *Vainqueur*.

LXXXVII

L'Illustration, qui donnait ces dessins de la boxe, annonçait pour le mois de juin 1850 une rencontre entre Bendigo, le champion de l'Angleterre, et Tom Paddock. Gavarni assista à cette lutte, et il nous faisait un soir le récit de ce *fight* célèbre dans les annales du *ring*.

« Le billet coûtait une livre, payée d'avance... Un convoi spécial, — car la boxe est maintenant défendue, mais sans pénalité, — un convoi qui court toute la journée jusqu'à la rencontre de la limite de deux comtés, de façon que si la police arrive, on se sauve sur un autre comté. Dans le train... oh ! les plus éminents filous... la fine fleur des *pickpockets* de Londres, comme je l'appris par l'absence de mon porte-monnaie.

» A Mildenhall, on s'arrêta. Il était huit heures. On se mit à faire le *ring* avec des cordes autour de pieux, la plus basse à deux pieds du sol, la plus haute à quatre pieds. Au centre du *ring*, on traça un rond sur la terre. Un coin fut donné au second et au porte-bouteille de Paddock, l'autre au second et au porte-bouteille de Bendigo.

» Cinq shillings autour du *ring*, et on vous vend un petit paquet de paille pour regarder, un genou en terre... Ça, c'étaient les gentlemen. Derrière, une populace immense ; la boxe avait été annoncée d'avance à *Castle Tavern* et à *Bell Inn*. Il s'agissait, s'il vous plaît, de la ceinture de champion de l'Angleterre que portait alors Bendigo, le successeur de Caunt, de Deaf, de Burke et de James Ward, le fameux Bendigo, qui a donné son nom à des bonnets de là-bas, et dont le portrait a été publié par la *Boxiana*.

» Les deux champions étaient arrivés en voiture du débarcadère, dans d'excellentes conditions. Et ils pesaient le poids stipulé. Et l'on ne savait pas lequel était le meilleur des deux. On disait autour de moi que leur entraînement avait été consciencieux ; qu'ils s'étaient privés pendant un mois de spiritueux, de porter, d'oignons, de poivre, et... d'amour ! L'avant-veille, ils avaient pris un grain d'émétique avec vingt grains d'ipécacuanha dans une infusion de camomille...

» Bendigo était donc le champion de l'Angleterre. L'autre était un paysan d'Écosse ; ses cheveux, frais coupés, laissaient voir une ligne blanchâtre sur la peau tannée de sa nuque ; il avait vendu son champ et pariait toute sa fortune contre Bendigo... Alors on noua le mouchoir de couleur de Paddock, le mouchoir de couleur de Bendigo, chacun au haut d'un pieu, aux extrémités du *ring*. En face l'un de l'autre, les deux boxeurs, nus jusqu'à la ceinture, une petite culotte jusqu'aux genoux. Les seconds examinèrent les clous de leurs chaussures. — Puis il y eut là un moment... ah ! ... Ils se regardèrent. Bendigo vit Paddock, et devint vert... vert », répéta Gavarni en s'arrêtant un instant. Il reprit : « Imaginez-vous un casse-noisette de Nuremberg, avec des dents jaunes, larges, plates, un machinal rire éternel, deux yeux gris enfoncés, qui avaient l'air de couver son adversaire du bout du *ring*, pendant qu'il roulait tranquillement ses biceps... enfin, selon le mot des Anglais, *un homme de résistance*. Ils allèrent l'un à l'autre, se donnèrent la main sous les mains de leurs champions croisées par-dessus les leurs. Puis ils s'entamèrent. Au premier *round*, Paddock lança un violent coup de poing de la main gauche, sur la mâchoire de Bendigo. Premier sang et premier coup en faveur de Paddock. Sous une petite tente faite avec des mouchoirs sur des baquettes, le second et le porteur de bouteille de Bendigo le font boire et l'épongent avec du vinaigre. A la trentième seconde, j'entends l'arbitre qui dit : *Time !* et je vois Bendigo debout devant Paddock et son étrange rire. La lutte reprend...

» Ah ! un joli détail que je vous passais. Pendant les *rounds*, les porteurs de bouteilles font pleuvoir de leurs bouches, sur les reins des deux champions, une pluie fine absolument comme une pomme d'arrosoir. Il y eut des *rounds*, et encore des *rounds*. On ne se figure pas, quand on est là, l'intérêt inhumain et presque cruel qui vous empoigne... Je crois que ce fut vers le vingtième que Paddock lança un coup de poing dans l'œil de Bendigo, qui enfla, à l'instant, comme une orange. On ramena Bendigo, qui n'y voyait plus, sous la petite tente. Le second fendit sa paupière tuméfiée... J'entends encore le terrible : *Time !* qui jeta Bendigo devant Paddock, dont les poignets étaient devenus violets et qui souriait toujours de son terrible sourire. Et puis des *rounds*, au bout desquels on râclait la langue de Bendigo, et on exprimait dessus du jus de citron. Enfin, au quarante-septième, on vit que Bendigo faiblissait. Les connaisseurs lui rendaient pourtant la justice qu'il était *praticien*, et qu'il faisait tous ses efforts. Paddock continuait à l'assommer.

» Mais il va le tuer, dis-je à mon ami l'Anglais.

» — Oh ! oui, mais il perdra. Vous allez voir.

» Les amis du champion d'Angleterre, voulant lui gagner plus que sa demi-minute de repos, se mirent à crier que Paddock avait quelque chose dans les mains. Paddock, pour toute réponse, ouvrit, à la vue de tous, ses larges mains, et, les fermant aussitôt il ramassa Bendigo de deux coups de poing, l'un dans la mâchoire et l'autre dans le creux de l'estomac, qui le jetèrent à la renverse sur la corde du *ring*. Mon ami l'Anglais avait eu raison : Paddock était vaincu. — C'était un traître coup ! *Foul blow*, à ce que décida le grand juge de toutes les choses du *ring*, le directeur du *Bells' life*. On m'a dit depuis qu'il avait de sérieuses raisons pour conserver la ceinture de champion à Bendigo. Et, en revenant, je vis derrière le vainqueur qu'on emportait presque mourant, le vaincu, ce grand diable de Polichinelle d'Écosse, arpentant la route avec des enjambées énormes, ses poings levés et menaçants, qui avaient l'air de vouloir boxer le ciel, et toujours avec ce rire qu'on eût dit taillé dans du buis... Et voilà, mes enfants, ce que c'est là-bas, cette machine-là ! »

LXXXVIII

Mais si l'on veut une peinture piquante de l'Angleterre et des Anglais, il faut lire cette lettre écrite à Louis Leroy, au lendemain des journées de juin. Elle n'est pas seulement curieuse par l'originalité des aperçus, elle est une révélation sur l'état moral de l'exilé[1].

Nos lettres se sont croisées, mon cher Louis. Vous avez enfin tous répondu à l'appel ! J'étais bien inquiet ! La presse anglaise, qui vit au jour le jour, saisit avec empressement ces tristes occasions pour se faire des numéros. Vous ne sauriez imaginer ce qu'a de sinistre l'annonce du numéro ou de l'édition du numéro qui s'imprime : un écriteau mal fait

---

1. Dans une première lettre, Gavarni demandait à être rassuré sur l'existence des Leroy, de son Chandellier, de Tronquoy, de Camille, de Morère, de Félix, son domestique, « ses six inquiétudes dominantes », ainsi qu'il les appelle.

LE PASSAGE DE L'OPÉRA.

*à la main, collé sur le devant de ses boutiques : Règne de la Terreur à
Paris ! ! ! affreux carnage ! ! ! considérables pertes de vie ! ! ! — On a
beau savoir ce que vaut l'aune de cette littérature, on est toujours un peu
pris à ce charlatanisme. Cette fois donc, ils avaient raisons. Vous vous
conduisiez là-bas comme des sauvages (je vois que j'ai mis un s à raison
sans raisons), — comme des sauvages. — Ah ! vous prenez la populace
pour le peuple ! ah ! vous voulez établir un communisme entre les braves
gens et la canaille, et il suffit qu'on ait l'air suffisamment pas grand'chose,
pour avoir droit chez vous à un fusil ? Très bien ! Vous avez semé de ces
fusils et vous récoltez des coups de fusil. — Plantez, mes mignons, des
arbres de la liberté, mangez en frères la cuisine des banquets, chantez de
ces hymnes en patois de révolution « Peuple souverain », et puis comptez
combien il faudra d'argent acquis par le travail des travailleurs pour solder
la fainéantise des orateurs de cabarets.*

*Pauvre doux pays de France ! où t'ont amené les rhéteurs et les tar-
tufes politiques ! Vous voilà gentils !*

*C'est parce que je suis du peuple que je hais la populace. C'est parce
que je crois comprendre et sentir sa dignité que je regrette de le voir déroger
ainsi. — Le voyou et le dandy sont deux bêtes, à peu de chose près, également-
ment distantes de l'homme ; — mais, tout considéré, l'une pue et l'autre
sent bon, — j'aime encore mieux l'autre, quoique je ne l'aime guère.*

*Tenez, si je vous tenais là, Louis, je vous querellerais si fort que nous
recommencerions sans doute la journée des barricades de chez Tronquoy
(vous savez), surtout si ce polisson de Chandellier se mettait de la partie
et s'y mettait de votre côté, ce que le drôle ne manquerait pas de faire. Il
faudrait bien que vous me payassiez l'inquiétude que vous m'avez donnée
et dans laquelle vous m'avez laissé, dix jours ! tous les deux.*

*Ce que je fais à Londres ? j'y rêve, j'y travaille et j'y rêve. Je refais
un peu tous les matins le système universel (le monde politique, je ne m'en
occupe plus, — il y a beau jour que j'ai arrangé tout ça). Je me demande,
par exemple, si, tout compté, les habitants de notre planète auraient réellement assez d'intérêt à visiter la Lune, si ce voyage vaut la peine qu'on
s'occupe d'un moyen de le faire. — Peuh ! ce n'est pas la mer à boire, —
mais je n'ai guère le temps.*

*Et puis il faut voir Londres, — bien voir ce peuple anglais, si dif-
férent de nous. — Ce n'est pas une petite affaire que de connaître un peu
une population. — C'est le plus charmant pays du monde que cette Angle-*

terre, pour y vivre de la vie matérielle, mais au delà, bonsoir, le cœur ne saurait ici s'appuyer sur rien. C'est parce qu'ils manquent de cœur que les Anglais sont si peu gênants, — et ils poussent à un degré extrême les qualités de ce défaut. Quant aux Anglaises, je vous en parlerais bien, mais j'ignore absolument ce que c'est : — tout ce que j'imagine, c'est que, lorsqu'une Anglaise est habillée, ce n'est plus une femme, c'est une cathédrale. — Il ne s'agirait pas de la séduire, mais de la démolir. Or, je ne suis pas séducteur, — je suis encore bien moins démolisseur, jour de Dieu ! — Je n'ai pas encore été violé une seule fois depuis que j'habite Londres.

Je me livre à des recherches : il faut que je sache jusqu'à quel point le fait de mettre par décence des petits pantalons aux jambes des chaises et des pianos fashionables est une vérité à Londres, — des petits pantalons en mousseline brodée; — les uns disent oui, les autres disent non. — Quand j'aurai vu, vu avec les yeux, une chose comme celle-là, je croirai avoir assez vécu.

J'ai vu de grands dadais en jupons bleus et en bas jaunes, — les écoliers de paroisses, — j'ai vu, compère, qu'as-tu vu ? — J'ai vu la mendicité en falbalas, chapeau à fleurs, et pas de bas, pas de souliers, — les pieds dans la boue. — J'ai vu des grappes d'hommes et de femmes, une douzaine, couchés les uns dans les autres, pour se réchauffer, sur les marches des temples et des théâtres, entrelacés comme des serpents dans leur nid. — J'ai vu les drames des théâtres à deux sous. — J'ai vu des gentilshommes qui ne porteraient pour rien au monde un rouleau de papier sous le bras, porter un maquereau ou une botte d'asperges. — J'ai entendu renifler toute la création — anglaise. — J'ai vu des tavernes immenses toutes pleines d'innocents ivrognes qui buvaient en silence depuis dîner jusqu'à minuit, écoutant chanter au piano des romances sentimentales par des hommes. — J'ai goûté les beefsteaks de bien des « salons à côtelettes » de Londres, et j'ai été presque partout servi par des auditeurs au Conseil d'Etat, habit noir, cravate blanche et manières à l'avenant. — J'ai vu pendre. — J'ai vu Windsor et les paysages dont pas une vignette anglaise, si coquette, si flou, si chatoyante, si maniérée qu'elle soit, ne saurait vous donner une idée. — J'ai vu boxer. — J'ai vu me voler. — J'ai vu les courses. — J'ai vu une foule de choses, mais je vois que, si je ne coupe pas en deux cette seconde feuille, j'écrirai huit pages, — et je coupe la feuille.

Bedford Square. *Dimanche. Voici un billet commencé au* Salisbury Square *et continué au* Bedford Square. *J'ai fait un saut, comme vous le voyez, de la Cité dans le* Western.

J'ai vu, depuis les autres « j'ai vu », le dessus, — la fine fleur de l'aristocratie danser au son de la musique de Jullien au théâtre de Drury Lane, *en costumes des hauts barons du moyen âge, portant des favoris en côtelettes; — des marquis de Louis XV, épée au côté, sans perruques, chauves, et — favoris en côtelettes ; — des chevaliers en cottes de mailles d'argent, — peut-être massif, — et favoris en côtelettes. J'ai vu, là, de combien de façons il est possible de coiffer des femmes avec des plumeaux, et tout ce que la fantaisie anglaise peut imaginer de plus inattendu en fait de tire-bouchons, — et (ma foi ! je reprends la demi-feuille), et tout ce qu'il est humainement possible d'oser en fait de* déshabillé du soir. *— Et, à propos, je me permettrai une remarque : c'est à tort, selon moi, qu'on désespérerait de connaître comment une* lady *a le pied attaché à la jambe; — on a, jusqu'à ce jour, cherché le bas de la jambe par le bas de la robe, et c'est par en haut que la solution de ce problème était sans doute possible, non le matin, mais le soir. — Avec de bons yeux, on peut déjà apercevoir au bal un peu de jarretière par le corset ; — c'est extrêmement joli.*

Vous voulez des « impressions de voyage » ; il m'est arrivé cette nuit, à ce bal de Drury Lane, *une chose extrêmement fantastique. — D'abord, figurez-vous un de ces beaux bals de l'Opéra sans le populaire, — un bal costumé, luxueux comme l'était, par exemple, certain bal paré avant ou après 1830. — Des lumières, du satin, des diamants et un monde fou — (ce n'était pas un bal public) ; — l'orchestre était établi au fond et à moitié de la scène, et derrière l'orchestre on avait réservé une enfilade de salons tout tendus en mousseline brodée d'or, avec d'immenses glaces et de moelleux divans jonchés de femmes. — Je me promenais là, regardant tout ; — arrivé dans un des derniers salons, je me dirigeais vers une grande porte à portières, menant dans un autre appartement plein d'autres divans et d'autre monde. J'étais horriblement fatigué, même souffrant, me traînant avec peine vers ce dernier coin, pour avoir tout vu avant de gagner mon lit. — La porte était par hasard libre et offrait un espace désert entre deux foules. — J'allais donc, le binocle à l'œil, et, en passant le seuil, je me trouve face à face, nez à nez avec un personnage qui avait aussi le binocle à l'œil, — ne m'expliquant pas bien, au premier abord, pourquoi, la porte étant large, cet inconnu (en habit de ville) venait ainsi se heurter à moi. — Nous*

*nous regardions, — c'était un œil méchant ; la face de cet homme était
pâle et toute suante, il avait une barbe qui me paraissait ébouriffée et trop
longue, — et dans toute l'expression quelque chose d'atroce et de triste tout
à la fois. — Je me souvenais ! c'était l'affreuse figure qu'on a imprimée
dans un des numéros du* London News, *en janvier dernier ; — et puis
enfin, tout à fait réveillé, j'ai retrouvé que c'était* moi. *— La somnolence
me menait dans une glace, tournant le dos au groupe de femmes que j'allais
voir. — Ces blanches* ladies *auront pensé : Voilà un Français bien fat !*

*Voilà, mon bon Louis, ce que le travail, la vibration incessante de la
pensée, cette corde magique qui roule chez l'homme sur deux poulies
qu'elle use : la tête et le cœur ; — voilà ce que le* gin, *le* stout *— et le tur-
bateur célibat ont fait de votre camarade. — Mille affectueux compliments
à votre gracieuse* mistress[1].

<h2 style="text-align:center">LXXXIX</h2>

C'est une chose tout à fait remarquable que la souplesse avec laquelle Gavarni, dans un temps si court, s'est approprié le caractère
et le type de la population parmi laquelle il se trouvait. Comme il a
saisi et mis en saillie ce je ne sais quoi d'insaisissable et d'inexprimable
qui distingue au premier abord une physionomie anglaise d'une physionomie française ! Nous avons un dessin de lui, — six études de têtes
d'Anglais, — chef-d'œuvre de crayonnage, qui pourrait, en même
temps, par sa sérieuse observation, illustrer un ouvrage scientifique
sur la comparaison des races européennes. Et dans ce peu qui dif-
férencie une figure de là-bas d'une figure d'un *continental*, comme il a
su encore mettre les nuances imperceptibles, les riens qui désignent
un lord dans une foule, les riens qui profilent la silhouette d'un
respectable man ! Comme il a bien su rendre, dans les jouissances de
la fortune et du bonheur, le haut dédain, la morgue et le mépris de la
bouche britannique ; comme il montre la femme dans sa beauté qu'on
dirait éclairée d'un clair de lune ; comme il représente joliment les *babys*
roses de *Grosvenor Square*, tout empanachés de plumes ; comme il vous

---

1. Une autre lettre de Gavarni, adressée à Louis Leroy, raconte l'enterrement du roi Louis-
Philippe. Nous renvoyons au volume *Manières de voir et façons de penser*, où elle a été publiée.

fait bien voir les traits de bouledogue des hommes d'écurie, l'épaisse et sanguine santé de la populace, et les robustes et trapues nourrices de Saint-Giles, qui allaitent en pleine rue, en fumant la pipe courbe de Londres ; comme il marque au sceau de la résignation et du fatalisme la pauvreté lamentable d'outre-Manche !

Regardez cette planche d'ivrognerie, dans ce pays d'ivrognerie qui n'a pas de rire pour les ivrognes, cette planche du *Gin*, où, dans le brouillard, s'avance ce ménage, ce mari et cette femme aux vêtements plaqués et pleuvant sur elle ; tous deux hébétés, idiots, comme aveuglés par l'ivresse, tirant chacun de leur côté, en titubant dans les flaques d'eau. Parcourez l'une après l'autre ces planches de la misère anglaise, plus effroyable que la misère française, avec ses jambes sans bas, ses pieds sans souliers dans la froide boue ; de cette misère faisant lever du dessous des portes des spectres d'inanition aux doigts crochus, prêts à se jeter sur un morceau de pain ; de cette misère couchant dans les parcs, sur le pavé humide, avec le mur des maisons pour oreillers, montrant serrée, emmêlée, amoncelée, pelotonnée, enchevêtrée, une masse humaine contractée par la fraîcheur de la nuit : un pêle-mêle de bras, de têtes, de jambes, de membres d'une famille en tas, cherchant l'un contre l'autre un peu de chaleur.

Car, peu à peu, le peintre s'était laissé ravir aux élégances du luxe et de la richesse par la grande beauté lugubre, le dramatique sinistre, le style épouvantable du malheur. Il ne cherchait plus ses modèles que le long de ces maisons où, si l'on pousse la porte, l'on sent la vermine vous tomber sur la tête comme des *pois*, — c'est l'expression même d'un inspecteur anglais, — ou encore, dans les environs de Saint-Giles, de Battlebridge, de Drury Lane, dans les coins les plus reculés de Whitechapel, derrière les masures de Spiteafield ; et un jour il résumait toute la terreur des visions qu'il avait eues par ces quartiers dans une planche intitulée : *Misère et ses petits*. On croirait voir le hâve défilé de la Famine. En avant, une mère courbée sous sa faiblesse et sous son désespoir, une carcasse de chapeau sur la tête, des morceaux de sa chair passant par les trous de la loque qui l'habille, marche, suivie de sa grande fille serrant contre sa poitrine de phtisique un lambeau de chemise qui drape son sein maigre. Et, dans la pluie fine et continue des pluies éternelles de Londres, espacés et se traînant loin derrière elle, les enfants, les momaques, de petits fantômes clopinent sur des jambes de fœtus.

XC

De temps à autre, Gavarni était retiré de ses dessins anglais par quelque commande de journal ou d'éditeur, demandant à l'artiste français un épisode de la révolution de 48. Il exécutait, sur des croquis faits d'après nature à Paris par l'ami Chandellier, par l'ami Guys, un petit nombre de bois pour l'*Illustrated London News*. Il donnait ainsi une barricade de février, avec une mise en scène assez exacte, et le gamin chargeant à un établi des fusils qu'il passait aux tireurs. Les journées de juin lui fournirent deux dessins d'un plus grand style : l'un, représentant les insurgés dans les caves de l'Hôtel de Ville, le noir entassement des désespoirs et des fureurs, dans cette nuit éclairée par une filtrée de soupirail. Dans le second, où Gavarni a transfiguré, pour ainsi dire, le croquis de Chandellier et en a fait la grande page d'un lendemain de guerre civile, il représente les femmes et les enfants portant des provisions aux prisonniers. Sous un ciel noir d'orage, sillonné d'éclairs, on voit se dérouler, à la porte d'une prison, encore placardée de lambeaux d'affiches des Ateliers nationaux, l'anxieuse attente des mères, des femmes, des petites, trempées jusqu'aux os par la pluie inclémente, piétinant sur le pavé, pliant sous les paquets, les pains de quatre livres, les paniers lourds où passent les goulots des litres, un pauvre monde de douleur auquel les factionnaires font prendre la queue.

Ces représentations d'événements qu'il n'avait pas vus, et où il n'avait pour guide qu'un mauvais croquis, avaient bien peu de charme pour lui, tandis qu'il était attiré vers un genre de dessin auquel le poussait son antipathie pour la révolution de février, qu'il baptisait : *le Triomphe de l'Egotisme, en pleine proclamation de la fraternité universelle.*

Ce n'était pas, à proprement parler, de la caricature ; c'était ce qu'on pourrait plutôt nommer : de la satire au crayon. Il donnait quelques échantillons de ce genre au journal *le Bossu*, de de La Hodde, qu'il mettait à la porte, son journal et lui, aussitôt qu'il apprenait « qui était le monsieur », et commençait, pour le *London Illustrated News*, une grande illustration de *Jérôme Paturot à la recherche de la meilleure des Républiques*, où, avec un esprit et une malice exquises, il peignait, sans les

charger, les types des représentants et des commissaires du gouvernement provisoire, et vengeait le sens dessus dessous de la société dans
une Ménippée délicatement railleuse.

XCI

Gavarni, malgré ses regrets d'affections chères et des arbres du Point-
du-Jour, ne trouvait pas en Angleterre le dépaysement qu'elle fait
d'ordinaire éprouver au Français. Il ne se déplaisait point dans le noir
de cette ville enfumée de charbon de terre, qui parut si mélancolique
à Watteau. D'ailleurs, il n'était pas trop fâché d'être loin de cette
France d'alors, qui était pour lui la Révolution et la République de
1848. Puis, il aimait le contraste de cette vie nouvelle, où sa curiosité
surprenait, à tout moment, des détails, des manières d'être, des origi-
nalités qui l'intéressaient. Il se prenait de goût pour les choses et les
habitudes qui choquent les gens du continent, et, par une pente un
peu paradoxale de son esprit, la froideur, la réserve, le flegme britan-
niques, ce caractère opposé, contraire, antipathique à notre caractère
national, lui semblait un charme sévère et la distinction d'un peuple.
Il opposait à ces qualités le parlage et la bruyance du Français, proclamant que nous étions un peuple de commis voyageurs. Et un peu ainsi
de tout, et des admirations pour tel usage, tel monument, tel artiste.
A propos de ces enthousiasmes, nous nous rappelons qu'il nous tint
toute une soirée devant les Cruikshank, *la Bouteille* et *les Enfants de
l'Ivrogne (The Bottle, The Drunkard's Children)*. Nous trouvant assez
froids devant la naïveté antiartistique et la grossière entaille de ces bois,
à l'aspect d'une imagerie d'Épinal, Gavarni se mettait à nous faire un
espèce de cours d'esthétique sur chacun de ces bois, commençant par
la Bouteille, et arrêtant nos regards sur la première planche : la cheminée
pétillante de houille, l'armoire aux rayons étincelants de vaisselle
d'étain, les tableaux aux murs, les fleurs dans un vase d'eau, l'horloge
au coq sautillant au milieu d'arabesques, les enfants jouant à la dînette
sur un tabouret, le chat gras et fourré qui fait le gros dos au feu, et le
maître de la maison, le joyeux buveur, entre l'*ale* et le *porter*. Puis, il
nous faisait étudier au feuillet suivant la ruine, la misère, la tristesse,

la nudité de la maison dans ses plus petits détails, la cheminée sans feu, les armoires piteusement entre-bâillées laissant voir des rayons nus, un chat squelette pourléchant une assiette nette comme un miroir, le buveur, les deux mains dans ses poches et le chapeau rabattu sur les yeux, la cravate dénouée, une pipe à la bouche, devant l'âtre où grelotte une théière ; les enfants regardant, effrayés, leur père ivre, et la mère mettant dans le tablier de sa fille aînée des vêtements pour qu'elle fasse emplir la bouteille que le père exige. Et toujours, avec les commentaires de Gavarni, les planches de la saisie, du ménage dans la rue, de l'assassinat de la femme tuée par l'ivrogne avec l'homicide bouteille ; enfin, la folie, et le tableau de l'ivrogne visité, dans un hôpital d'aliénés, par ses deux enfants : — son fils, une fleurette à la bouche : un *filou;* — sa fille, avec un chapeau à plumes et un spencer par-dessus sa robe : une *prostituée !*

Jamais nous n'avons entendu si bien faire ressortir d'une œuvre, en dehors du visible et de l'apparent, ses côtés cachés et intentionnels, et toute sa beauté secrète. Peu à peu, en écoutant Gavarni, l'admirateur nous donnait de son admiration ; et de cette *bar*, — où la loi anglaise veut que l'on se grise debout, — après avoir suivi les Enfants de l'Ivrogne dans les tripots, les *dancing-rooms*, nous arrivions, avec une impression bien changée, devant la planche où l'infirmier du bâtiment qui mène les déportés à Botany-Bay abaisse les paupières du fils de l'ivrogne, en présence du ministre anglican refermant sa Bible. Enfin l'admiration nous venait devant la planche où, sur la nuit d'une immense arche du pont de Londres, lancée dans le vide, la bouche ouverte en un dernier cri désespéré, les deux mains sur les yeux pour ne pas voir en bas, son chapeau envolé, la fille de l'ivrogne tombe, toute blanche, dans l'eau noire.

XCII

Cette vie était coupée par un voyage en Écosse[1], où l'entraînait le paysagiste au pastel, Bouquet, avec lequel il s'était lié à Londres. Il se rendait à Édimbourg, la capitale du pittoresque, la ville à l'appa-

---

1. Gavarni quittait Londres le 1ᵉʳ août 1849 et arrivait à Édimbourg le 3, ainsi que l'indique un calepin à peine grand comme le creux de la main, qui contient jour par jour la nomenclature des châteaux, lacs, cascades qu'il voit, nomenclature mêlée à des notes d'une ligne sur les cour-

LE JOUR DE L'AN CHEZ L'OUVRIER

rence d'un décor de théâtre. Il nous racontait qu'il était descendu dans un hôtel de tempérance, où l'on était très bien, mais où l'on ne vous donnait ni bière, ni vin, ni spiritueux ; et quand Bouquet réclamait trop impérieusement de l'*ale*, le maître d'hôtel, montant sur une chaise, le prêchait, ou bien, endossant son habit national, il lui jouait du violon. Gavarni avait conservé une espèce de souvenir magique d'Édimbourg, du fantastique des ruelles de la Canongate, de la bizarrerie et de l'étrangeté des bâtisses, de la couleur heurtée de ces *courts*. On a pu voir dans des aquarelles exposées chez Beugniet, et dans la charmante lithographie publiée par le *Paris*, quelque coin de cela, traversé par ces élégantes et sveltes filles, à l'ardente chevelure, un petit châle au dos sur la chemise bouffante, les deux mains aux hanches, balayant des triples volants de leurs jupes la boue où elles marchent les pieds nus.

A Édimbourg, venait aux deux Français l'idée d'un voyage dans les Hébrides, un voyage à pied, le sac sur le dos, à la façon des artistes parisiens. Une lettre de M. Bouquet nous permet de suivre les voyageurs. Les voilà dans l'île de Mull, vers les cinq ou six heures. On est à la mi-août. Le jour a été très chaud, et il y a de l'orage dans le ciel. Un vieux berger que l'on rencontre leur indique le chemin, et leur fait entendre moitié en mauvais anglais, moitié en gaélique, qu'ils ont dix ou douze milles à faire pour arriver à l'auberge de *Kean-loch*. Mais les milles de l'île de Mull sont comme les lieues de pays de la Bretagne ; le sentier s'allonge, s'allonge ; les deux voyageurs, pliant sous le poids de leurs sacs, commencent à ressembler à ces deux harassés qu'on verra, dans une lithographie future de Gavarni, se dire :

« Les sites prennent une largeur...

— Et une longueur... »

Ils avancent lentement dans le chemin mangé par les végétations et les fleurs sauvages. La nuit arrive et, avec la nuit, de larges gouttes d'eau. Le tonnerre gronde, et bientôt tombe une pluie torrentielle ;

---

tisanes de la Canongate, les sociétés de tempérance, la chaire à prêcher que tout honnête presbytérien emporte sous le bras dans la campagne ; entrecoupée de croquetons en trois coups de crayon, d'attitudes, de mouvements, de paysages, de marmites de l'île de Iona, de toitures locales faites en « une sorte de filets en cordes de branchages noirâtres », interrompue par des notes désespérées sur le manque, en ces îles désertes, de cigares, de tabac, de papier à cigarettes, et enfin émaillées de parisianismes et de légendes. Gavarni était de retour à Londres le 21 août.

ils sont obligés de se mettre à l'abri sous l'arche d'un petit pont, le
ruisseau enflé leur coulant entre les jambes. Puis une éclaircie. On se
remet en marche, trébuchant contre les pierres, glissant sur d'énormes
crapauds, mouillés parfois jusqu'aux genoux par l'eau des torrents
tombant de la montagne. Ils vont, ils vont toujours, mais sans rencontrer l'auberge. Enfin le pignon de l'auberge, et une grosse fille rouge
au bras nu terminé par une chandelle ; et après que la maison endormie
s'est lentement réveillée, un bon feu, deux grands verres de *toddy* fumant
sur la table et la perspective d'un bon lit.

Le lendemain, avec les vêtements encore mouillés et que le soleil
achève de sécher sur leur dos, en route[1] pour la pointe de l'île où l'on
s'embarque pour Iona. Et, tout le long du chemin, la vue des montagnes
endormies dans le brouillard blanc, des vaches noires qui paissent,
des cabanes de pêcheurs. L'on est à la recherche d'un aubergiste comme
Macphean ; l'on se trompe, l'on s'introduit chez un nommé *Macpheel*,
qui, en sa qualité de gentleman et de clergyman, met les deux artistes
à la porte. A la dernière heure, on trouve le vrai *Macphean :* un pauvre
diable de tisserand.

Le lendemain, l'on débarque à la grotte de Fingal, où les deux artistes, le carton sur les genoux, perchés sur un pilier basaltique, font un
croquis, pendant que les vagues écumantes montent jusqu'à leurs
jambes pendantes ou mettent un abîme sous leurs pieds...

On revient au soleil couchant, ayant devant soi la grande ligne
sombre de l'Océan et le dos d'un cachalot endormi s'élevant au-dessus
de l'eau comme la quille d'un vaisseau chaviré... Le jour suivant, on
va voir le petit village de Salen ; on côtoie les bords du lac de *Nine-
Keal*, rayé par l'aile des mouettes et des courlis.

C'était un dimanche matin, et, par le chemin, c'était une procession
de paysans endimanchés, de fraîches jeunes filles, de babys aux yeux
bleus. Gavarni s'arrêtait un moment devant deux enfants assis sur le
rebord de la route ; une petite fille avait appuyé les deux mains sur
l'épaule d'un petit garçon tout rapproché d'elle, et les deux enfants
blonds et roses, aux jambes nues, avaient leur groupe tout enveloppé

---

1. De ce voyage, M. Bouquet possède un petit dessin : une rangée de gamins alignés au bord
du rivage, attendant les voyageurs du paquebot pour leur faire visiter les ruines du sixième
siècle, — un crayonnage fait à la hâte, gâché de gouache, poché de taches brutales d'aquarelle,
d'un effet et d'un lumineux extraordinaires.

et comme encadré dans l'étoffe à carreaux d'un *plaid*. Le dessin de
Gavarni semblait donner une tendre et riante image de l'enfance de
Paul et Virginie aux îles Hébrides.

XCIII

Ce voyage d'Écosse nous a valu une des plus belles lithographies
de Gavarni, sa planche la plus faite, celle qui approche le plus le travail
sur la pierre de la beauté sérieuse de la gravure au burin. Bouquet avait
demandé à Gavarni quelques scènes locales qu'il voulait jeter au milieu
de ses paysages, dans l'ouvrage qu'il se proposait de publier, lors de
son retour à Londres, sous le titre : *An Artist's Ramble in the north of
Scotland ;* Gavarni exécutait, pour le livre futur, trois planches : *Scotch
girls*, les blanchisseuses écossaises ; *Throwing the stone*, le jet de la pierre ;
et, enfin, le fameux *Highland Piper*, le joueur de cornemuse.

Sur un ciel brumeux, aux nuages roulants, près d'une ligne de fa-
laises, se détache, debout, le joueur de cornemuse soufflant dans son
pittoresque instrument. A sa droite, des femmes aux longs cheveux
déroulés, et dont l'une a la joue appuyée sur ses deux mains croisées,
écoutent pensivement les airs nationaux. Un baby aux yeux noirs, le
dos appuyé au tonneau sur lequel le joueur de cornemuse s'accoude
un peu, comme charmé, laisse pendre la ficelle de son petit chariot
un moment arrêté. A gauche, un homme est étendu tout de son long
sur le sol, dans un raccourci qui ne montre guère que son toquet au
chardon d'argent, à la plume de héron, — et une main qui trace des
lignes distraites sur le sable. Au-dessus de lui, un jeune homme assis
noue mollement ses bras autour de ses genoux dans une pose abandonnée ; et, dominant ces deux hommes, ces deux expressions du
plaisir musical, la tête penchée d'un vieillard chauve a les yeux fixés
à terre. Au milieu de son auditoire en plein air, se dressent la haute
stature et le caractéristique costume du musicien de la montagne, avec
son jupon écossais attaché par cette ceinture garnie de topazes ramassées
dans la rivière de *Cairn-Gorm*, cette toison blanche aux pointes noires,
la gaine étincelante de son long couteau, ses genoux nus, ses bas à
damier, ses gros souliers à boucles.

Gavarni avait commencé un dessin d'après un *Piper* quelconque,
quand le hasard fit découvrir à Bouquet ce *Piper* modèle ; il le fit voir
à Gavarni, qui, abandonnant aussitôt sa première esquisse, fit immédiatement poser l'homme, se mit du premier coup à une pierre, et, saisi,
à mesure qu'il travaillait, d'une espèce d'amour pour son travail, y
consacra sept ou huit séances, plus de temps qu'il n'en donna jamais
à aucune de ses lithographies. Gavarni avait d'abord placé au premier
plan, à la gauche du joueur de cornemuse, un chien, lorsque, la planche
presque terminée, se ravisant tout à coup, il l'effaça, et le remplaça
par l'homme à la plume de héron allongé à terre.

Ces trois planches, ainsi que six autres planches publiées à Londres,
chez Rowney, sous le titre d'*Etudes : (Studies : Rustic groups of
figures)*, se font remarquer par l'acquisition d'une qualité nouvelle,
une *luminosité* que ses planches de France n'avaient pas encore at-
teinte. Elles rayonnent de la blanche lumière de l'Angleterre. Elles
semblent toutes ensoleillées de ce soleil diffus, que tamisent l'aqueux
de l'air, les vapeurs de cette atmosphère dans laquelle les ombres
étroites font des taches noires au milieu de demi-teintes qui sont presque
de la lumière. Ce sont, dans ces six planches de « figures rustiques », des
femmes lumineuses couchées au bord des ruisseaux ; des femmes marchant dans de lucides campagnes, avec l'ombre de leur figure sous leur
chapeau, éclairée en dessous comme par une rampe de théâtre, qui il-
luminerait le tour de leurs yeux, le tour de leur bouche ; des femmes,
sous des arbres, fouettées sur la peau de leurs bras, de leurs épaules
nues, des coups de lumière et d'ombre qu'aimait Diaz en ses *sous-bois*.
Ce sont, par les chemins creux, pareilles à de mythologiques théories
des Saisons, des descentes de femmes, la tête chargée de grands paniers
dont la verdure débordante se mêle à leurs chevelures, étageant sur un
ciel d'argent leur élancement de canéphores dans le voltigement des
plaids [1].

---

1. Au. *faire* anglais de ces neuf planches se rattachent deux autres lithographies tirées
isolément et qui n'ont fait partie d'aucune publication que nous sachions: l'une représente un
balayeur et deux têtes d'hommes, l'autre un marchand de ferraille.

Nous avons également vu, chez Ph. Burty, une épreuve peut-être unique d'une ébauche
lithographique, faite pendant le séjour de Gavarni à Londres. Dans un sentier vague, sous un
ciel aux nuées déchirées, des silhouettes attendent, un bâton sous le bras, — le court bâton
irlandais; — des silhouettes sans figures et presque sans contours, indiquées seulement par des
taches et le *bâtonné* du mouvement : une ébauche à la manière de Decamps, d'une qualité tout

XCIV

Il faut bien le reconnaître : Gavarni ne réussissait pas à Londres. La grande société, toute prête à venir à lui, quand elle avait cru que le peintre des élégances parisiennes, patronné par le comte d'Orsay, arrivait pour peindre les élégances anglaises ; quand elle avait entendu parler du projet de l'artiste de retracer la cour d'Angleterre, ses fêtes, ses défilés, ses somptuosités, ses costumes, ses cérémonies, et de la donner au public comme l'image de la dernière cour aristocratique d'Europe ; — quand on lui annonçait le spectacle et le panorama de ses parcs[1], un *Londres vert* que Gavarni avait commencé avec le paysagiste et l'aquarelliste Marvy ; — la grande société était prise d'une sorte de répugnance, d'un soulèvement de son *cant* contre le dessinateur qui, au lieu de ce qu'elle attendait de lui, lui offrait la représentation de ces êtres abjects sur lesquels les yeux de ce haut monde ne s'ouvrent, ne s'arrêtent jamais.

Dans ce pays à la mode servile, une chose pouvait encore combattre cette disposition des esprits, faire accepter l'artiste par la *fashion*, l'imposer en dépit de ses entrailles pour la *mob :* c'était de dessiner le portrait que la reine lui faisait commander de sa royale personne. Mais le jour convenu, l'heure de la séance fixée, sa boîte d'aquarelle envoyée au palais, au moment de monter en voiture, « par un caprice dont il ne pouvait, nous disait-il plus tard, se rendre compte, et dont il regrettait la grossièreté », il avait laissé la séance et la reine. Peu à peu, la bienveillance générale se changeait en antipathie, le sentiment national se sentait blessé de cette acharnée reproduction, de ce dévoilement continu des misères, des plaies, des souffrances remplissant la Capitale Inhumaine et que cherche à cacher l'orgueil anglais. Et quand Gavarni, à son retour en France, était décoré de la Légion d'honneur,

à fait supérieure, un brouillon superbe et sinistre, où il y a le mystère et l'émotion d'ombres noires, attendant sur un chemin quelqu'un ou quelque chose qu'on ne sait pas.

1. Marvy fit de la collection, qui devait être nombreuse, quatre dessins au fusain, et, chose complètement inconnue, Gavarni peignit à l'huile les promeneurs, les foules avec des pinceaux aussi fins que des aiguilles. Marvy commença à les graver, puis, je ne sais à propos de quoi, l'entreprise tomba dans l'eau.

le ressentiment de la nation, qui ne s'était pas apaisé, et encore tout
vivace, s'élevait dans un article du *Times*, protestant contre cette nomi-
nation avec une injustice ennemie.

XCV

Gavarni était arrivé en Angleterre portant en lui ce besoin de retraite, de solitude, de tête-à-tête avec sa pensée[1], qu'il livrait et
donnait tout entière, dans les moments anxieux et tourmentés de sa
vie, à la *mathématique*, à l'aide de laquelle il prenait son envolée du
monde réel et conquérait une absorption qui ne lui laissait plus rien
ressentir des taquineries et des ennuis de son existence : un bienheureux
état de sauvagerie où il arrivait à l'homme poli de mettre quelquefois
de la rudesse à se soustraire au commerce des humains. Dans les premiers
jours de son séjour à Londres, Thackeray, qui était lancé et répandu
dans la plus haute société anglaise, venait le voir pour lui rendre le
service de le présenter dans deux ou trois maisons qui devaient lui
ouvrir tout le monde aristocratique. Il trouvait Gavarni affaissé au
coin d'un énorme feu de charbon de terre, les yeux rouges et larmoyants
de la fatigue du travail nocturne, répondant à peine à ses avances et
comme un homme loin de ce qu'on lui dit. Thackeray l'invitait à dîner,
Gavarni le contre-invitait pour le lendemain, blessant par ce procédé
le *gentleman* qui, dans ses rapports futurs avec l'artiste, se tint sur la
réserve. Cela se passait à peu près de même avec Dickens, que le misanthrope tenait à l'écart par sa froideur.

Il n'avait, pour ainsi dire, pas de rapports avec la colonie française,
très nombreuse depuis la révolution de 1848. Il voyait un très petit

---

1 Ce tête-à-tête avec sa pensée, il le chante en ces lignes presque lyriques, sur un petit calepin anglais :

*Cette douce et charmante compagnie de l'homme, qu'on appelle pensée, méditation, rêverie !
toujours consolante ou joyeuse, selon les occasions de la vie. Que la chambre soit triste, que le brouillard ou le givre trouble les vitres, ou que le soleil y chatoie, que la bourse soit pleine ou vide,
toujours pleine de sympathie, pleine de charme ! O le plus voluptueux des girons ! la plus constante,
l'unique maîtresse de l'homme ! Et comme elle aime les enfants qu'elle lui fait ! et quelle mine elle
fait aux visiteurs malencontreux qui viennent troubler sa souveraineté du coin du feu !*

nombre de ses compatriotes : Bouquet, Marvy, le graveur Masson, en train d'exécuter dans la *National Gallery* de magnifiques dessins aux trois crayons d'après les grands maîtres ; ce défroqué original, l'abbé Constant, auteur d'études sur le tarot, qu'il proclamait le résumé de la haute science des Mages ; le comédien Mélingue, auquel il donnait un dessin de l'acteur tragique anglais, avec, pour légende, la phrase d'Hamlet : « Premièrement, écoutez ce que je vais vous dire... » — le dessin que Gavarni nous disait préférer à tous ses dessins. Et encore, avec ce petit nombre de connaissances, les relations étaient fort intermittentes, et souvent brusquement interrompues.

Dans cette fuite du monde et de la société, une seule maison à Londres avait le privilège de l'avoir quelquefois à sa table, à son foyer.

Un jour, à un bal masqué de la Renaissance, on présentait à Gavarni, sa maîtresse au bras, un monsieur en gants de voyage, en grands cheveux blonds de savant, un monsieur tout extraordinaire au milieu de cette fête. Un quart d'heure après, sa maîtresse laissée là, Gavarni, dans un coin de loge, causait métaphysique avec ce monsieur.

C'était la maison de cet ancien partenaire de métaphysique que Gavarni fréquentait ; une maison où, tous les dimanches, la longue table du cabinet de travail se chargeait de mets froids, et, non desservie de toute la journée, devenait un buffet devant lequel les plus célèbres littérateurs et artistes de Londres s'asseyaient pour déjeuner ou *luncher*, et la mangerie, les cigares, la conversation duraient jusqu'à la tombée de la nuit. Aimable maison, possédée par un aimable homme, M. Ward, un écrivain distingué, un savant économiste, qui, à tout moment, tâchait d'arracher Gavarni à son enfoncement dans les choses abstraites, en le priant à des déjeuners, à des dîners, où tantôt il lui promettait des intelligences distinguées : tantôt M. Morris, le rédacteur en chef du *Times*, « un beau, bon, brave homme », tantôt le bal masqué de Julien, pour faire la comparaison du carnaval anglais avec le carnaval français, tantôt les caresses de son chien de Terre-Neuve, l'esprit de Charles Dickens, et une boîte d'excellents cigares.

XCVI

Mais au fond, et quelque succès qu'eussent ses dessins, son art commençait à ne plus l'intéresser ; il n'était plus pour lui qu'un gagne-pain forcé, une occupation misérable et basse qui le retirait des ambitions, des rêves, des poésies de la science, du roman de la recherche et de la découverte dans les mondes de l'Infini.

Et Gavarni se plaignait avec amertume d'être réduit à ce travail, *« de faire des images pour amuser les bourgeois »*. Des images ! il s'agissait bien d'images, quand toute l'activité de son esprit, sous la possession passionnante de la mathématique, travaillait et travaillait uniquement à reconstruire la mécanique céleste, à établir, sur de nouvelles bases, les lois des mouvements planétaires, à trouver dans l'espace des points d'appui, jusqu'ici inconnus, sur lesquels toutes les activités de l'univers pivotent, enfin à déposséder le soleil comme centre des rotations et source des forces qui gouvernent notre système, — « le soleil... astre que moi, — disait Gavarni en souriant, — j'ai pour tâche, parmi d'autres, de détrôner.

— Détrônez plutôt Hogarth, et laissez tranquille ce pauvre Newton... », reprenait le gros bon sens de l'Anglais, l'ami qui avait par moments les confidences et comme l'expansion des travaux cachés du poétique savant.

Gavarni haussait les épaules, et priait l'Anglais de ne pas lui faire de phrases.

Rentré chez lui, où il s'enfermait de plus en plus profondément dans sa pensée, il se refusait à sortir de sa solitude, par cette lettre où il continuait à se montrer si plaisamment l'ennemi du soleil :

Merci, l'Anglais. Mes moyens ne me permettent pas cette dépense d'une nuit, — c'est-à-dire d'un lendemain ; — il faut travailler, l'Anglais. « Le temps, a-t-on dit, est l'étoffe dont la vie est faite », et je suis attelé à de rudes besognes.

J'ai toute la dynamique à refaire et un peu le soleil à déranger. Depuis quelque temps le soleil me chiffonne, et je me demande, ces jours-ci, jusqu'à quel point ce ne serait pas convenable de le faire disparaître, — histoire de voir un peu plus clair dans le système.

Est-ce que vous tenez précisément au soleil, vous ?

J'ai lu votre mécanique d'Auguste Comte et reçu un billet de M. Akeastone.

Bonjour, l'Anglais ; à dimanche, si possible.

G...

Après tout, Gavarni n'était pas aussi déraisonnable qu'il le paraissait à l'ami Ward. Dans une réunion de savants, — après dîner, il est vrai, — n'entendions-nous pas dire, au premier chimiste de notre temps, que, dans une centaine d'années, on connaîtrait la théorie atomistique, et qu'avec cette connaissance on pourrait régler le soleil comme une lampe Carcel ?

XCVII

Ward, qui était avant tout un esprit positif, un ennemi de la poésie dans les X, un incrédule à toutes les prétendues découvertes qui n'étaient pas appuyées sur une expérience décisive, Ward, qui, encore étudiant et ayant besoin d'argent, avait, ce que n'aurait jamais imaginé un étudiant français, inventé une brosse à deux fins : une brosse à cirer les souliers, qui était en même temps une brosse à brosser les habits, et dont il vendait le brevet d'invention une somme considérable, — Ward ne lui cachait pas sa façon de penser sur la stérilité de ses recherches, et lui disait carrément que tous les diagrammes géométriques dont il couvrait ses petits carnets n'étaient que de la « métaphysique revêtue d'une forme, d'un costume mathématique ». Il le repoussait vers son art, l'engageant à échanger ses crayons contre des pinceaux, et à léguer aux siècles à venir, dans une forme plus durable, plus monumentale, ses études sociales.

Un moment, Ward espérait guérir son ami « de ses hallucinations pseudo-philosophiques », en le mettant en rapport avec l'intelligence raisonnable, calme, élevée, pénétrante de Wheatstone, l'inventeur de la télégraphie géographique. Il l'emmenait à l'île de Wight, où le mathématicien avait loué une maison pour la saison des eaux. Et tous trois passaient la plus grande partie de la journée à se promener dans ce pittoresque pays, Gavarni remplissant de ses travaux et de ses espérances les oreilles de Wheatstone.

Les premiers jours, l'Anglais l'écouta patiemment, en contestant la justesse ou la clarté des conceptions du Français, mais, au bout d'une semaine, il prenait en antiphatie l'enthousiaste, et la promenade des trois hommes s'accomplissait dans l'ordre suivant : Gavarni et Ward, à cinquante pas en arrière de Wheatstone herborisant en avant, ou dégageant un fossile avec son marteau minéralogique, et qui se sauvait, comme le diable, aussitôt qu'il entendait se rapprocher les pas des deux retardataires.

Cette négation de la valeur de ses travaux et de ses découvertes par tous ceux auxquels il en parlait, n'ébranlait en rien la foi du chercheur, qui restait convaincu d'avoir trouvé. Il passait les jours et les nuits dans la petite auberge de *Crab and Lobster*, où il était logé, à entasser figures géométriques sur figures géométriques. Et un soir, à la fin d'un dîner fait en tête à tête à Londres, Ward entendait Gavarni lui dire très sérieusement : « Que direz-vous, le jour où je vous apporterai une boîte en fer, longue comme cela, — et il indiquait une largeur de six ou huit pouces, — que j'élèverai dans mes deux mains en l'air comme cela, — et il regarda longtemps le vide de l'espace, — que je lâcherai tout doucement dans l'air, comme cela, — et ses mains se séparaient lentement et avec toutes sortes de précautions de la boîte imaginaire, — et qui se soutiendra toute seule... »

— Je dirai, répondait Ward, que vous avez fait, comme je dis maintenant, que vous cherchez à faire une chose impossible.

— Impossible ! » Gavarni répéta ce mot plusieurs fois. « Vous aussi, vous êtes comme les autres, comme Wheatstone, et, aujourd'hui comme hier, les grandes découvertes sont reçues à coups de bâton. »

XCVIII

Ces excès de travail, cette tension de l'intellect dans l'abstrait, mêlée à la noire contemplation de la misère, cette vie toute cérébrale, que Gavarni, — le plus sobre des hommes, et auquel nous n'avons jamais vu boire un verre de liqueur, — enfiévrait là-bas, avec le *gin* du pays, un excitant qui lui semblait cingler la fatigue de ses facultés, aux heures nocturnes, et finissait par lui donner un petit tremblement nerveux connu en Angleterre sous le nom de *coup de fouet*, le menaient à un état nerveux dans lequel sa pensée solitaire, absorbée par un objet unique : la Mathématique, approchait de l'abîme trouble où parfois sombrent les intelligences lasses et les cerveaux épuisés de ces monomanes que sont les grands chercheurs.

A quelques années de là, dans une taverne de la marine sur la Tamise où nous avait mené Gavarni, il nous dit, en désignant un buveur : « Tenez ! voilà un homme qui a dû m'emmener faire le tour du monde. Cela durait deux ans, au bout desquels, jour pour jour, il me déposait au pont de Londres, là où il m'avait pris... Vous concevez : je ne serais pas monté une seule fois sur le pont... Songez à ce que ça doit être, deux ans de travail sans être dérangé, deux ans de travail dans un entrepont... »

XCIX

Avant de reprendre l'histoire de Gavarni à Paris et des grands travaux qu'il va y commencer, revenons à une scène intéressante qui éclaire la philosophie sceptique de l'homme et de son œuvre. C'était dans un dîner donné par l'ami Ward à Gavarni, à Louis Blanc[1], à Tom Taylor, le célèbre dramaturge, un dîner de quatre personnes d'une valeur assez grande pour que l'hôte, selon son expression, « n'eût pas jugé convenable de délayer ce mélange curieux par des additions inutiles ».

Le dîner avait un but : Louis Blanc avait prié Ward de le mettre en rapport avec Gavarni[2], dans l'espérance de le conquérir à ses idées, et d'en faire un puissant instrument pour la propagande de son système.

---

1. Une première entrevue avait déjà eu lieu entre Gavarni et Louis Blanc, que Charles Blanc raconte ainsi dans le feuilleton de *l'Avenir national* du 7 décembre 1866. Gavarni se montrant très froid pour l'ancien membre du gouvernement provisoire : « Monsieur Gavarni, lui dit son compatriote, j'ai bien peur de n'être pas dans vos bonnes grâces... — Vous l'avez dit, répondit-il. — Eh bien, monsieur, aidez-moi, je vous prie, à m'en consoler, en me disant pourquoi ? — Pourquoi ? N'étiez-vous pas membre du gouvernement provisoire, et ce gouvernement n'a-t-il pas aboli l'emprisonnement pour dettes ? — Est-ce donc là un si grand crime ? — C'est un acte de tyrannie abominable ! Je voudrais bien savoir de quel droit on m'ôterait la liberté d'engager ma liberté pour me procurer de l'argent. »

2. Lettre de Ward.

Le dîner commençait assez gaiement : on discutait les mœurs des deux
nations, les deux Français déblatérant contre les Français, les deux
Anglais déblatérant contre les Anglais, « en sorte que les épées ne perdaient jamais leurs boutons ». Louis Blanc se réservait en attendant
son heure ; et, aussitôt que les fruits et le vin eurent fait place au café
et aux cigares, il amenait peu à peu la conversation sur le terrain choisi
par lui d'avance. Et, s'échauffant bientôt au feu de sa parole, il faisait
le tableau de la marche de l'humanité à travers les siècles, de ses longues
souffrances, de ses luttes séculaires, de son élévation graduelle, de ses
nobles victoires et de ses grandes destinées.

Pendant trois quarts d'heure, il parla, gesticula, se passionna, les
yeux étincelants et fixés sur Gavarni assis au coin du feu, impassible,
la tête penchée, regardant la flamme, et ne laissant de temps en temps
échapper de ses lèvres qu'une mince traînée de fumée grise. Aux deux
Anglais qui étaient là, ce silence leur paraissait un bon signe : l'artiste
français leur semblait bien certainement touché par cette révélation
« du long martyre de son espèce ». — « Pensait-il, — reprenait Louis
Blanc, — combien son crayon puissant, en se mettant du côté du *progrès*, pourrait servir la race humaine ; et ne serait-ce pas une noble
conclusion de sa brillante carrière, que de se dévouer à l'Humanité,
et de se battre sous le chapeau du progrès ? »

Louis Blanc s'était tu. Les deux Anglais regardaient Gavarni, qui
roulait lentement une cigarette sans rien dire. « Eh bien ! — faisait
Louis Blanc, — je vous ai déroulé le grand drame du Progrès... Etes-
vous des nôtres, pour le continuer ?

— Le Progrès ! disait enfin Gavarni simplement, mais je le nie
formellement, le Progrès[1]. »

C

De retour en France, la patrie, ses deux beaux enfants, les amitiés
dévouées, la rentrée dans sa maison bien aimée du Point-du-Jour,
retiraient doucement le rêveur de la splénétique rêverie où il s'était
enfoncé à la fin de son séjour à Londres, et ramenait l'artiste à son art.

---

1. Lettre de Ward.

Il reprenait et continuait magnifiquement son œuvre lithographique. Il lavait ces aquarelles solides, puissantes, brillantes, que tout le monde a admirées aux étalages de la rue Laffitte, ces aquarelles qui peuvent être placées parmi les plus belles des aquarelles modernes.

C'était, en effet, une toute nouvelle aquarelle, une toute récente acquisition de son talent. Car, si de tout temps Gavarni fit de l'aquarelle, il commença à la toucher assez timidement ; on a le souvenir de ces mines de plomb lavées de colorations légères, toujours fines et délicates, et ressemblant assez à des ébauches de miniaturistes sur une plaque d'ivoire, mais sans plus d'accentuation. Ces pâles coloriages deviennent, avec le temps, de franches aquarelles, sans furie de touche, sans emportement de valeurs, sans *ragoût* de travail, s'élevant tout au plus à un joli pétillement de tons distingués. Et ce n'est guère qu'en Angleterre, ou bien peu avant, qu'il abandonne son ancien *faire*, et qu'il invente cette aquarelle gouachée qui donne à ses dessins l'apparence énergique et l'intensité d'effet de la peinture à l'huile.

Son procédé était celui-ci : il prenait une feuille de papier à dessin au ton jaunâtre, *fusinait* sur le gros grain du papier une large et violente esquisse. Voulait-il un ton plus chaud, il employait la sanguine avec le fusain. Le dessin ainsi bâti et construit, il le fixait au *fixateur*, et, le trait et les contours devenus par là ineffaçables, il lavait à grandes teintes aqueuses et transparentes, laissant, sous leur fluidité et leur nuage, transpercer le fond par places. Le dessous ainsi préparé, toutes les valeurs, il les amenait à leur intensité, à leur noir, à leur brillant, avec des frottis de couleur gommée et presque sèche, qu'il égrenait quelquefois sur des parties de son lavis, y faisant du rugueux avec l'apparence d'un grain d'aquatinte. Alors seulement il arrivait à la gouache, touchant à petits coups de pinceau, carrés et empâtés, toutes les lumières d'une figure, des mains, tous les points lumineux et les réveillons de son bonhomme ; puis, avec un pinceau rêche, il promenait sur les blancs, les gris, les tons tendres des vêtements et des choses, des traînées d'une gouache à peine délayée et toute pâteuse, dont l'aspect pelucheux fait croire à l'emploi du pastel dans ses aquarelles[1].

---

1. Il n'est pas sans exemple que Gavarni ait introduit le pastel fixé dans ses aquarelles. Nous nous rappelons avoir vu une femme et un enfant couchés sur l'herbe près d'une rivière, une bohémienne la main sur une baguette, exécutés par ce procédé. Mais cet emploi du pastel est très rare chez lui.

La gouache, mais la gouache avec l'art que Gavarni avait de la maçonner, ou de l'introduire si délicatement et d'une manière pour ainsi dire invisible dans ses eaux colorées, c'est le fond, la qualité cachée, le charme secret de ses aquarelles, dans lesquelles, après mille expériences, Gavarni était arrivé au brillant de la couleur sur le papier : « L'aquarelle est noire, disait-il ; elle est brillante, seulement, quand vous l'étendez sous le pinceau ; mais, sèche, elle est éteinte. On ne peut arriver au ton de pêche de l'épiderme qu'avec de la gouache étendue d'eau. Prenez du vermillon, cette couleur canaille, et du blanc, lavez de cela une figure et laissez sécher, vous avez l'incarnat transparent. »

Ses aquarelles gouachées — ainsi sont faits ses dessins d'Angleterre et d'Écosse, et presque toutes ses aquarelles jusqu'en 1855 — méritent, à nos yeux, la première place dans son œuvre d'aquarelliste. Elles ont les intensités et les noirs qu'avait Decamps, et les transparences d'eaux et des clartés de teintes que Decamps n'avait pas. Mais un moment vint où, ce procédé, Gavarni arriva à l'outrer. Il voulut avoir, avec le pinceau sec et la terre de Sienne gommée, de vraies valeurs de peinture à l'huile. Il ne mit plus la même retenue dans l'emploi de la gouache. L'admirable équilibre entre la légèreté et la solidité se perdit dans ses dessins. Il tomba dans une manière lourde, pesante, noirâtre. Il le sentit lui-même, et, en quête de limpidité, de lumière laiteuse, d'ensoleillement, il changea complètement son procédé et adopta le lisse du papier écolier, du papier Whatman, quelquefois jauni à la fumée d'une chambre où l'on fumait.

C'était d'abord un croquis léger, à la mine de plomb, qu'il atténuait encore avec de la mie de pain, puis il indiquait les ombres avec un pinceau trempé dans de l'encre de Chine, mélangée de carmin pour la réchauffer. Les teintes peu foncées qui faisaient ses ombres, il les posait avec un pinceau presque sec, s'efforçant de les obtenir en frottis, qui, disait-il, « n'alourdissaient pas ». Puis, là-dessus, sur ce dessin du ton effacé d'une photographie brûlée, sur ce dessin que l'encre de Chine fixait naturellement, il lavait avec les eaux les plus vaporeuses, jetant les tons les plus frais ; alors, avec une plume grosse comme une plume de roseau, et chargée d'une couleur rousse, il arrêtait les contours. Enfin il ravivait le tout de petits rehauts de gouache spirituelle.

C'est le procédé avec lequel il a exécuté presque la totalité de ses deux cents aquarelles pour M. Hetzel, des aquarelles toutes lumineuses, toutes balafrées de rayons et d'éclairs, toutes charmantes de nuances

brisées, de tons rompus, de roses, de verts, de bleus déteints, au milieu
desquels parfois des colorations sales et barboteuses produisaient des
effets sourds d'un merveilleux effet.

Ces aquarelles, il en enlevait cinq par jour, « comme cela venait »,
cherchant par la prestesse, la rapidité de son exécution, le voltigement
de son pinceau, à ne rien enlever de la fraîcheur d'un travail de premier
coup, et à laisser tout entière et toute franche la lumière sous un aqua-
rellage qui n'était presque qu'un effleurement du papier.

A ces aquarelles libres, il est curieux d'en opposer d'autres, faites
dans le même temps, de vraies miniatures, dont le fini du détail, dans
la largeur de l'ensemble, était pour tous ceux qui les voyaient un sujet
d'étonnement. Nous voulons parler de quelques portraits, et ils sont
rares, car Gavarni n'a jamais fait que des portraits de caprice et de
bonne amitié. Il avait une insurmontable répugnance à faire un marché
avec un particulier. Il ne voulait avoir affaire, dans les choses d'argent,
qu'à un éditeur ; et bien des personnes, bien des femmes ont sollicité
de lui leur portrait, sans pouvoir jamais l'obtenir.

Nous avons souvenir d'un portrait de M. Torlot, le caissier de
M. Lemercier : un mélange, dans la fine aquarelle, de tailles rondissantes
à la mine de plomb pour les ombres, et de petits coups de gouache pour les
lumières, d'une suavité et d'une caresse, d'un modelé, d'une vie de la
chair, qui en faisaient le portrait le plus désirable qu'on puisse rêver.

Avec ce travail, à la fois précieux et spirituel, il fit pour Duvelleroy
trois ou quatre éventails, sans conteste les plus délicieux éventails
de ce siècle et que les grandes dames des siècles à venir se disputeront :
des éventails où sur le vélin, tantôt il allumait une mascarade montant
un escalier en fer à cheval, tantôt il représentait, dans leur blancheur
éblouissante, des scènes de Pierrots en casaques blanches.

CI

De ses aquarelles, de ses lithographies, de ses travaux de tout genre,
à son retour en France, voici presque un historique donné par Gavarni
lui-même dans une lettre adressée à M. Ward, « à son ami l'Anglais »,
et envoyée dans les premiers jours de l'année 1852 :

L'Anglais,

J'ai deux aquarelles à envoyer à Londres : une pour vous, l'autre pour M. Mills, — et je ne sais comment faire.

Les marges et les verres sont très grands, il faudra une grande caisse, et les verres se casseront.

« Il vaut mieux ôter ces verres et mettre entre deux planches les dessins.

— Bien, mais comment vous les adresser ? Dans cet état, le paquet pourra être ouvert et les feuilles maniées par les gens de la douane. Où faut-il que cela soit déposé à Londres, pour que vous puissiez assister en personne à l'ouverture ?

Ces dessins, vous verrez, n'ont que le souffle, et le moindre rien peut les gâter, — le moindre froissement faire écailler et enlever les parties gouachées ; c'est un faire presque aussi solide que le pastel.

Ce n'est pas tout ; ces dessins, arrivés à bon port, il faudra les faire recartonner et revitrer, selon les indications que je vous donnerai, et border d'une simple bande de papier gris. A Paris, cet encadrement coûterait six francs pour les deux pièces. A Londres, ce sera bien quelques hundred pounds, mais n'importe (ces petites choses, transport, droits d'entrée, etc., seront, bien entendu, à mes frais). Ceci fait, l'Anglais, vous enverrez celui de ces dessins qui portera le nom de M. Mills, Spring Garden, Saint-James Park, et vous prendrez l'autre dans votre logis.

Je voudrais pouvoir envoyer, par la même occasion, quelques exemplaires d'un ouvrage nouveau que j'ai fait l'année passée ; un pour vous, un pour Mills, un pour lady Morgan, un pour Dickens, un pour K. Meadows, etc. ; — mais je ne puis pas obtenir encore, même en les payant, ces exemplaires de mon éditeur. — Je verrai encore, pourtant, en attendant votre réponse.

Ces volumes seraient reliés et porteraient chacun sa dédicace. Je ne pense pas que la douane considère cela comme une marchandise. — D'ailleurs, ces frais sont très peu de chose.

Je tiendrais d'autant plus à vous envoyer cet ouvrage à Londres, qu'il ne se vendra pas avant l'année prochaine.

Si je n'obtiens ces feuilles avant l'époque de l'envoi des dessins, j'attendrai pour porter ces feuilles plus tard à Londres, et je ferai mes galanteries en personne...

Cher Anglais, comment vous portez-vous ? — Que faites-vous ? — Que

UN BAL A LA CHAUSSÉE D'ANTIN, EN 18..

*devenez-vous ? — A quelle besogne êtes-vous attelé dans le monde réel ?
— A quelle rêverie acquiescez-vous dans l'imaginaire ? Charmant fou,
qui vous évertuez à faire se toucher en vous la raison et le sentiment, —
les deux pôles de notre nature morale.*

*J'ai beaucoup travaillé, depuis notre dernière entrevue ; — en fait de
raison, j'ai, par manière de corollaire à de certains travaux, trouvé une
théorie rationnelle et entièrement nouvelle de la force centrifuge, une courbe
plane, résultant d'une section cylindrique développée, — courbe toute
remplie de propriétés géométriques importantes, et qui, placée par sa nature
entre le cercle et la cycloïde, établit de l'un à l'autre une foule de rapports
inappréciés jusqu'ici — (elle contient en outre, géométriquement, les
valeurs, jusqu'ici purement algébriques, de la trigonométrie), — et trouvé
la loi qui préside au travail d'une force accélératrice* inconstante *quelconque contre une masse libre dans l'espace... (tir des projectiles de l'ar-
tillerie, détente des fluides élastiques, etc.) — (j'entends ce qui se passe
dans le cylindre du canon) et maintes autres machineries mathématiques.
(Ami l'Anglais, je tirais ainsi l'innocent canon de la théorie, tandis que
le canon sauvage de la réalité tuait sur nos boulevards, sans savoir pourquoi, les badauds politiques qui s'y trouvaient — sans savoir pourquoi.)
Voici pour la logique. — Quant aux machines du sentiment, l'Anglais,
j'ai écrit un monceau de choses sur l'homme (et sur la femme aussi), et
sur la morale, le sentiment et la politique, cette métaphysique bourgeoise, et
surtout sur l'art* de parler et d'écrire correctement *sans rien dire.*

Et j'ai fait une quantité de dessins[1], *aquarelles ou plombiques, et
un recueil de cinquante lithographies avec légendes, intitulé :* MASQUES ET
VISAGES, *divisé en cinq séries :*

L'Ecole des Pierrots,
Les Partageuses.

---

1. En cette année de travaux de toute espèce, parfois la mathématique se mêle d'une façon
bizarre au dessin ; c'est ainsi qu'il donne à *l'Illustration* la planche singulière qui a pour titre :
Le Fait et la Théorie du Pendule. C'est une femme qui se balance entre deux arbres, les cheveux
dénoués et au vent ; tandis que devant elle, une sorte de savant, en chapeau de paille, en robe de
chambre, trace sur le sable, avec sa canne, une figure de mathématique, que flaire un petit
chien terrier.

Elle a pour légende :

— LE PHILOSOPHE. Le poids d'Amanda étant donné A B ; point d'application B ; les compo-
sants sont A″ et A″ B..., donc la force accélératrice est chaque instant égale au poids d'Amanda,
divisé par la co-sécante de l'angle A*ba*″... (Amanda). Oui, ça ne va pas !

Histoire de politiquer.
Les Lorettes vieillies.
Les Propos de Thomas Vireloque.

C'est ce recueil que je vous enverrai si je peux le faire. — Répondez de suite, cher Anglais. Et pour éviter les lenteurs de notre poste de banlieue, écrivez sous enveloppe à l'adresse de M. Chandellier, 248, rue du Faubourg-Saint-Honoré, cité Beaucourt, 17, à Paris. Vous voyez qu'il faut me dire précisément comment je ferai l'envoi, par qui, par quoi ?

GAVARNI.

CII

A la fin de 1851, le comte de Villedeuil, un cousin à nous, tout frais échappé du collège, venait, au moment où nous débutions en littérature, nous demander d'écrire dans un journal qu'il fondait et qui devait paraître dans les premiers jours de janvier 1852. Ce journal fut *l'Eclair*, journal à l'histoire bizarre, dont le propriétaire fit le troisième numéro avec l'argent qu'il tira de la vente d'un exemplaire des *Historiens de France*.

Le public goûtant peu la littérature de cette feuille, et l'abonné ne donnant pas, Villedeuil pensa à l'amorce de l'image, balançant entre les talents les plus disparates. Nous qui avions passé notre enfance à regarder et copier des lithographies de Gavarni, nous qui étions alors, sans le connaître et sans qu'il nous connût, ses admirateurs, nous décidions Villedeuil à s'adresser à lui. Un dîner avait lieu à la *Maison d'Or*, où Gavarni nous proposait pour le journal la série du *Manteau d'Arlequin*, dîner où nous ne savons quelles sympathies, quels atomes crochus nous lièrent avec l'artiste, et firent de nous, dans une seule soirée, des amis qu'il voulait revoir à sa maison du Point-du-Jour.

CIII

Sur la route de Versailles, au Point-du-Jour, à côté d'un cabaret ayant pour enseigne : *A la Renaissance du Perroquet savant*, un mur avançait, aux vieilles grilles rouillées qui ne semblaient jamais s'ouvrir.

Ce mur, dépassé par le toit de la maison que la vanité de l'ancien propriétaire avait fait couvrir d'ardoises du côté de la route pour les passants, dépassé par des cimes de marronniers tordues au milieu desquelles s'élevait un petit bâtiment carré, — une glacière surmontée d'une statue de plâtre écaillée de la *Frileuse* d'Houdon, — ce mur était tout fruste.

Et, dans ce mur, il fallait chercher une petite porte, à la sonnette de tirage cassée, dont le tintement éveillait l'aboiement de gros chiens de montagne. On était long à venir ouvrir ; et, à la fin, Félix, le domestique du Gavarni de la rue Saint-Georges, vous conduisait à un petit atelier dans le jardin, éclairé par le haut et tout riant. C'est là que nous fîmes notre première visite à Gavarni chez lui.

Il nous promenait dans sa maison, dont il nous racontait l'histoire : un ancien atelier de faussaires sous le Directoire, devenu la propriété du fameux Leroy, le modiste de Joséphine, qui utilisa la chambre de fer où l'on avait fabriqué la fausse monnaie, à serrer les manteaux de Napoléon, brodés d'abeilles d'or. Il nous faisait traverser les grandes pièces du rez-de-chaussée, décorées de peintures sur les murs, représentant des vues locales, la porte d'Auteuil en 1802.

Nous montions derrière lui dans les longs corridors du second étage, où d'anciens costumes de carnaval mal emballés s'échappaient et ressortaient de cartons à chapeaux de femme. Nous redescendions à la fin dans sa chambre, où, près d'un petit lit de fer étroit, une couche d'ascète, il y avait, sur sa table de nuit, un couteau au travers d'un livre sur le *Cartésianisme*.

CIV

Gavarni était grand, élancé[1]. A cinquante ans, il avait gardé, de l'élasticité développée en lui par les exercices gymnastiques, une souplesse remarquable, une souplesse de reins qui le faisait jouer à ce jeu

----

1. *Le Panthéon* (illustrations françaises du dix-neuvième siècle), par Victor Frond, 1865, a publié un portrait du Gavarni de ce temps, un Gavarni au grand chapeau de paille. La lithographie a été faite d'après une petite photographie le représentant dans son jardin en compagnie de Jules Janin; ce sont ses traits, mais sans la physionomie, et chez Gavarni la physionomie était presque toute la figure.

où l'on s'appuie d'assez loin le front contre une porte et où l'on se relève sans le secours des mains. De certains jours, où il était en tenue d'homme du monde, dans une redingote boutonnée jusqu'en haut, les moustaches relevées, il avait une tournure encore jeune et pleine de crânerie militaire, — une tournure d'homme de trente ans. Ses cheveux, sa barbe, qui, dans sa jeunesse, avaient dû être d'un blond un peu ardent, on ne les voyait pas blancs : dans leur fouillis frisé, ils paraissaient couleur de poussière et empêchaient de lire son âge au-dessus de son front, un front de volonté[1]. Sur ce front, deux grandes rides avaient été tracées à la naissance du nez par la contention du regard, l'effort de la saisie des choses, la croissance du presbytisme, l'usage du lorgnon à deux branches, la fatigue et le clignotement de ses yeux qui lui faisaient voir pendant quelques secondes, grimaçants et pleurants, les gens qui entraient dans son atelier. Sous des sourcils épais et fournis, un œil gros, saillant, avec un blanc très blanc rayé de filets de sang, et une prunelle devenant d'un bleu très intense lorsqu'il s'animait. Le nez fort, avec un méplat charnu et carré au bout ; un visage coloré, sanguin, ayant aux pommettes les reflets rouges et les blancheurs d'un métal chauffé à blanc ; dans le teint l'espèce de chaleur et de ton recuit d'un vieux portrait flamand ; des traits de figure robustes, accentués, un peu *peuple*, mais adoucis par des charmes, des éclairs soudains, des grâces délicates de physionomie, un sourire de l'œil fin, câlin, spirituel, tendre, aimant, — inoubliable pour ceux qui en ont eu la caresse, — tel était l'homme physique.

CV

En cette même année 1852, le comte de Villedeuil eut l'ambition de fonder un journal quotidien illustré, dans le genre du *Charivari*, mais purement littéraire. Il faisait à Gavarni la proposition de se charger, à lui tout seul, des trois cent soixante-cinq planches lithographiques

---

1. *La Phrénologie (Revue spiritualiste des manifestations de l'âme humaine)* a publié, le 20 novembre 1856, un curieux article sur la conformation cérébrale de Gavarni. — L'auteur, M. Pierre Béraud, signalait dès d'abord une sinuosité frappante dans la région supérieure de la tête, causée par la dépression de l'espérance et par l'absence de la vénération : il indiquait le large renflement existant derrière et au-dessus des oreilles, produit par la saillie de l'esprit de lutte, et de l'ins-

de l'année. La difficulté, la grandeur de l'effort, le tour de force de ce travail, donnaient à Gavarni, qui se sentait la puissance d'y suffire, la tentation de cette entreprise. D'ailleurs Gavarni avait, plus jeune, roulé cette idée dans sa tête et demandé successivement à Méry, puis à Gozlan, de faire un journal à deux, rédigé par un seul littérateur, dessiné par un seul dessinateur ; mais Méry et Gozlan avaient reculé.

Le journal du comte de Villedeuil, le premier journal sans politique qui ait été publié en France tous les jours avec un dessin de maître, et que nous baptisions *Paris*, paraissait le 20 octobre 1852[1].

Un an, le temps que vécut ce journal[2] avant d'être tué par une suppression qui enveloppa du même coup *l'Eclair*, Gavarni fut toujours prêt, et sa pierre fut toujours livrée à temps à l'imprimerie Lemercier. Un an entier, pendant lequel sa facilité, son abondance, sa fécondité, sa riche imagination, une espèce de renouvellement suprême de lui-même, lui permirent de trouver tous les jours au bout de son crayon une lithographie, au bout de sa plume, une légende : un dessin comme n'en font pas les plus forts, une pensée comme n'en trouvent pas les plus spirituels.

Et cela sans être jamais pris au dépourvu un seul jour par un manque d'inspiration, sans qu'il y cût dans ce terrible labeur continu la moindre trace de fatigue ou de hâte, ou encore de l'intimidation que les autres auraient éprouvée devant la perspective de cette tâche forcée, sans trêve, toujours recommençante et toujours renaissante, et n'ayant pas même laissé à l'artiste dans l'année le repos d'une journée. Il nous racontait que dans une semaine, une semaine d'entraînement, il avait enlevé vingt-sept planches[3].

---

tinct de destruction qui, disait M. Béraud, donnait à l'esprit de saillie de Gavarni le trait incisif et mordant, le sarcasme cruel, la raillerie impitoyable, le mot acéré. Il s'arrêtait sur la prodigieuse élévation du crâne dans les angles latéraux produite par la saillie de l'idéalité, et dans les angles supérieurs par le volume de la merveillosité et de l'imitation, organes si développés qu'ils formaient comme un plateau au-dessus du front. M. Béraud remarquait que le front présentait un grand développement dans la partie inférieure, siège des organes de perception et d'observation, des mathématiques et de la plupart des mémoires, etc.

1. Gavarni recevait vingt-quatre mille francs par an.

2. Un fait que déploreront les collectionneurs futurs : les épreuves du premier tirage sur lesquelles Gavarni donnait son *bon à tirer*, et écrivait de sa jolie écriture la légende, ont servi à allumer le poêle du *Paris*.

3. Nous devons dire que, dans ses journées de travail, nous ne l'avions jamais vu faire qu'une lithographie et demie, une qu'il commençait et terminait, une seconde qu'il ébauchait ou achevait.

CVI

Nous sommes restés bien des heures à le regarder travailler, car c'était un vrai miracle que de voir Gavarni *couvrir* une pierre : on avait devant soi comme le génie du dessin en action. La main soutenue par un appui-main et suspendue sur la pierre posée debout sur la barre transversale d'un chevalet, le lithographe jetait d'abord comme au hasard et d'un crayon qui semblait s'amuser, des rayures, des zigzags, des espèces de zébrures, sous lesquelles il éteignait le blanc et le glacé de la pierre; il appelait cela *faire du marbre*. Nous sommes loin du temps où les traités de lithographie recommandaient la religieuse réserve des lumières et la scrupuleuse propreté qui faisait coiffer les lithographes d'un bonnet. Gavarni travaillait tout autrement, et je me rappelle qu'une ou deux fois, ennuyé de ce premier travail de marbrure, il demanda à l'un de nous de gribouiller sur la pierre vierge un bonhomme quelconque, dont, avec une adresse étonnante, il tira, sans être gêné par le crayonnage maladroit, un de ses bonshommes à lui.

Son dessous ainsi fait, de ce nuage brouillé, son crayon tournant et roulant faisait saillir, sans qu'on pût encore rien deviner de son dessin futur, des contours géométriques, des figurations polyédriques, des carrés semblables à ceux dans lesquels le Cangiage enferme ses croquis. Puis ces carrés, ces ronds, ces cubes se dégrossissant, perdaient leurs masses indécises et leurs lignes inertes, se rapprochaient de formes humaines, devenaient des silhouettes d'hommes et de femmes dans un brouillard sortant peu à peu du vague et du flottant, et prenant à chaque nouveau coup de crayon du relief, de la lumière, du contour, de la netteté.

Il travaillait sans croquis, sans rien qui pût aider sa mémoire ; et sa main, à la longue, comme prise de fièvre, semblait reproduire d'après nature un modèle qui revenait *poser* dans son souvenir. Cela était ainsi : il *voyait* les gens qu'il dessinait. Ils lui apparaissaient. Ne disait-il pas un jour à Morère, en terminant une planche devant lui : « Tenez ! vous rappelez-vous ?

— Non ! répondait Morère.

— Comment ! c'est cet homme que nous avons vu, vous savez, sur le quai de la Tournelle. »

Il y avait vingt ans de cela.

Le crayon allait toujours, accusait, précisait, modelait, et, sur la pierre, vous auriez vu se réaliser, en quelques heures, une formation progressive, une véritable création d'êtres qui, tout à coup, à un moment donné, atteignaient à la réalité de la vérité même, à celle que prend la nature lorsqu'elle arrive au point dans la chambre obscure et qu'elle y paraît toute présente,

CVII

Ses pierres étalent dans une sorte de triomphe toutes les magies de l'art, du procédé, du faire. En effet, la pierre lithographique a livré maintenant tous ses secrets à Gavarni, et comme l'inconnu artistique de son charme : la densité des ombres, la mollesse des demi-teintes, ces effets et ces contrastes qui surpassent en profondeur, en énergie, en lumière, tout ce qu'avaient obtenu jusqu'alors, sur le cuivre et l'acier, le burin, la pointe, la roulette. Des blancheurs rayonnantes, éclairant le milieu d'une planche ainsi que ces miroirs ensorcelés scintillant dans les ténèbres des vieilles eaux-fortes ; — des noirs luisants, avec lesquels pourraient seuls lutter les noirs que la suie laisse en traînées dans les dessins au suif ; — de doux lavages, des lithoteintes au ton d'encre de Chine étendue d'eau, que contourne le bec aigu ou avachi d'une plume; — des coups brusques et appuyés d'un crayon épointé, qu'estompe et égrène ensuite une étrille de bois — je crois de son invention — rayant la pierre comme d'une pluie de clarté ; — de délicats et de savants travaux, des travaux qui s'entre-griffent de petites lignes perpendiculaires qui rappellent le premier crayonnage des *académies* de Prud'hon et qui enferment le corps comme dans une nasse d'osier ; — des bouts de vêtements éclaboussés de l'encre lithographique échappée d'une brosse à dents qu'il grattait de ses ongles à la chinoise; — des coins et des fonds sabrés à grands traits, désordonnés, *embroussaillés*, fourmillants et tout pleins d'un désordre de choses, d'apparences, de mirages ; — les expériences, les inventions, les découvertes avec lesquelles Gavarni tire de la pierre et jette sur le papier la soie et ses filets de lumière mince, le velours aux ombres profondes et dormantes, le trap terne et sourd, la laine et sa surface mousse, les chamarrures cliquetantes, les plumes floches ; enfin tous les miracles d'une main travaillant, frottant, refrottant la pierre, — la ponçant comme de l'estompe d'un morceau de coton, — légérifiant les placages de noir par d'imperceptibles égratignures ; — vivifiant les têtes de premier plan par ces petits coups de grattoir carrés, ces franches et spirituelles petites lumières, semblables à la touche de Téniers[1], avec lesquelles le lithographe illumine une physionomie, lui donne la saillie et le relief.

Une main unique, répétons-le, pour donner à une planche la fonte des tons *flou*, la délicate caresse du plus fin pointillé, sans jamais perdre ce trait carré, cet accent fort et hardi, cette cernée de la ligne qui rappelle les dessins des grands maîtres, sans jamais amoindrir, ni mignarder, sous les travaux les plus menus, la rude et mâle ébauche qui traverse et pénètre l'exquis travail de sa solidité et de sa puissance[2].

C'est un regret pour nous que, parmi ces belles pierres, parmi celles qui ont eu la parfaite réussite, il n'en est pas une qui ait été soustraite au tirage et encadrée. L'avenir aurait eu sous les yeux cette fleur de la pierre, qui s'envole, hélas ! à jamais de la planche au premier tour de la presse, cette fleur que l'adresse des plus habiles tireurs n'a jamais pu reporter.

CVIII

Dans le *Paris*, paraissaient les cinq dizains dont Gavarni annonçait l'envoi à Ward dans sa lettre, et que M. de Villedeuil avait rachetés de l'*Illustration* pour combler le vide que pouvait faire un jour de retard ou de maladie.

C'étaient :

Les Parlageuses ;
Les Lorettes vieillies ;

---

1. Gavarni se préoccupait beaucoup du carré de ses lumières dans ses dessins et ses lithographies ; il nous racontait qu'un temps, il les découpait dans une figure, aux ciseaux, pour juger de l'effet, en exposant cette figure derrière une bougie.

2. Et qu'on n'oublie pas que toutes les qualités de sa lithographie, il les a portées dans des planches immenses, dans ces grandes compositions, publiées par l'éditeur Bulla, sous le titre des *Nuits de Paris*, dont six planches ont paru : *le Souper* ; *le Lansquenet* ; *le Bal masqué* ; *les Coulisses de l'Opéra* ; *le Galop* ; *une Présentation*.

La Foire aux amours ;
Histoire de politiquer ;
Les Propos de Thomas Vireloque ;

dizains qui s'augmentaient, au fur et à mesure des numéros du journal, de seconds, de troisièmes dizains. A ces séries, Gavarni en ajoutait de toutes nouvelles : *les Maris me font toujours rire, les Parents terribles, Piano, les Petits mordent, Histoire d'en dire deux, Manières de voir des voyageurs, les Bohèmes, Etudes d'Androgyne,* etc., la belle suite si profondément étudiée des *Anglais chez eux*[1]. Dans ces séries diverses et contraires, l'artiste se montrait le Gavarni de l'heure passée et le Gavarni de l'heure présente.

Pourtant, ce qui domine ces planches du *Paris*, ce qui s'élève audessus du rire d'un moment, c'est le recueillement noir d'une pensée sombre et triste. Gavarni, avec le regard désabusé d'un vieillard, voit le monde vieux et désenchanté comme lui ; et, chose curieuse, lui qui, à l'heure de sa jeunesse, peignit la jeunesse, créa ces jeunes hommes et ces jeunes femmes, ce commencement tout rose de sa comédie, il les reprend impitoyablement dans son œuvre, et avec le sentiment amer et mélancolique de sa propre vieillesse, il leur fait une vieillesse, — la vieillesse des *Invalides du sentiment*, la vieillesse des *Lorettes vieillies*.

Un jour, il dit tout à coup à l'un de nous :

« Oh ! c'est curieux, je viens de vous voir comme vous serez dans vingt ans d'ici... Je pourrais faire votre portrait. »

C'est par ce même phénomène, et cette vision d'avance des changements amenés par l'âge dans la physionomie des gens, qu'il dessinait ces invalides du sentiment, semblant prendre un cruel plaisir à montrer les Werther, les Arthur, les René, les Des Grieux, les chevaliers de Faublas dans les désastres physiques de leur beauté, de leur élégance, de leur dandysme. Voici le « bel » Adolphe, envahi par la graisse, et voilà « Antony » chauve. Gavarni étale ces vieux restes vainqueurs sous la perruque, le faux toupet, la teinture de la barbe et des moustaches. Il fait voir ces caduques rhumatisants de l'amour, traînant la goutte sur leurs jambes flageolantes, encore une fleurette à la boutonnière. Il

---

1. Une série que son imagination caressait, qu'il voulait faire et parfaire, était *le Mérite des hommes ;* mais cette série resta à l'état de projet.

casse ces reins, il voûte ces tailles, si fringantes autrefois, en gros
dos ronds d'invalide où s'appuie une main ankylosée.

Plus sombre et plus redoutable est le tableau que Gavarni, dans *les
Lorettes vieillies*, nous donne de la vieillesse de l'amour et de sa décrépitude. Ce n'est pas assez pour lui de la tristesse indescriptible qui
s'échappe de cette belle vieille femme affaissée dans son fauteuil, aux
mains frileuses cachées sous la ouate de ses longues manches ; vivante
oubliée sur la terre à son âtre solitaire, seule avec elle-même, se rappelant que c'est le jour de la Sainte-Madeleine, un jour qui a été longtemps
le jour de sa fête. Dans la fin des femmes de plaisir, son crayon va au
hideux, à l'horrible, aux clavicules décharnées, aux bouches édentées,
aux têtes emmitouflées de madras et de marmottes, aux tignasses dépeignées, à la pourriture du vieux luxe fané, aux volants en loques, à
l'abjection du haillon. Il fait défiler devant vous toutes ces industrielles
de la mendicité, ces marchandes d'allumettes, ces marchandes de gâteaux
de Nanterre, et ces balayeuses, ces créatures lamentables qui ne sont
plus des femmes et semblent avoir perdu leur sexe au fond de leur misère,
et encore ces silhouettes effrayantes d'ivrognesses accroupies sur la
paille de la Salpêtrière, avec les barreaux d'un cabanon derrière elles.

Enfin, une dernière planche est une planche qui fait peur. Imaginez,
contre un mur de maison de campagne habillée de verdure, une jeune
mère, dans le plein bonheur de la maternité, donnant le sein à un nour-
risson, ayant entre ses jambes, accoudé sur un de ses genoux, un beau
petit garçon. Devant elle se dresse, mettant son ombre sur le mur
ensoleillé, le spectre d'une vieille épouvantable qui cache une tête de
mort sous un voile noir ramassé dans le ruisseau, avec une robe en
lambeaux, collant à sa maigreur comme le linceul au cadavre ; et il sort
de cette espèce de morte ambulante une voix creuse qui dit à la mère :

« Au nom de ces amours-là, qui consoleront votre vieillesse, Madame,
ayez pitié de moi ! »

CIX

Parmi les séries de *Paris*, il en est une intéressante en ce qu'elle est
une confession au public de la répugnance de Gavarni pour la démagogie,
l'introduction de la blouse, du bourgeron, de la casaque de laine dans les

affaires publiques, en un mot, l'immixtion du populaire dans la politique.

Ces idées de l'homme, chez l'artiste, ne dataient pas de 1848 ; elles remontaient plus haut, elles appartenaient à sa jeunesse, et, dès 1839, dans *le Figaro*, sa légende, au premier début de sa pensée philosophique, commençait la moquerie des *politiqueurs ;* son dessin opposait déjà sur les bancs de jardins publics, le dos à dos ennemi des gens lisant des journaux d'opinions différentes. Plus tard la haine de Gavarni remontait du politiqueur à la Presse, qu'il appelait le *sacerdoce au copahu ;* au journal, qu'il accusait de tout le mal et de toutes les erreurs du monde, depuis sa fatale invention ; remontait même à l'*imprimé,* qui était, pour lui, le grand instrument de diffusion du mensonge, et, en souriant, il finissait par demander qu'on guillotinât la statue de Gutenberg.

Il fallait entendre ces colères pleines de verve et d'une parole si colorée contre les exploiteurs de démocratie, les avocats des classes ouvrières, les Polonais de la France, les *aimeurs* de peuples, comme il les appelait. Notons en passant que les deux grands peintres de mœurs du dix-neuvième siècle, Balzac et Gavarni, ont été des tempéraments antilibéraux, antiégalitaires. La révolution de 1848 avait blessé Gavarni presque personnellement, et il ne se piquait pas d'être impartial pour ce changement de régime. « En 93, disait-il, on voulait tuer ; en 48, on voulait voler ! Les sincères, savez-vous qui ç'a été ? Les gens de juin... » Il répétait encore la phrase de Töpffer, définissant l'homme des doctrines révolutionnaires de Février : *L'homme, moins l'être moral,* « une définition admirable, ajoutait-il, qui m'a nettoyé toutes mes idées là-dessus ».

Cette *Histoire de politiquer* est avant tout un pamphlet politique et une profession de foi de celui qui a trouvé, pour exprimer son mépris de l'esprit public, cette formule : « Ce qu'on appelle esprit public est la bêtise de chacun multipliée par la bêtise de tout le monde ».

Gavarni, dans cette série, nous amuse de toutes les inepties, de tous les non-sens, de tous les quiproquos, de tous les raisonnements saugrenus qui sortent de la conversation politique et de l'ignorance. Il nous fait rire de ces *truismes* du chauvinisme national, exaltés, au cabaret, par la bouteille et où une espèce d'artiste jette si drôlement au nez d'un bourgeois à parapluie :

« La Pologne, voyez-vous, ne vous pardonnera jamais votre ingratitude ! »

Plaisantes et ironiques images qui mènent à des planches vengeresses : le tribunat à la gargote, les empires discutés au marché aux herbes, les questions de ministères agitées chez le *mannezingue*, les éloquences sans orthographe au forum Mouffetard, les candidatures des charcutiers renouvelées de la comédie attique et bouffe d'Aristophane. — Comédie dans laquelle la comédie moderne de Gavarni introduit un Louis XIV qui dit, au dix-neuvième siècle, du haut d'une borne : « L'État c'est moi ! » et étale longuement le stupide triomphe de la force brutale qui tue la discussion et la liberté de la pensée et de la parole, avec cet argument écrasant :

« Après ça, ç'ui qui n'adopt'ra pas mes manières de sentir, j'y couperai la figure et j'y mangerai le nez ! »

Qu'on ne croie pas pourtant que cet aristocrate de la politique fût injuste à l'ouvrier. Il n'était hostile qu'à l'ouvrier qui se faisait homme politique sans ouvrage. Plusieurs fois nous l'avons entendu nous dire : « Ces mandataires patentés du peuple ne sont pas du peuple, et ne savent pas l'ouvrier. Ils l'ont rencontré une fois par hasard au cabaret ou dans un mauvais lieu. Moi, je le sais, je le connais bien. J'ai été dans un atelier de mécaniciens... C'était aussi beau qu'on le dit, mais d'un aütre beau que celui que les républicains prêtent au peuple... Il y aurait de curieuses choses à faire là-dessus. J'ai essayé de rendre un peu du beau que j'ai vu dans le *Premier de l'an de l'ouvrier*[1]. »

CX

Dans cette série, arrêtons-nous au premier dizain de *Vireloque*, une création aimée, caressée, longtemps couvée et rêvée, étudiée à la fois par les deux côtés d'un type, le côté plastique et le côté moral : l'historique, pour ainsi dire, d'un personnage d'invention auquel Gavarni

---

1. Grande lithographie en largeur, tirée à très petit nombre d'épreuves ; a été reportée sur bois, et publiée dans l'*Illustrated London*. — Dans le même format, un format supérieur à la grandeur ordinaire de ses lithographies, citons : les deux planches des *Marchandes* et des *Forts de la Halle*, exécutées d'un crayon si roulant.

voulait donner la réalité humaine d'une vie vécue. C'est un long travail
dans la tête du créateur pour dégager ce grand bonhomme cynique et
désolé, l'Errant des chemins et des routes, le Diogène contemporain.

Il lui veut d'abord un nom, un nom parlant, un baptême qui le
marque et le signifie ; un moment, il s'arrête à celui de *Pollorchon*,
mais ce nom ne le satisfait pas. Il cherche longtemps et se décide pour
ce mot composé, bizarre, sonore de misère, l'Homme-loque, *Vireloque*.
Une fois nommé, pour se le faire à lui-même plus existant, il lui compose
un passé qu'il nous racontait. Vireloque ne sort pas d'un bagne ; c'est un
philosophe du pavé et du ruisseau, tourné à l'agreste, mais essentiel-
lement parisien.

Il naît dans une des rues ouvrières et antiques, à la façon de celle
où était né Gavarni lui-même, dans la rue de Cléry, toute occupée
par des tourneurs de bâtons de chaises, et où l'exhaussement, empêchant
la circulation des voitures, mettait un silence solitaire. Il grandit à
côté d'un cordonnier qui faisait des bottes de postillon, au fond d'une
boutique d'herboristerie, enterrée dans le noir et l'ombre de la saillie
de piliers de halles où séchaient, accrochés, des paquets d'herbes médi-
cinales[1] . Puis de la misère, de la misère mûrissant, acérant, élevant,
chez le vieux vagabond sceptique, l'ironie du gamin de Paris à la puissance d'une éloquence amère et d'une sagesse ensauvagée.

L'artiste tourna et retourna aussi, par de nombreuses et patientes
études, l'image presque animale de cette physionomie, en essayant d'en
prendre les rudiments en dehors de l'espèce humaine et des lignes de
l'homme. Son ami Chandellier nous avait dit l'avoir vu faire des études
de singes. Nous retrouvons ces premiers croquis dans les cartons de
Pierre Gavarni, des esquisses au fusain, jetées en quatre coups, presque
envolées du papier jaune, où il s'était efforcé de saisir, pour le masque
de son type, les dessous de bestialité, le museau du babouin, la distance sensuelle du nez à la bouche, les pinceaux de moustaches sur les
lèvres lippues, informulées, pendantes. Parmi ces tâtonnements, une
feuille est très curieuse. C'est un pur profil de singe, auquel, après l'achè-
vement du dessin, Gavarni a ajouté, d'un petit rond de crayon, un rien

---

1. Voici, dans un de ses livres, mêlés de mathématiques et de pensées, une note sur Vireloque : — *Les Raisons de Thomas Vireloque :* — *And you what, which are you ? A man, mylord.*
— *Et Thomas Vireloque, quel homme est-ce ?* — *Un homme, seigneur public ;* — *il a été marchand, joueur de flûte, rempailleur de chaises, et quelque peu diplomate... Il herborise.*

25

de nez : Vireloque commence là. Mais encore que de remaniements, que
d'ajoutes à cette ébauche primitive d'être, pour arriver à la figuration
complète, à l'absolu du monstre qu'il imagine ! Enfin le voici trouvé,
achevé, fini. Sa face osseuse et carrée sort de cheveux et de barbe en
broussaille, d'un effiloquement de poils hérissés, avec une bouche de
singe, un crâne à la Socrate, un front où sont relevées les robustes
lunettes d'un Mathieu Læensberg de village, un gros œil ouvert, l'autre
crevé et fermé, — de nez presque pas, — « un nez, disait Gavarni, est
un accident et pas un caractère ». Il a, sur la tête, une sorte de casque
de laine pareil au bonnet phrygien d'un chiffonnier. Le manteau d'une
grande loque, trouée et déchirée à des ronces, lui retombe des deux
épaules. Le bout d'une faucille sort de la ceinture de son pantalon de
toile à matelas. Au dos lui bat une charpagne d'où s'échappent des
herbages et les glanes des champs. Pour bâton, il a un petit arbre
déraciné sur lequel il appuie la paume de sa main droite ; et il marche
à vous avec ses tibias maigres et ses chevilles noueuses et ses pieds
nus, chaussés à cru de ces galoches avachies et sans forme, jetées sur
un fumier de campagne, où les ramasse la Pauvreté qui passe[1].

Le voici qui entre en scène, le Thomas Vireloque de Gavarni, le
voici avec sa langue peuple, sa syntaxe canaille, son juron : *Misère-et-
corde !* Il est crûment jovial, et l'hiatus de sa bouche semble baver de
l'ironie. Il va, promenant sa gouailleuse misanthropie nomade sur les
choses et sur les créatures, bafouant la femme du haut de sa vieillesse
sordide et qui le met hors l'amour, ridiculisant la petitesse de Sa Grandeur l'Homme, ridiculisant tout ce qui est progrès ici-bas : progrès de
science, progrès d'amélioration, progrès de bonheur, progrès de vérité ;
dépouillant les grands mots de leur hypocrisie et de leur charlatanisme,
athée de toutes les croyances nouvelles et de toutes les religions modernes, et semblant, sur le tas de pierres de démolition où il est assis,
tracer avec son bâton, par terre, l'effrayant *Nada* qu'écrit, dans l'eau-
forte de Goya, le terrible revenant du néant de la tombe !

Écoutez ses « Propos » au bas des planches. Ici, accoudé à une palis-
sade de chemin de barrière, rêveur, rongeant ses ongles, il laisse tomber
sur un pochard écroulé et dont l'ivresse ronfle en tenant encore entre
ses bras, comme une maîtresse, une bouteille vide :

---

1. Nous écrivons ceci devant l'aquarelle gouachée de ce Vireloque que nous possédons.

« Sa Majesté le roi des animaux ! »

Là, quelle tête aux crocs colères, quelle insolence de silence devant la prédication d'un long utopiste maigre dans un grand manteau noir !

Est-il philosophiquement content à cette contemplation de ce spectacle dont il semble se repaître : deux hommes du peuple qui s'assomment contre un mur de cabaret sur lequel on lit : *Au Rendez-vous de la fraternité !*

D'autres fois, vautré en pleine nature, le ventre dans l'herbe fraîche, les deux poings aux joues, les deux coudes sur les menteries d'un journal, regardant l'eau couler devant lui, il lui échappe :

« La jeune Europe... une jeunesse de soixante ans... et fatiguée ! »

La rencontre d'écoliers, en repos de promenade, assis en manches de chemise sur un tertre montant, l'improvise professeur, et voici sa brève leçon, qui fait retourner le *pion* troublé dans sa muette lecture :

« L'histoire ancienne, mes agneaux, c'est mangeux et mangés ; blagueux et blagués, c'est la nouvelle. »

Et tout le long, c'est verve pareille, des légendes énergiques et concrètes, des traits, des mots frappés au coin, jetés dans la matrice des mots immortels. Voulez-vous de la morale du satirique ? Prenez la planche où, surgissant au haut d'un vieux mur en ruine, il jette, comme d'une tribune, à la cruauté de grands voyous s'amusant à torturer l'agonie d'un rat pris au piège :

« Misère-et-corde ! Faut pas chagriner ces petits mondes-là ; des animaux comme nous autres... ça se dévore entre soi. »

Écoutez-le encore : inventions, découvertes, industries, les avancements de la civilisation, les orgueils du dix-neuvième siècle, le mendiant champêtre les soufflette comme il soufflette la vapeur et le télégraphe, appuyé à un poteau télégraphique contre la barrière d'une voie ferrée :

« Y avait la parole, y a eu l'imprimerie : misère-et-corde ! ne manquait plus que ce fil-fer du diable à la menterie humaine pour vous arriver de longueur aussi roide qu'un tonnerre ! »

Œuvre véritablement magistrale, haute et forte, où l'inspiration de Gavarni ,vieillie, grandie, mûrie par la cruelle expérience, s'éleva au-dessus du joli et du pimpant, du *spirituel* de ses œuvres premières et jeunes, de ses fines études du plus fin de la femme, de ses bamboches de carnaval, de la lanterne magique amusante des mœurs de Paris, —

de la *vie de garçon*, pour ainsi dire, de son talent. Ici, le maître monte plus haut que l'esprit, la grâce et l'élégance. L'artiste passe penseur.

En cette misérable figure du nomade en marche, il incarne comme un Juif errant du Doute moral et de la Désolation moderne, promenant ici-bas, sur son chemin, le sarcasme sinistre, universel et suprême.

Gavarni a atteint là comme à une imagerie morale et vengeresse que déroulerait le génie d'un Holbein au dix-neuvième siècle dans la patrie de Robert Macaire. Et lui aussi fait là sa Danse des Morts, remplaçant la camarde du vieux maître allemand par ce Vireloque camard, cette silhouette macabre en laquelle on croirait voir le fossoyeur de toutes les illusions terrestres et de tous les mensonges sociaux.

Malheureusement, l'œuvre, il faut le dire, dépassait le niveau du moment. Son sérieux triste, sa mélancolie concentrée, blessaient presque l'opinion, qui ne voulait toujours voir en Gavarni que le peintre des *Débardeurs*. L'auteur des *Propos de Thomas Vireloque* s'arrêtait devant l'indifférence du public, alors que cette œuvre n'était pour lui qu'à son commencement, et que son cerveau la rêvait avec un développement, où il aurait versé sur mille choses l'originalité crue de sa manière de penser. Et parmi beaucoup d'idées qui devaient trouver leur formule dessinée dans la suite de *Vireloque*, nous nous rappelons celle-ci, dont il nous parlait un soir : « J'aurais voulu dire que, de même que la gale, maladie dont on a été longtemps à connaître la cause, vient d'un petit *acarus* qui est dans le bubon, tout bubon révolutionnaire vient d'un *acarus* qui est un journal. »

Avec ce Vireloque, il avait eu aussi l'ambition de faire la guerre au prêtre. On peut voir de ce projet comme l'annonce et la menace dans la dernière planche des deux séries qui seules parurent, et au bas de laquelle on lit : — Quand le Figaro se fait vieux, il se fait Basile ! « C'est une belle chose à dire, nous disait-il, mais c'est bien difficile. Il ne faut pas avoir l'air d'être de la bande des abolitionnistes et des aboyeurs. Et puis, je trouverais indigne de moi d'attaquer le prêtre de côté. »

L'œuvre abandonnée, sa mémoire y revenait souvent, comme à sa conception préférée. En 1856, il y eut entre lui et Hostein des pourparlers pour une pièce portant le titre de *Thomas Vireloque*, qu'il eût voulu voir jouer par le talent de Paulin Ménier.

CXI

Au mois de juillet 1852, sur la proposition du comte de Nieuwerkerke, Gavarni était décoré, et la proclamation de son nom, dans la séance solennelle du Louvre, était saluée par une double salve d'applaudissements.

Comme toutes les choses d'ici-bas qui se sont fait trop attendre, la croix laissa Gavarni assez indifférent, et, quand nous allions lui faire notre compliment, il nous disait, avec un sourire désenchanté : « J'ai désiré très vivement la croix quand je portais des habits ; mais maintenant... » Et il indiquait, de l'œil, la blouse bleue qui l'habillait alors dans son jardin[1].

CXII

En ce temps, que de soirées passées avec Gavarni dans le tête-à-tête, où, après le dîner, se redressant, se relevant de la fatigue des laborieuses heures de sa journée, et comme éveillé et renaissant à la lumière de la lampe, les coudes sur la table portant les grogs chauds, il s'égayait, plaisantait doucement, aimablement, familièrement, avec de l'esprit à la bonne franquette, une espèce d'expansion joyeuse et cordiale, une ouverture de ses idées rieuses et badinantes ! Un jeu, une récréation qui durait une heure ou deux. Puis, la nuit s'avançant, avec les heures plus profondément silencieuses, ses pensées s'élevaient, montaient, s'élargissaient, dévoilant et révélant un Gavarni inconnu à ceux qui n'ont pas vécu dans son intimité nocturne, et sa parole, à l'heure où nous entendions rouler la dernière gondole de Versailles, malgré la perspective d'un retour à pied par la route alors sans réverbères, sa parole nous retenait avec ces silhouettes, ces portraits de gens, ces aphorismes, ces paradoxes, ces croquis tracés avec des mots vifs,

---

1. Sainte-Beuve raconte que Gavarni se trouvant dans le cabinet de M. Cavé, directeur des Beaux-Arts, celui-ci lui demanda s'il lui serait agréable d'avoir la croix, et sur sa réponse affirmative : « Eh bien, voilà de l'encre et du papier, écrivez votre demande. — Hein ! fit Gavarni, s'il faut la demander soi-même, je ne l'aurai jamais. »

l'originalité et la fantaisie de ses jugements, l'éloquence de son inspiration de minuit.

Il disait de Lamennais :

« M. de Lamennais, un homme qui a fait retentir une voix creuse à propos de choses vagues. »

Il disait d'Eugène Sue :

« Sue, c'est l'homme du mal. Il n'est admirable que dans la peinture de la méchanceté des méchants. Sue me fait l'effet d'un enfant qui crève les yeux à un pierrot. »

Il disait de Proudhon :

« Ce qu'il y a de remarquable chez lui, c'est la netteté du dire et l'obscurité de la pensée. » Un autre jour, s'élevant contre la diatribe du philosophe sur la femme, il disait : « Il y a une femme coquette, bête, insupportable, vide, creuse : c'est la jeune fille ; il y a un être grand, beau, dévoué : c'est cette jeune fille devenue mère. Il y aurait une pièce de théâtre superbe à faire de cette transfiguration et de cette antithèse. »

Il disait de Delaroche :

« Jeune, j'ai eu une grande admiration pour Delaroche. J'avais été empoigné par sa *Jane Grey*, lorsque quelqu'un qui avait l'habitude de faire tenir une idée dans un mot, me dit : « — Plus vous regarderez ceci, plus ça vous embêtera »; et, me faisant retourner vers *la Défaite des Cimbres* de Decamps : « — Plus vous regarderez ça, plus ça vous amusera. »

Decamps était le seul grand peintre moderne que reconnaissait Gavarni.

Il disait de Delacroix :

« C'est un homme qui a tout donné au *lâché* dans l'Art, et je trouve que le *lâché* a été ingrat pour lui [1]. »

C'était le soir d'un jour où il avait été à la grande Exposition de

---

1. Quelques amis de la mémoire de M. Delacroix nous en veulent un peu de la sévérité de Gavarni sur son contemporain. Nous n'avons qu'une excuse à leur offrir. Pour Balzac, qu'en notre par dedans nous regardons comme le grand maître de la littérature de ce siècle, nous avons donné le jugement de Gavarni, bien autrement dur, bien autrement injuste. Notre opinion est que le biographe n'a pas le droit de se substituer à l'homme qu'il raconte, et que le biographe ne *fait ressemblant* qu'à la condition de donner tout l'homme, même avec les lacunes et les intermittences de perception et de clairvoyance qu'il y a dans tout être humain, quelque doué qu'il soit.

1855, et, se laissant aller à témoigner son mépris pour les modernes,
en même temps que son admiration pour les anciens, il disait :

« C'est du barbouillage de paravent... Ça tient du torche-c... et du
papier de tenture... Puis là-dessus, les gens qui viennent parler au
bourgeois du *supernaturalisme de ça*... Nous sommes vraiment dans le
Bas-Empire du verbe, dans le pataugement de la parole. »

Il disait à propos du progrès amené par les découvertes de la science
moderne :

« A quoi sert la vapeur, le chemin de fer à l'homme, si vous avez
décuplé chez lui le besoin de la vitesse ? »

Il disait de la philanthropie :

« La philanthropie, qu'est-ce ? On aime un homme, on aime des
hommes, — aime-t-on l'homme ? — Qu'est-ce que l'homme, considéré
comme le sujet d'une affection ? »

Il disait des femmes :

« Voyez comme elles sont faites. — Pas de pensées, — le crâne
étroit, — mais le sein sur le cœur, et toute cette chair sur les sens. —
On voit que cet être est arrangé pour être pris avec les mains. — Elle
ne pense pas, elle rêve ; — elle ne parle pas, elle chante. . . . .
. . . . »

Il disait de la prestidigitation :

« Un art charmant, qui apprend inutilement ce que vaut le sens
commun et ce que pèse l'évidence. »

Et combien d'autres idées perdues, oubliées, restées incomplètes
et mal formulées dans notre mémoire, et dont nous sommes heureux
de retrouver deux ou trois sur ses livres et ses journaux, dans leur rédaction absolue !

Les voici :

*— A toute époque, les grandes et belles idées sont le fruit de la minorité.
Les préjugés sont les idées de tous ; toutes les vérités naissent isolément et
sont toujours des paradoxes.*

*— Ce qu'on appelle un savant est celui qui sait mieux qu'un autre
combien on ignore, et qui, se haussant avec effort des bas-fonds de notre
ignorance, a pu apercevoir, au-dessus des plus simples questions, ce qui
borne les choses autour de nous : les vastes et* désespérants horizons de
l'inconnu.

— L'humanité, un amas de choses sales et gluantes, de liquides puants, suspendus à un échalas dans un sac de peau trouée; — au point de vue analytique, une complication d'agencements mécaniques qui se passent entre des engins solides et des fluides imparfaits, dans laquelle l'hydrostatique, mêlée à la dynamique, perdent leur latin.

CXIII

Nous regardant comme des exécuteurs testamentaires chargés de publier fidèlement ce qui était la pensée du philosophe, nous devons déclarer que Gavarni était anticatholique, athée et matérialiste. Il n'en faisait pas profession, mais ne s'en cachait pas non plus. Dans le catholicisme, que son scepticisme carré rejetait absolument, l'homme était choqué et blessé presque personnellement par deux choses qui revenaient souvent dans sa conversation : c'était le Paradis, ou la prime donnée à une bonne action. Il disait : « Je fais le bien parce qu'il y a un grand seigneur qui me paye cela, et ce grand seigneur est le plaisir de bien faire ». L'autre chose qui lui faisait horreur, c'était le pardon accordé au plus grand criminel pour quelques secondes de repentir. Il trouvait abominable le baiser donné par le prêtre sur l'échafaud au parricide, condamné par la justice humaine, et, en même temps, lavé, excusé, gracié là-haut. Du reste, il n'était pas plus porté pour Luther ou pour tout autre faiseur ou défaiseur de religion, qu'il appelait des *escompteurs de ciel.* Dieu était pour lui une création de l'enfance du monde, une invention très mal faite. Il disait que chaque jour mangeait du Dieu, que déjà le tonnerre de Jupiter avait été mis en bouteille de Leyde, et qu'enfin, à toute nouvelle découverte, le grand Etre perdait sur la terre de son importance et de son prestige, répétant que « plus la Science engraisse, plus l'idée de Dieu maigrit ». Quant à l'existence de l'âme, il n'y avait aucune confiance. Un jour, dans un dîner, quelqu'un, à propos d'une discussion sur les esprits et les apparitions de Hume, s'étant tourné vers Gavarni, en jetant à la table : « Tous ici, nous croyons à l'âme, n'est-ce pas, messieurs ?... » Gavarni répondit, de la voix douce avec laquelle il avait l'habitude d'affirmer ses convictions : « Pour moi, je n'y crois pas pour deux sous... »

La fin humaine lui semblait une dissolution de la matière corporelle.
Sa seule foi était la croyance au néant ; et la mort, la Mort, il l'appelait,
il la résumait dans cette grande formule de savant : *la fin de l'effet
chimique.*

CXIV

« Et comment vont vos affaires ? disions-nous un jour à Gavarni.
— Mes enfants, mais je n'en sais rien ; j'ai toujours une intégrale
au travers du corps. »
Ce fut sa réponse, et, après avoir jeté quelques chiffres sur une feuille
de papier à cigarettes, il reprit : « Quand les femmes vont quelque part,
elles apportent des machines pour travailler, faire un bout de tapisserie,
du crochet, etc. Eh bien, moi, j'ai inventé une petite mécanique pour
trouver des intégrales, que je porte toujours avec moi ; c'est très
commode : je me promène, je sors de chez vous... crac ! Je trouve une
intégrale... et c'est une jolie chose — fit-il, moitié sérieux, moitié
souriant — qu'un homme qui a une jolie collection d'intégrales... On
ne sait pas : ça peut se vendre très cher... après sa mort... » Et il nous
racontait que, autrefois, dans les circonstances les plus *embêtantes* de sa
vie, dans le mal de mer, par exemple, couché et inerte sur un paquet de
cordes[1], ou bien, parmi ces stations sur le chemin de Clichy, dans
l'attente à une table de mauvais café, pendant que le garde du commerce
montait demander un délai à un créancier, il se donnait une espèce
d'oubli de l'ennui du moment par un entier attachement de sa pensée
à des problèmes mathématiques...
« Ah ! voyez-vous, la recherche, c'est une fière monomanie !... Maintenant, quand je ferai une lithographie de plus ou de moins, ça ne fera
pas grand'chose, n'est-ce pas ?... au lieu que s'il y avait le théorème
Gavarni... Hein ? ce serait gentil ?... » C'est ainsi que la passion à
laquelle il avait goûté dès l'enfance, par son éducation professionnelle
et son étude des choses de la mécanique, cette passion qui avait toujours

---

1. Nous trouvons, en effet, sur un calepin d'Angleterre avec cette note : « En mer, la veille,
le 7, pendant le mal de mer », un travail sur la déformation de deux sphères, l'une dans l'autre,
par les rayons.

eu un peu du temps et de la pensée de l'homme fait, et qui, sous le ciel des brouillards de l'Angleterre, dans l'inclémence de son sort là-bas, était devenue peut-être comme sa nouvelle manière d'oubli, l'opium de ses tristesses dans *Rose-Mary Lane*, « la Mathématique », comme il l'appelait, repoussée, écartée de lui par le travail forcé et à heure fixe du journal *Paris*, le reprenait tous les jours davantage, empiétant, comme une maîtresse jalouse et toujours plus envahissante, plus impérieuse, sur l'art de l'artiste.

CXV

Nous sommes tout à fait incompétents pour donner un jugement sur ce que la conversation de Gavarni dévoilait de ses recherches et de ses travaux, incapables d'en pouvoir apprécier la valeur ou le rien. Mais nous devons l'avouer, quand il parlait de sa chère « Mathématique », de la *musique des nombres*, ainsi qu'il l'avait baptisée, il séduisait les ignorants comme nous par la couleur, la poésie, l'élévation de ses formules et de ses hypothèses. C'étaient, si vous le voulez, des variations brillantes sur la science, des fantaisies dans le domaine des abstractions, des divagations mathématiques, avec lesquelles il vous dupait peut-être ; mais l'on restait charmé par l'originalité du *dire*. Du reste, nous ne pouvons mieux faire, pour mettre le lecteur à même d'en juger, que de lui donner cette page d'un de ses journaux :

L'Infini ! — ah ! — enfant qui veux jeter une pierre au ciel, vois retomber la pierre... c'est une leçon de la réalité !

Les plus longues de vos lignes droites réelles ne sont que des petits arcs du méridien. — Toujours ! eh ! pauvre homme ! Combien de jours saurais-tu marcher avec tes pieds sur un plan ? — tu réponds : Au moins si ma vie est attachée à la sphéricité de la terre, c'est par un rayon ; ligne droite, — abstraction, pauvre homme ! tu oublies le mouvement du centre et que la pesanteur de ton être est elle-même une humble courbe, assez compliquée. — L'homme, avec sa vue courte, ne sait pas même voir en ligne droite, — à preuve : le soleil. Il a juré pendant longtemps que le soleil tournait : — maintenant, sur la foi d'un grand homme, qu'il avait emprisonné pour crime de lèse-mouvement de soleil, il avoue que ce soleil est un globe immuable. — Est-ce que les lapins de la basse-cour ont jamais osé penser que la boule d'or fichée au toit de la maison de campagne pouvait remuer le moins du monde !

Oui, mais la géométrie vient vous dire : Mais vos cercles ont des diamètres et des rayons ! (Faut de la géométrie, pas trop n'en faut.)

— Oui, des rayons, au moins imaginaires.— Comment ! la mesure ! une mesure est un chiffre et non une chose. — Une distance de cent toises ne prouve pas une ligne droite réelle de cent toises. — La ligne droite est définie : le plus court chemin d'un point à un autre ; qu'est-ce que le plus court chemin d'un point à un autre ? Tout simplement *l'arc du plus grand rayon possible passant par ces deux points, — et voici toute une géométrie possible sans lignes droites, et la géométrie n'a jamais su la définir autrement ni la mieux définir. — La ligne droite n'est qu'une abstraction utile aux spéculations géométriques, et, de ce que la ligne droite peut entrer comme élément dans des calculs dont la solution touche à une réalité, il ne s'ensuit pas que la ligne droite soit une réalité, — pas plus que π, pas plus que les quantités incommensurables.*

Peut-être est-il une loi dans la nature des choses vivantes et réelles de ce monde qui attache toute force, tout mouvement à la nature des courbes, — et des courbes fermes. — L'idée d'une semblable loi suffit à l'explication de l'infini, c'est-à-dire à l'explication d'une continuité *infinie des espaces réels ; — il importe peu alors que, dans des réalités circulaires ou sphériques, des sécantes imaginaires fussent aventurées par la pensée au delà des circonférences et des surfaces.*

Réalisons, autant que possible, cette pensée de l'infini de dimension, dimension de quoi ? — du monde réel, — comme solide, dimension en longueur, largeur et profondeur ! — S'agit-il de mesurer l'univers ou de le parcourir ? *S'il s'agit de le mesurer, il importe peu que les dimensions aient des bornes ; — les mesures, les longueurs, les chiffres n'étant que des abstractions, n'étant rien, il n'est pas question de s'embarrasser de ce qui peut être au delà de rien. — S'il s'agit d'une spéculation réelle, c'est-à-dire du voyage d'un atome ou d'une agglomération d'atomes, sous forme de pierre, par exemple, de moucheron ou d'homme, dans les espaces du monde ? — Qu'importe encore ce qui pourrait être au delà de la possibilité du voyage, au delà de la possibilité de l'appréciation réelle ? — Ce qui est au delà de l'orbite de la terre n'existe pas pour la terre ; — il en est de*

*même pour le soleil, si le soleil a une orbite. — L'homme peut parcourir
indéfiniment la terre, sphère bornée, mais surface* infinie. *— Tout cercle
est infini.* Le solide infini, qui est l'univers, est une sphère qui a pour
rayon sa réalité, *— une sphère dont le rayon résume d'une façon quelconque la somme ou la combinaison de toutes les possibilités du mouvement
et de la durée combinés. — Comment ? Cherchez. — Solide qui peut ainsi,
tout en offrant des espaces infinis au parcours des êtres, être lui-même
parfaitement fini et borné pour le calcul.*

*On a dit : L'univers est une sphère dont le centre est partout et la cir-
conférence nulle part. — Le centre est partout où l'être est possible, partout
sur la voie des êtres, mais des êtres qui ne peuvent peut-être pas suivre le
rayon, mais cheminer par des sphères dont le rayon est le diamètre. —
Comment la loi du mouvement est-elle attachée aux surfaces de ces sphères ?
Cherchez !*

*Qu'est-ce que la ligne droite ? — une ligne finie. — Pourquoi ? parce
qu'elle est bornée par deux points. — Fermez la ligne droite en la cour-
bant sur elle-même, confondez les deux points, c'est la circonférence du
cercle, —* ligne bornée par un point, *— infinité de longueur.*

*Nous voici au cercle, surface bornée par une infinité de points. Courbez
les diamètres en circonférences de cercles et confondez tous les points de
la première circonférence en un seul, — vous avez la surface de la sphère,
— surface bornée par un point, — infinité de longueur et de largeur.*

CXVI

Il ne faudrait pas, cependant, juger Gavarni d'après ces improvisations de la parole ou du journal intime, et ne voir en lui qu'un rêveur
à rêverie creuse, « un métaphysicien mathématique », comme l'appelait
l'Anglais. Ces accès de lyrisme et de paradoxes scientifiques, comme on
pourrait les appeler, ne sont pas tout son bagage scientifique : le grand
chercheur avait mené à leur fin de sérieux travaux, qui, si la mort n'eût
été si soudaine et si imprévue, allaient être publiés sous ce titre :
Cahiers de recherches.

1º *Théorie du travail des forces tournant sur leur point d'application,
aux corps d'ailleurs libres dans l'espace ;*

LE GIN

2° *Propriétés du segment*, ou *Trigonométrie mixtiligne*, — comprenant le calcul intégral et le différentiel, expliqués sans le secours de l'algèbre, et en géométrie générale, c'est-à-dire en admettant comme quelconque la fonction qui régit les variables ;

3° *Le Tour optique*. — Instrument à l'aide duquel les corps en mouvement sont visibles, quelles que soient leurs vitesses ;

4° *Le Trigonomètre*. — Discussion d'un solide tel que ses ordonnées sont la mesure des périmètres de tous les triangles imaginables, inscrits dans un cercle donné ;

5° *Microscope géométrique*. — Recherche sur la nature et la réalité des quantités dites infiniment petites ;

6° *Le Quartant*. — Nouvel engin simple en mécanique ;

7° *Parallélipipède liquide*. — Paradoxe hydrostatique ;

8° *De la transmission des quantités du mouvement entre les masses supposées absolument dures et rigides*. — Aperçu d'une loi nouvelle au point de vue de laquelle le choc, tel qu'il est discuté, peut être considéré comme le résultat ordinaire, mais non nécessaire, de la rencontre des corps.

Et ces travaux ont dès maintenant pour eux la recommandation et l'autorité que leur a données la communication faite par M. Bertrand, au nom de Gavarni, à l'Académie des sciences, et son insertion au *Bulletin*, établissant la parfaite et approfondie connaissance que l'artiste possédait des choses mathématiques.

Espérons que le temps est proche où un mathématicien étudiera ces travaux, étudiera tout le papier que Gavarni laisse couvert d'intégrales, et que la vérité sera faite un jour sur la valeur du savant.

CXVII

De l'inventeur, il est difficile d'estimer les découvertes encore enfouies dans ses papiers, et sur lesquelles il n'y a jamais eu qu'un faux ébruitement. On a cherché à le ridiculiser, en lui prêtant de prétendus travaux sur la direction des ballons. Jamais il ne s'est occupé des ballons, qu'il regardait simplement comme une idée ingénieuse, mais sans avenir. Il avait étudié pendant cinq ans, disait-il, ce qui était bien différent, la locomotion dans l'espace sans tenir compte du milieu, la locomotion

dans l'espace par le renversement d'une loi de Newton : la réaction est
égale et contraire à l'action. Même il lui arrivait de dire un jour, devant
nous, qu'il considérait si bien le ballon comme un obstacle, qu'il ne
voyait pas d'autre moyen de l'utiliser que de séparer, si cela n'était
pas impossible, la nacelle par une corde d'autant de lieues qu'il faudrait
pour que, le ballon restant relativement immobile, et la terre tournant,
la nacelle attendît l'endroit où elle voulait descendre ; à peu près,
ajoutait-il en riant, comme un ivrogne qui attend que sa maison passe
devant lui. Plusieurs fois, il nous a parlé d'un moyen qu'il cherchait
pour, sans arrêter un train lancé à toute vitesse, débarquer des voyageurs
et prendre du charbon.

En 1854, au moment du siège de Sébastopol, il affirmait avoir trouvé
un canon inenclouable, un tube qu'on chargerait avec deux boulets
ramés. Il était très souvent question, dans sa conversation, d'une nouvelle notation de la musique ; et, bien avant la publicité des journaux,
nous l'avions plusieurs fois trouvé s'occupant d'un appareil destiné à
mesurer les battements du cœur, une invention qui devait beaucoup
ressembler à l'instrument de la science connue maintenant sous le
nom de *cardiagraphe*. Il croyait, et, ici, nous redoutons une langue un
peu trop imagée, et qui fit souvent douter de ce qu'il pouvait y avoir
de réel dans ses découvertes, il croyait avoir découvert une force motrice
qui pourrait se débiter un jour chez les épiciers.

Au fond, dans le cours de ses recherches, ce n'était que par hasard
qu'il s'arrêtait quelque temps à quelque chose qui fût d'une utilité
humaine. Il se détournait de toute application pratique, pour s'enfoncer
dans la mathématique toute pure et toute idéale. Et, en juillet 1855,
à la sortie de l'Exposition universelle, il nous disait :

« C'est très beau, l'exposition des machines ; mais cela ne m'intéresse
pas, les mécaniques ne sont pas ma chose ; je cherche la loi des mécaniques. »

CXVIII

Dans ces années (1855-1858), l'atelier de Gavarni était une mansarde,
un petit refuge, sous le toit de sa maison, dont il avait abandonné les
grandes pièces froides du rez-de-chaussée, presque toujours fermées.

Une seule fenêtre éclairait la pièce. Une cheminée en marbre noir, sur laquelle était une pendule dans une boîte en acajou, restait l'hiver sans feu ; un poêle de fonte chauffait la pièce. Aux murs, sur le papier à fleurettes vertes, étaient fixés des plans imprimés ou décalqués du Palais-Royal pour un projet de remaniement et d'embellissement de ce palais qui l'occupa longtemps ; aux murs encore, des équerres, un thermomètre doré, reste de son opulence de la rue Saint-Georges, et une palette chargée de tons de gouache pareille à un bouquet de Diaz. De chaque côté de la porte, une bibliothèque en acajou, surmontée d'étagères aux rayons remplis d'ouvrages de mathématiques et de livres brochés d'amis. Des cartons, des paquets de lithographies, des piles de livres dans un désordre apparent, mais rangés pour lui, couvraient une table et un bureau sur lesquels, à portée de sa main, se trouvaient ses cahiers de mathématiques, un presse-papier fait avec le crâne de son chien Trilby, et son cachet portant en espagnol la devise fataliste : *Ce qui doit arriver ne peut manquer.*

La petite pièce était pleine de choses : il y avait encore, dans le fond, sous un lit de journaux, *Figaro*, *Illustration*, *Univers*, le petit divan en velours vert de son joli atelier du jardin, et un pupitre Tronchin, sur lequel était fiché avec des *punaises*, pour être sous ses regards, le plan de son jardin et de sa maison. C'est là que Gavarni vécut ses années les plus casanières et les plus occupées de rêves et de projets ; c'est là que nous trouvions l'artiste assis et à l'œuvre, au jour de la fenêtre, dans son grand fauteuil, avec sa longue redingote, son pantalon de molleton à pieds, un foulard lâche autour du cou, penché sur le chevalet, entre le panier brodé, souvenir de sa mère, et le petit guéridon chargé des grattoirs et des crayons de la lithographie, des tubes et des pinceaux de l'aquarelle.

Intérieur de dur labeur, où riaient parfois, un jeudi, aux yeux du père, les deux têtes des enfants réunis, son Jean et son Pierre : l'aîné, rose, les yeux bleus, avec un petit rire finaud ; le jeune, Pierre, avec la lumière de ses yeux de femme, et ses cils si longs, et ses cheveux qui étaient blonds alors.

Mais que de fois aussi nous le trouvions là, seul, absorbé, abîmé dans le travail et la pensée, le poêle de fonte éteint, le dîner oublié avec l'heure ! Nous nous rappelons ce soir où, à près de neuf heures, comme nous nous hasardions à lui dire timidement que nous commencions

à mourir de froid et de faim, il nous regarda, puis nous dit : « Voyez-
vous, c'est excellent pour travailler d'avoir froid aux pieds et d'avoir
faim. C'est tout le sang à la tête... un commencement de congestion.
Et le génie... Mais, mes petits, allons d'abord dîner... et à la cuisine,
où nous aurons plus chaud... »

CXIX

L'année 1857[1] débutait par un de ces coups de collier pareils à
celui que Gavarni avait déjà donné l'année du journal *Paris*. Le 8 avril,
il avait exécuté, depuis le 1er janvier, quatre-vingt seize planches : une
planche par jour, sauf deux jours. Et cela, en dehors de quelques aquarelles et de tentatives malheureuses d'eaux-fortes. Il s'était déjà plusieurs fois essayé à ce vif et spirituel moyen de reproduction, mais moins
souvent à l'eau-forte pure qu'au vernis mou, dont il avait, en Angleterre,
appris les procédés de Marvy. Dans le mois de décembre de l'année
précédente, il s'était épris d'un vrai goût pour la pure eau-forte, et il
avait commencé une série de petits portraits en pied d'illustrations
contemporaines. Nous avons encore sous les yeux un Balzac qui, sur le
cuivre, était un chef-d'œuvre de finesse, d'esprit. Malheureusement,
l'artiste qu'il avait chargé de les faire mordre, malgré sa science, son
expérience et son habileté, rata la morsure ; les planches furent à peu
près perdues. Gavarni n'eut pas le courage de les reprendre, et, dégoûté
de la cuisine et de la chimie de la chose, il renonçait définitivement à
l'eau-forte, à ce genre pour lequel semblait né l'artiste qui faisait ces
dessins à la plume, d'une plume si légère et si volante, si pittoresque-
ment griffonnante, et qui un jour, avec un cure-dent, traçait cette
tête ressentie et colorée, gravée par l'un de nous.

Des journées toutes remplies et toutes occupées jusqu'à la nuit,
et des soirées toutes renfermées et consacrées à la chère garde de son
bien-aimé fils Jean, des soirées passées à lui faire patiemment réciter
ses leçons d'anglais, à suivre, par-dessus un livre qu'il ne lisait pas, les

---

1. A la date de 1854, avait paru l'artistique album dans lequel Gavarni présentait au public
le remarquable talent musical de sa femme : *Illustrations des Mélodies de Mme Jeanne-
Gavarni*. Premier dizain. Paris, chez Martinet, imp. Lemercier.

jeux et les moindres mouvements de l'enfant, à jouir du bonheur calme de sa physionomie, à le couver de longues heures des yeux de sa tendresse : car sa paternité ressemblait à une passion amoureuse... Un jour, il nous avait dit :

« Vous savez, je dîne à la cloche... J'ai une pension chez moi... »

Pour ne pas être séparé de son enfant, pour l'avoir toujours près de lui, au lieu de l'envoyer à la pension, il avait pris l'original parti de faire venir la pension chez lui, et le vieux père du petit avec sa barbe grise dînait là, parmi les jeunes têtes des pensionnaires, en buvant comme eux dans la timbale d'argent du collège. Cette attache de Gavarni à son fils commençait à amener une retraite plus entière et plus austère de sa vie, ne tenant plus au monde que par un dîner de fondation où il se rencontrait, une fois par hasard, avec le vieil et toujours jeune Isabey, Labroue le bronzier, Duvelleroy l'éventailliste.

CXX

A cette heure de sa vie, un immense malheur, inattendu et soudain, accablait Gavarni. Jean, son fils adoré, lui était un jour ramené, de la cour du jardin où il jouait avec les petits de la pension, saignant d'une hémorragie que le médecin, appelé aussitôt, eut grand'peine à arrêter. Était-ce un coup, une chute ou une révolution intérieure dans cette organisation du petit être paresseux et apathique, au cerveau endormi et un peu lent ? Cela demeura un mystère. L'hémorragie revint, s'arrêta, puis l'enfant fut pris d'une fièvre muqueuse qui le mit dans le lit d'où il ne devait plus se relever, et où nous le voyons encore : un grand lit contre la fenêtre ouverte, par laquelle il pouvait voir en bas jouer ses camarades, — c'était juin et ses chaleurs, — une petite caisse de cerises sur sa couverture, ses grands yeux, encore agrandis et bleuis par la fièvre, ces pauvres yeux d'enfant malade qui vous reconnaissent, vous parlent, vous sourient comme deux petits martyrs, — la face d'une pâleur verte, — l'air d'un beau petit pâtre des Marais Pontins qui va mourir... A son chevet, la mère, belle comme une mère romaine, la figure jaune de veilles...

Quelques jours après la mort de son enfant, nous revîmes le père.

Nous le trouvâmes frappé en plein cœur, découragé de faire et de continuer à être.

« C'était ma seule raison d'être... M. Andral l'avait vu la veille et n'avait vu rien d'alarmant... Le matin, à un moment, il fixa ses yeux sur les miens, sans me voir, sans doute, mais avec des yeux grands comme je n'en ai jamais vu... la pupille était comme ça... » Et il nous en montra la mesure sur l'ongle de son pouce.

« Je lui pris la main ; elle commençait à être froide... L'expression de ses yeux était comme un grand étonnement... La main devint froide... C'était fini... J'ai voulu user ma douleur... Je ne suis pas sorti d'ici... je n'aurais jamais pu y rentrer. »

Après un silence :

« Ça ne fait rien ; c'est bête... je n'ai presque plus d'orgueil... j'ai eu beaucoup d'orgueil... et je n'ai plus du tout de vanité... Pour cet enfant... c'était une manie, une *toquade !*... J'avais toujours peur... Quand je revenais, en descendant de gondole, mes yeux se portaient aux fenêtres de suite... Je croyais toujours voir un accident, un attroupement, je ne sais quoi..., c'était une toquade !... Ah ! maintenant, ça a un bon côté : on peut crier, la maison peut brûler ; j'ai un : Qu'est-ce que ça me fait ?... qui est sublime... Je peux même me casser le cou... »

Et sa parole s'arrêta. Nous faisons un tour dans le jardin.

« Dites donc, Gavarni, c'est bien nu, là, entre les arbres ?

— Ah ! ça ... maintenant, qu'est-ce que vous voulez que j'en fasse ? C'était le jeu de ballon de mon enfant... »

Il nous avait dit, avant de descendre :

« Vous pensez bien, il faut que la pension s'en aille, à présent... J'ai dit à cet homme que, s'il voulait partir avant quinze jours, il n'y avait pas d'argent à me donner. »

CXXI

Nous dînions quelques mois après cette perte avec Gavarni, et nous étions frappés d'un singulier phénomène cérébral. Nous remarquions que sous le coup qui avait frappé Gavarni, sous l'immense chagrin qui pesait sur lui et qu'il ne pouvait secouer, sa pensée toujours très élevée,

quelquefois subtile, mais presque jamais nuageuse, se perdait maintenant dans de l'ambiguïté, de l'alambiquage, presque de l'ergotage et
de la scholastique de moyen âge. Elle vous fatiguait à la suivre dans
l'insaisissable d'un raisonnement pointu et d'une discussion qui som-
brait dans du creux, du vague, du faux, du captieux, dans quelque chose
qu'on aurait pu appeler le mysticisme du sophisme. Le fil de ses idées
et de ses paradoxes était d'une ténuité telle, qu'on craignait à tout
moment de le voir casser.

Nous nous rappelons encore, à ce dîner, une improvisation de Gavarni sur le catholicisme mélangé de la personne de M. Veuillot, qui fut
bien la thèse la plus étrange et la plus entortillée que nous ayons jamais
entendue. Ne croyez pas que M. Veuillot fût maltraité : le philosophe
matérialiste qu'était Gavarni avait la plus grande admiration, presque
du fanatisme, pour l'auteur du livre des *Libres Penseurs*. Il se réjouissait
de ses épithètes, de ces coups de massue du chrétien satirique donnés dans
une phrase écrasante. Car nous n'avons jamais vu un homme rendu plus
complètement et plus pleinement heureux que Gavarni par une chose
littéraire, une expression, un tour de phrase, une trouvaille de style.
Il en parlait, la répétait, la tournait et la retournait dans sa tête, lui souriant. Un joli mot était-il lancé à dîner ? on pouvait dire qu'il en dînait !

Et dans ce moment sévère et affligé de sa vie, les articles de *l'Univers*,
en le passionnant, le sortaient seuls de son abattement, de son apathie,
de son découragement de tout.

CXXII

Les mathématiques et son jardin, — voilà alors ses deux uniques
distractions. Son jardin, il le change, le retourne en tous sens, le plante,
le replante, le bâtit, le rebâtit, l'accidente, élève des ponts, creuse des
ravins, fait des rampes, des bassins, des escaliers de pierre, des places
maçonnées pour le hamac, érige une table monumentale pour un dîner
en plein air, construit de vraies chambres au bout d'une terrasse pour
être le logis de ses deux chiens, *Bastan* et *Montagne*. Il soutient d'un mur
de fortification le chemin pour aller à sa basse-cour future, et à la remise
qui abritera, une fois revenue du Limousin, sa calèche de voyage.

Toujours, dans ce jardin, des ouvriers, des terrassiers, des maçons, des jardiniers, exécutant de nouveaux tracés, de nouveaux plans, des percées, les changements imprévus et les variations de son goût qui lui faisaient dire avec une douce ironie souriante, après un remaniement : « Eh bien, c'est presque aussi bien qu'avant » ; — malgré cela ne s'arrêtant jamais, continuant à bouleverser le terrain, les massifs.

Il fallait entendre sur cette manie les désolations de son camarade, la *Grande*, chargée de la bourse et du budget du ménage, se plaignant de ce qu'il eût toujours et gardât deux, trois, quatre ouvriers, à cinq francs la journée chacun, dans ce jardin où il n'y avait plus rien à faire ; disant que c'était sa ruine, — et que ce n'était plus que pour cela maintenant qu'il travaillait. Gavarni était resté l'homme des premiers jours de son mariage, où, ayant invité du monde à dîner, la maîtresse de maison, fort embarrassée pour l'achat des provisions, voyait arriver pour quatre mille francs de tuyaux de plomb.

Enfin, le jardin était presque entièrement terminé et réalisé à son gré, — avec sa verdure brillante, ses espèces rares, ses arbres verts, ses variétés de houx, ses arbustes brillants, ses haies de rosiers libres et rendus à la sauvagerie, cette belle pierre blanche enguirlandée et mangée de lierre vivace, apparaissant à travers la feuillée comme des fragments d'architecture d'un jardin d'Italie. — Un jour, dans ce vallon, dans cette espèce de petite Provence toute verte, où menait une arcade de lierre soutenant une terrasse de cyprès, Gavarni, assis, avait laissé aller sa pensée à un arrangement intérieur de sa maison, à des bronzes, à une treille qui garnirait les murs de la salle à manger. Et un moment son imagination sautant le mur en face de lui, il nous parlait d'une des grandes envies de sa vie, du désir qu'il avait d'allonger sa propriété jusqu'à la Seine, d'acquérir l'immense champ possédé par un paysan millionnaire qui allait se promener en charrette le dimanche au bois de Boulogne, secoué sur sa chaise de paille ; quand, après un long regard qui embrassa son jardin, il laissa tout à coup échapper :

« Eh bien ! mes lapins, c'est fait, voilà, c'est fait... Et moi j'ai le dégoût et le détachement des choses faites... Il y a des gens qui font pour finir... Moi, c'est pour que ce soit fait... Je ne fais une chose qu'à cause de ses difficultés et parce qu'il est difficile de la faire... Je suis un réalisateur... Il existe des gens qui peignent les paysages ; moi, je m'amuse à faire des paysages en relief. Moi, quand c'est fait, l'intérêt

est fini... J'admire beaucoup la manie de cet homme qui achetait de grands morceaux de bois, puis faisait abattre beaucoup d'arbres, pour faire des points de vue... puis, le point de vue fait, s'en allait. »

Et le lendemain, le jardin fini, Gavarni le reprenait et le rechangeait encore.

Oui, le jardin de Gavarni fut sa ruine, mais il fut aussi son bonheur. Il ne faut pas demander à de grands artistes comme lui le bon sens bourgeois de la vie : laissons-leur au moins le droit d'un coin de folie, qui est le signe et la marque de tout génie.

CXXIII

Gavarni jetait aux étalages des livres d'étrennes. pour le premier jour de l'an 1859, *D'après Nature,* — quatre dizains qui ne tournent plus, ainsi que ses premières séries, autour d'une classe, mais encadrent une idée, et où il y a des modèles de grâce moderne comme la lithographie qui a pour légende :

« Il lui sera beaucoup pardonné, parce qu'elle a beaucoup dansé. »

Ces quarante planches étaient comme les adieux superbes de son Œuvre au public.

CXXIV

Mais sur le Gavarni de ce temps, sur l'homme et son esprit en l'année 1859, donnons ici quelques notes prises au courant de l'impression de la plume, et sur le moment : rien ne vaudra cela pour le peindre et le faire vivre devant le lecteur.

Vendredi 28 *janvier* 1859. — Gavarni tombe chez nous à la fin du dîner ; il n'a pas faim, il vient de déjeuner : il est sept heures. C'est bien lui, un esprit qui ne prend plus aucune jouissance par la guenille matérielle, qui n'a de chatouillement intime en ce moment, de récréation de son terrible labeur que quand il a la conversation d'un de ces gens qu'il appelle les *riches*, les hommes *pleins de faits*, comme Guys, Aussandon, etc.; les hommes dont la conversation lui apprend quelque chose. — Ne dîne-t-il pas dans ce moment-ci à la Poissonnerie anglaise, absolument parce que le maître du restaurant lui révèle les différents *trucs* avec lesquels les filous volent dans les cafés ?

Il nous dit que la géométrie devrait être la forme des choses dans l'espace ; il nous parle des choses qui, n'ayant que deux qualités comme la fièvre et la musique, l'intensité et le temps, marqués par un bâton montant et descendant sur un plan fixe, devraient écrire leur forme. Il est fatigué, il a couru tous ces temps-ci, il a vu tous les banquiers : Rothschild, Solar, etc..., à propos d'un emprunt de 50.000 francs qu'il voudrait faire sur sa maison du Point-du-Jour. Il a trouvé dans les banquiers, des banquiers... Ce qui lui est le plus pénible, c'est que le Crédit foncier, auquel il s'était adressé en dernier ressort, l'a dérangé un mois. Pas une amertume ; rien que le regret d'avoir été tiré de son travail ordinaire. Nous le reconduisons à la gondole, rue du Bouloi.

En passant rue Montesquieu, devant un magasin de confection :

« Tiens, je vas m'acheter un pantalon... »

On monte.

« Un pantalon chaud et foncé... »

On lui prend mesure.

« Je n'y entends rien, mais du tout... Il m'ira, vous croyez ?... Combien ?

— Vingt-six francs. »

Il paye et emporte sous son bras le pantalon.

Nous entrons dans le petit café borgne de la voiture. Nous causons d'un projet pour lui, d'un grand ouvrage d'illustration sur la cour impériale. Il nous dit : « Oui, oui, j'y ai souvent pensé... » Puis il reprend qu'il était question ces jours-ci de refaire un costume de la garde, quelque chose dans le genre des horse-guards.

« Il n'y avait que moi, et je ne leur aurais pas fait un costume d'opéra... Mais la paresse du corps m'envahit tout à fait, la paresse du corps, qui devient plus forte à mesure que ma pensée s'active...

— Monsieur Guillaume ? »

A cet appel du garçon, Gavarni se lève et nous serre la main. M. Guillaume, c'est le nom sous lequel on le connaît à la gondole.

28 *septembre* 1859. — On sonne. C'est Gavarni, que nous n'avons pas vu depuis deux mois. Il vient perdre sa fin de journée avec nous. De

tout ce temps, de ces deux mois, il n'a vu personne. Il a été un instant malade : « Oui, nous dit-il, j'ai été malade, car, pour moi, il n'y a d'autre mal que la crainte de la maladie, et je l'ai euc. Ç'a été une douleur au cœur, et le sang si fort à la tête que je craignais à tout moment de tomber. J'avais perdu le sentiment de la verticalité... Vous concevez, ce n'était pas drôle. » Mais le médecin l'a rassuré : ce n'était que rhumatismal.

Il n'a guère fait qu'une sortie pour aller acheter trois cents francs de plantes à l'Exposition d'horticulture. C'est sa grande passion ; « et enfin, dit-il, cela n'a aucun rapport avec mes idées, avec les mathématiques ». Pourtant, cette *chinoiserie*, comme il l'appelle, est si forte en lui, qu'il a été transporté par la lecture d'un catalogue d'un pépiniériste d'Angers, et qu'il songe, lui si casanier, à faire le voyage par amour d'une plante annoncée : le lierre *à feuilles de catalpa*.

Il nous parle de son jardin, des choses qu'il veut y amener, des nouveaux arbres qu'il y mettra, de son dégoût absolu de l'arbre caduc, de son projet de tout mettre en arbres verts et de tuer ses grands arbres avec du lierre qui montera dans leurs branches. Il médite une réhabilitation de l'arbre vert, un guide de l'amateur d'araucarias et de cyprès, sous le titre : *le Jardin vert ;* s'élevant contre le préjugé qui fait de l'arbre vert un arbre triste, nous citant son buisson ardent de houx, rouge de baies comme un sorbier.

Nous causons photographie et de la façon *demoiselle* dont se colorient les figures dans la chambre noire, du contraste complet avec la manière de sentir et de reproduire des peintres. Il nous dit qu'évidemment la peinture est une convention dont le triomphe est le style, c'est-à-dire « la tension de l'entendement vers l'idéalité ».

De là, la causerie va et saute à la femme. Selon lui, c'est l'homme qui a fait la femme, et qui lui a donné toutes ses poésies à lui. Dans le temps qu'il imaginait dans sa tête des caricatures fantastiques, il avait eu l'idée de celle-ci : *Un homme aimé ;* c'était une femme nouant ses bras autour du cou d'un homme qui la portait sur son dos...

Puis nous arrivons aux mathématiques, nous ne savons plus par quel zigzag. Ici, il ne mange plus, — car nous dînions, — sa voix devient amoureuse ; son œil, plus vif, prend de la fixité ; et, avec sa haute parole, il nous emporte comme dans des mondes de rêves et d'idées, où il fait jaillir, sous des mots, des éclairs qui nous montrent des sommets.

Il va publier bientôt un premier cahier de ses recherches mathématiques sur le *mouvement* et la *vitesse*... Mais il y a pour lui une difficulté personnelle à se faire accepter, à se faire lire. Car sur de telles choses, il faut qu'il compte avec les préjugés du public, les préventions des savants, pour lesquels il n'est que le peintre des *Débardeurs*. Il est obligé par là à une défiance de toute poésie : « Il faut s'astreindre à écrire cela comme un maître d'école de village ». Il faut aussi commencer par des choses qui ne renversent personne, et ne venir qu'après aux grandes révolutions, à celle qu'il veut tenter contre le calcul différentiel, contre l'X... Et il s'écrie : « La mathématique meurt de l'X ! »

C'est tout un renversement de la géométrie qu'il nous indique... Les géomètres ne sont que des arpenteurs qui mesurent à un cheveu près la distance de la terre au soleil ; mais ce cheveu, qui n'est rien pour nous, est énorme, comparé à l'acarus du bourdon... La géométrie, mal baptisée : mesure de la terre ; ce n'est pas de mesurer qu'il s'agit, « c'est de faire connaître, c'est de donner la forme de la durée et de l'intensité des choses... »

En redescendant brusquement à terre, il termine la conversation par un charmant portrait, en quatre mots, de son vieil ami Chandellier, ce comique mélancolique aux cheveux blanchis, plein au fond de vignettes de romance.

Dimanche 23 octobre 1859. — Chez Gavarni. Nous le trouvons en tenue élégante, avec une jaquette de ses anciennes coquetteries, en soie verte, sur laquelle il s'amuse à jeter, pour nous le montrer, un haïck, une robe d'Orient tramée d'or pâle ; et ainsi, dans la simplicité large et drapante des grands plis, un feutre sur la tête, le teint fouetté et flamand, il ressemble à Rubens en roi mage. Il est gai, content, guilleret presque. Il est tout à fait délivré de cette maladie, de ces désordres intérieurs qui avaient fait craindre, cet été, à ceux qui l'aimaient, une apoplexie nerveuse, alors qu'il était si faible, qu'il ne pouvait marcher dans son jardin qu'avec une canne, et que lui-même avait peur d'une maladie de cœur très avancée.

Il nous montre ses derniers dessins. Ce ne sont plus des aquarelles. Il a inventé un dessin *cursif*, mais qui est *peint*, comme il dit, et qui se fait à la plume avec deux encres : de l'encre noire lavée d'eau et de l'encre rouge carminée. Et comme nous lui parlions de grandes machines décoratives pour des murs d'appartement, de scènes de Carnaval exécutées en tapisseries, fresques de soie et laine avec des masques et des dominos de grandeur naturelle, qu'aurait dû lui commander quelque millionnaire du temps, Gavarni nous dit que, pour que son dessin gardât sa ligne simple, et ne perdît rien de son caractère, il l'aurait fait grossir par un procédé quelconque. L'idée lui en était venue à la suite d'une lanterne magique polissonne, improvisée au Banquet d'Anacréon par un dessinateur de ses amis, avec des verres dessinés à la plume, et qui lui avaient révélé la grandeur d'aspect que prennent les petits dessins par le grossissement.

Puis, brusquement, son admiration lui sort des lèvres pour Rubens. « Sans doute, il n'a pas la hauteur du Vinci... Mais quelle élégance continue, perpétuelle ! Quelle abondance, quelle sûreté et quelle certitude de lui-même ! » Il quitte Rubens pour une tirade, une de ces tirades auxquelles il revient souvent contre le mensonge moderne de la parole imprimée, avec son mot d'habitude : « Ce n'est pas imprimé, donc c'est vrai » ; attaquant cette diffusion, non des lumières, mais de la publicité, qui a mis de chaque côté deux vérités, deux plaidoiries et deux avocasseries : diffusion qui fait cette confusion que le microscope donne aux choses qu'il étend et dilate trop. Et il arrive à un type de la chose, à Biétry, qu'il appelle le *Pape du tissu*, finissant par des aperçus paradodoxaux sur la marque de fabrique de l'autre pape, sur la vie, sur la mort, sur le mariage, sur l'alliance et la petite croix que le fiancé donne à la fiancée, etc.

Il coupe cela : une histoire de joueur, d'un homme qu'il a connu à travers une femme, et qui passait toutes ses journées à se poncer les pouces, à se faire aux doigts une peau de pelure d'oignon d'une tactilité si parfaite, si supérieure au toucher même des aveugles, que cette peau lui faisait lire les cartes.

« Tenez ! regardez dans ce carton ! » — un carton rempli de photographies anatomiques ; — et il s'extasie avec nous sur le dessous d'un pied coupé de femme, d'une réalité vraiment effrayante, avec le douillet lacis de ces rides chatouilleuses, pareil à ce pied que Mercier vit, pendant la Terreur, sortir d'une charretée de cadavres chauds, à la fois mort et voluptueux.

CXXV

En 1860, au mois de février, Gavarni, un peu entraîné par nous, avait
envie de revoir le bal de l'Opéra qu'il n'avait pas vu depuis quinze ans.
Il venait dîner chez nous, se montrait fort gai, nous disait : « Je suis
né très jeune, je suis encore très jeune ; il n'y a, chez moi, que la cervelle qui soit d'un vieux ». Nous le menions voir Léotard pour attendre
l'heure du bal. Sortis du Cirque, nous entrions dans un petit café où
il nous parlait longuement et avec une admiration enthousiaste des
livres de Biot, de ces livres mathématiques où il n'y a pas de figures.

Enfin, le voilà à nos bras, montant cet escalier de l'Opéra, perdu
et inconnu dans la foule, lui, Gavarni, pareil à un roi oublié dans son
ancien royaume, et qui pouvait cependant dire : « Le Carnaval, ç'a été
moi ! » Il venait contempler, sans le savoir, pour la dernière fois, les
fantaisies nouvelles de la mascarade des modes du jour de la folie.

Nous montons et restons une heure à regarder, d'une loge, la danse,
les masques ; et son œil semble faire une étude du costume nouveau de
la femme : le *bébé* à la robe courte et sans taille descendant à la moitié
de la cuisse, et montrant dans un maillot de soie toute la jambe chaussée
de hautes bottines et battant l'air au branle des avant-deux.

« Et pas un petit bout de croquis, Gavarni ?

— Non, nous répondait-il. Ces femmes, je les emporte dans ma tête ;
au bout d'un mois, elles me seront aussi présentes qu'elles me le sont
en ce moment. Le tout est de résumer cela par une idée très simple :
ce n'est qu'une chemise, tout le reste n'est qu'ajustement de caprice
et de fantaisie. »

Puis, quand il eut saisi ainsi la mémoire de tout le bal, nous le rame-
nions coucher chez nous. En route il nous semblait qu'il traînait le pas.
Il ne disait rien. Il mettait un long temps à monter notre escalier, se
reposant et reprenant péniblement haleine à chaque palier. Enfin, au
coin du feu, il nous raconta tout. Il avait eu froid au Cirque, la chaleur
du bal l'avait suffoqué, et à sa sortie dans la rue, pris d'un étouffement
nerveux, un moment il s'était demandé s'il pourrait mettre un pied
devant l'autre.

Un peu remis, il se couchait en faisant de charmantes plaisanteries

d'enfant, comme il savait gentiment les tourner, sur le bal et les folies
que nous aurions pu y faire.

Il restait, l'imagination émue de cette espèce de coup de sang qui
l'avait frappé à ce bal même, immortalisé par lui.

Nous allions savoir de ses nouvelles le surlendemain, alarmés de
cette crise qui nous avait effrayés, après ce qu'il nous avait confié de
ses craintes d'une maladie de cœur. Il nous dit qu'il allait bien, affecta
d'être rassuré, laissant échapper pourtant : « Je n'aime pas les choses
que je ne comprends pas ».

CXXVI

Cette année, fut fondé un journal dans lequel Gavarni prit au sérieux son titre de directeur des dessins.

C'était *le Temps*, une espèce d'*Illustration*, qui mourut au bout de
quelques numéros. L'homme qui sortait si difficilement de son Point-
du-Jour, on le vit au bureau du journal, recevant, encourageant, con-
seillant les dessinateurs, disputant auprès de l'indifférent Morère pour
faire accepter tout ce qui lui semblait avoir une valeur, bataillant en
faveur des *jeunes*, et pris d'une bienveillante curiosité pour leurs débuts.
L'artiste qu'il demandait tout d'abord, pour l'aider et porter avec lui
le poids du journal, était son rival Daumier. C'est l'occasion d'indiquer
ici l'absence de toute jalousie et de toute mauvaise passion, chez Gavarni, pour ses confrères, de signaler les rapports d'estime et de belle
confraternité dans lesquels il vécut, toute sa vie, avec ceux qu'il connut
peu ou beaucoup. Dès 1833, il voulait placer, dans une série de *Contemporains illustres*, le lithographe Devéria. M. Mahérault possède une lettre
charmante de Gavarni, qui renvoie au talent de Tony Johannot une
demande de vignettes. Il disait à tout venant son admiration pour les
dessins et les légendes de Charlet, et l'on connaît l'aimable billet de
Charlet, qui le compare à Watteau. Parmi les gens de son métier,
Grandville fut le seul avec lequel la sympathie ne put s'établir, et encore
cela vint-il du caricaturiste pointu, dont le bégueulisme prit peur et
s'effaroucha bêtement d'un dîner avec le dessinateur des Lorettes.

CXXVII

Gavarni semblait revenu à la santé. Il avait repris sa vie, ses habitudes, ses occupations ; seulement il abandonnait sa mansarde, trop pleine du souvenir de son enfant, et s'installait dans les grandes salles du bas, peintes de couleurs tristes, grises, austères, aux rayons garnis de reliures en veau, qui semblaient la bibliothèque sérieuse d'un savant de campagne[1]. Il vivait dans ce grand salon, froid, sévère, presque cénobitique, et où l'on se sentait dans le domicile rigoureux d'une pensée abstraite. Là, il travaillait à cette série des *Contemporains*[2], cette grande galerie des illustrations du dix-neuvième siècle, ces portraits en pied « qu'il voulait, nous disait-il, pousser un peu vers l'idéal, vers la physionomie d'ensemble d'une tête », ajoutant « que la photographie n'en donne qu'un côté, et que, d'ailleurs, il était temps de prendre un petit élan vers les beautés qui ne tombent pas absolument dans la chambre noire ». Là, il continuait la série de ses aquarelles pour Hetzel, des merveilles, parmi lesquelles nous avons dans la mémoire un cuisinier lisant les affiches et disant : « Moi, je n'aime pas la grande musique », un chef-d'œuvre d'une qualité et d'une rareté de ton que nous n'avons jamais rencontrées chez un autre aquarelliste.

De temps en temps, il venait nous prendre pour dîner dans les restaurants bizarres, des *bistingos*, comme il les appelait, affectionnant pour le moment un certain café du Mail où la cuisine était ignoble, où le public était le public banal et terne des commis des maisons de com-

---

1. Les reliures en veau du dernier siècle étaient un de ses goûts. Ses rares courses à Paris, il les terminait souvent par une promenade sur les quais, dont il rapportait quelque vénérable in-quarto ou in-folio. Il avait été tout heureux de découvrir à Versailles un relieur qui avait une collection d'anciens fers, et auquel il faisait relier ses livres mathématiques dans des reliures toutes semblables à ses bouquins de prédilection.

2. Cette série devait contenir cent portraits lithographiés. Il n'y a eu de terminé que le prince Napoléon, Decamps, Alfred de Musset, Sauvage, inventeur de l'hélice, M. de Belleyme, Isabey père ; les portraits de Mlle Georges et de Mlle Rosa Bonheur ont été seulement ébauchés. Du reste, l'idée d'une galerie des célébrités contemporaines remontait chez Gavarni à l'année 1833, où il voulait publier une première livraison, ainsi composée : Jules Janin, homme de lettres ; Hérold, compositeur ; Mme Delphine Gay, poète ; Achille Devéria, lithographe ; Delaroche, peintre ; Dantan, statuaire ; Bocage, acteur ; Mme Malibran, cantatrice.

mission du quartier, où le bruit des voitures empêchait de s'entendre, mais où Gavarni se figurait avoir découvert, dans le maître du café, un comique du Palais-Royal.

Il ne détestait pas trop non plus qu'un ami, qu'un *sympathique*, tombât chez lui et lui demandât à dîner. Un jour, nous nous le rappelons, sans que personne se fût donné le mot pour venir, un petit monde varié et divers se rencontrait à sa table : un lieutenant-colonel de zouaves, une actrice du Théâtre-Français, Henry Monnier, le petit Pierre Gavarni et nous deux. Il n'y avait dans la maison qu'un canard et un petit pâté de trente sous ; et, pour comble de malechance, l'armoire à la vaisselle avait sa serrure forcée. Tout s'arrangea ; on découvrit des provisions et un serrurier. On trouva dans la cave de vieilles bouteilles de vin qui, sans doute, dans le temps de la vie de garçon de Gavarni, étaient entrées dans un compte d'usurier. Et à ce dîner impromptu, la douce et délicate gaieté du maître de la maison garda si longtemps ses convives, qu'à la fin on voyait, posés sur la nappe, entre les assiettes et les verres, les cheveux blonds du petit Gavarni, son front blanc de femme, avec ses yeux noirs à la fois riant, et battant des cils contre le sommeil.

CXXVIII

Toutes ces années, nous trouvions Gavarni très tenté de peindre à l'huile, et peut-être ne lui a-t-il manqué, dans ce temps, qu'une boîte à couleurs et un panneau trouvés sous la main, une matinée d'entrain, pour devenir véritablement un peintre. Car cela avait été le désir de toute sa vie et l'ambition des débuts de sa carrière.

On se rappelle la marine qu'il avait peinte à Bordeaux, dans la maison Marcadé, au mois de juin 1825. Le mois suivant, il annonçait à son « bon ami » (son père) qu'il venait de terminer une ébauche à l'huile « représentant son fils avec son chien, et faisant le numéro 2 de sa collection ». Dans un besoin pressant d'argent, il envoyait à Blaisot, si nous nous rappelons bien, deux tableaux à vendre. M. Leleu l'occupait, pendant les temps de son séjour chez lui, à une copie du Dominiquin, sur laquelle le dessinateur passait deux mois.

De retour à Paris, en dehors de son travail, il peignait encore quelques rares tableaux. La *Revue des peintres* donnait, en 1834, un *Contrebandier espagnol*, un tableau de Gavarni, tiré du cabinet de M. Susse. Mais de toutes les peintures faites dans ce temps, la plus curieuse et la plus inconnue est l'enseigne du magasin des Deux Pierrots : le grand tableau placé au bas de la rue Saint-Jacques, et répétant la lithographie qui a pour titre : *les Apprêts du bal.* La tradition conservée dans le magasin et l'affirmation de M. Tronquoy ne laissent aucun doute sur l'authenticité de cette peinture, qui aurait été exécutée en 1836. Malheureusement la toile, criblée de balles, à l'attaque du Petit-Pont, dans les journées de juin 1848, et depuis restaurée par une dame, ne peut nullement donner une idée de ce que pouvait être ce tableau de Gavarni avant la révolution de Février et la retouche.

On ne peut juger la peinture de Gavarni que sur deux échantillons incontestables : l'un possédé par Pierre Gavarni, son fils, l'autre appartenant à M. Mahérault et provenant de la vente de Chandellier, l'ami intime du peintre. Cette toile représente un combat au bâton à deux bouts, entre montagnards des deux versants des Pyrénées, une grande mêlée de vingt-cinq combattants avec des épisodes détachés et de petits groupes épars, dessinés de ce dessin un peu mince qui est la signature de l'artiste vers 1834.

Mais est-ce bien vraiment là une véritable peinture ? Les montagnes à l'horizon sont, sur la toile, seulement frottées de mine de plomb, et l'ébauche au bitume a l'aspect d'un dessin à la plume, lavé de sépia. La toile que possède Pierre Gavarni est plus intéressante ; elle est plus peinte. C'est une ébauche qui est presque un tableau, et dans laquelle une espèce de *gitana* des Pyrénées, en corsage noir, en jupe marron, élevant un médaillon en l'air, une sacoche ouverte à ses pieds, se détache sur des rochers : une peinture noirâtre aux blancs crus, à l'empâtement glaiseux, n'ayant rien de la blonde légèreté de ses dessins, une peinture, il faut l'avouer, qui ressemble à un mauvais et lourd Roqueplan.

Dégoûté de la peinture par l'insuffisance de ces tentatives qu'il sentait mieux que personne, l'artiste en abandonnait la pratique, mais ne continuait pas moins à poursuivre le rêve d'en faire, attendant patiemment le moment où il pourrait l'attaquer avec tout l'acquis gagné dans le tripotage de l'aquarelle et de la gouache. Un jour, croyant ce moment arrivé, il proposait, sous Louis-Philippe, à M. Cavé, de lui peindre les quatre murs d'une salle de mairie. Gavarni voulait y figurer les quatre actes de l'état civil :

L'acte de naissance ;
La conscription ;
Le mariage civil ;
L'acte de décès.

Nous avons retrouvé, dans les croquis, la première idée de ces scènes, jetées à la plume, au crayon, annonçant un peintre nouveau de la vie moderne.

Il y avait dans la conscription (le tirage au sort) une académie d'homme mettant la main dans l'urne, qui était du plus grand style.

La parole de Gavarni revenait souvent à ce projet, au regret de n'avoir pas été chargé de ce travail ; et, à une des dernières visites que nous lui fîmes avant sa mort, ce fut le sujet de sa conversation avec nous. A l'époque où il méditait ces quatre actes de l'état civil, il avait également envie d'exécuter pour un tribunal une sorte de triptyque, au milieu duquel il aurait peint, de grandeur nature, une Justice à la chevelure blonde, rappelant le souvenir d'une perruque du Parlement, à la robe rouge imitant la robe de la Cour de cassation, le pied nu posé sur un glaive, assise sur un siège de marbre, où une tête de lion et une tête de mouton décoraient les deux bras, et derrière elle, les toits, les clochers, les dômes, les coupoles d'une vaste cité.

En Angleterre, Gavarni entretenait souvent Ward de tableaux, d'un genre sérieux, qu'il se proposait de faire, mais qui restaient toujours à l'état de projets.

Dans les années 1859 et 1860, vingt fois Gavarni parla de sa volonté de faire de la peinture, et cela au premier jour. Même en 1861, à la sortie de l'Exposition où nous étions allés ensemble, nous le voyions emporter une excitation sourde et comme un engagement avec lui-même de peindre à l'huile, — et nous l'espérions presque. Mais tantôt il était arrêté parce qu'il ne trouvait que des tableaux à idées, — des tableaux impossibles à faire, — tantôt par un caprice, tantôt par toute autre chose. Cependant, il avait alors tout ce qui lui manquait autrefois, tout ce qui lui donnait là certitude de réussir à cet instant de son talent. Et un jour où nous nous promenions avec lui dans son jardin, déclarant

les deux ou trois tableaux qu'il avait faits de *détestables choses*, Gavarni
ajoutait : « Non, je n'avais pas du tout le sens de la couleur, je l'ai
acquis... Il y a des sens comme cela qui s'éveilleront en moi demain. »

CXXIX

L'année 1861 fut une année où se succédèrent chez lui les hauts
et les bas d'une santé chancelante, les bons et les mauvais jours ; les
bons, où il reprenait l'apparence et l'entrain d'un bien portant : les
mauvais, où il s'enfonçait dans l'absorption mathématique, comme s'il
voulait s'arracher à son mal par le travail de sa pensée.

Qui sait si, à ce moment, ses maux ne devaient pas leur persistance
et leur aggravation à un profond et douloureux découragement, à une
blessure morale et secrète : l'indifférence ingrate du public qui l'avait
oublié ? Jamais un mot de lui ne le donna à supposer ; mais il savait
si bien cacher ses douleurs et ses souffrances aux autres ! Avoir été
Gavarni, avoir eu des enthousiastes, des fanatiques, au début de sa
carrière, au commencement de son talent ; et, quand il se sentait plus
grand que jamais dans son art, ne plus posséder l'attention publique,
être frappé d'une espèce d'ostracisme, comme s'il avait fatigué du bruit
de son nom et de sa popularité les jalousies de l'envie ! Avoir été, chaque
matin, presque l'événement artistique, la nouvelle des cafés, des ateliers
et des salons, et maintenant faire des chefs-d'œuvre méconnus, des
choses se passant seulement entre l'éditeur, le dessinateur et un petit
groupe de fidèles ! Sentir l'admiration passer à d'autres qui ne le valaient
pas, assister à l'engouement général pour les dessins de ses rivaux !
Quoiqu'il se fît un orgueil de juger ceux-ci avec impartialité, et qu'il
fût le premier à faire valoir leurs qualités propres, il était un homme, et
vivait d'un de ces métiers où la santé a besoin des satisfactions d'amour-
propre ; et il est impossible qu'il n'ait pas souffert de cette cruelle
injustice de l'opinion.

Nous avons encore en nous l'accent presque reconnaissant avec
lequel il nous dit, un jour où il nous avait apporté les deux premières
aquarelles de l'illustration de *Gulliver*, et nous voyait nous extasier sur
leur clarté, leur limpidité, leur « blondeur » : — « Vous trouvez ?... Eh

bien ! ça me réchauffe, mes lapins, ce que vous me dites là... » Il y avait,
dans le ton de ces paroles, presque un étonnement d'être encore admiré.

De là peut-être la grande indifférence qu'il commence à avoir cette
année pour son art. Il ne dessine plus guère, et qu'avec ennui. Sa grande
distraction, maintenant, est le classement et l'ordre dans les choses et
les souvenirs de son passé. Il entr'ouvre son Œuvre, qu'il veut ranger,
avec la singulière idée d'égaliser toutes les planches par des marges
faites avec de la pâte de papier. Il regarde, d'un regard qui se les
rappelle, ses vieux dessins de Montmartre, qu'il fait monter et cartonner.
Il range ses autographes, réunit ses lettres, ces lettres qui lui remémorent
tant de morts, repasse ces paquets de correspondances amoureuses, des
lettres parfumées qui évoquent à ses yeux les ombres de ses maîtresses ;
paperassant, enfermé dans sa chambre qu'il ne veut pas laisser ouvrir,
y restant des quinze jours sans toucher à un dessin.

CXXX

Une vieillesse paresseuse, délivrée de l'éternelle inquiétude de la
dette, doucement distraite et occupée par les mathématiques, voilà la
vieillesse que les amis de Gavarni, le voyant âgé et souffreteux, dégoûté
de son art et tout à la science, espéraient pour lui, lorsqu'il leur
annonçait l'expropriation, par la Ville, de sa propriété du Point-du-
Jour. Ce jour, les amis se disaient entre eux qu'il allait liquider sa situation, prendre un appartement à Paris, et rapprocher ses dernières
années de leurs soins et de leurs affections. Mais ce fut une illusion de
courte durée. On n'avait pas compté avec le rêveur, l'homme d'imagination qui, depuis quelques années, avait placé secrètement sa pensée
sur des découvertes, des entreprises, des projets qui devaient le mener
à de l'argent, à beaucoup d'argent. Et ces affaires idéales, et qui se
passaient seulement dans son cerveau, lui avaient donné à la fin un
goût momentané des vraies affaires.

Alors germait en lui l'idée de faire, dans le grand pré s'étendant au
bas de son jardin jusqu'à la Seine, une pépinière, un marché avec des
serres, des galeries, un embarcadère, un service de bateaux pour transporter les arbres. De sa main, du haut de son mur, il nous indiquait

29

déjà les places et les dispositions, tandis que, d'une parole animée, il nous entretenait d'arrangements, d'inventions, de décorations qui révélaient en lui un merveilleux goût de décorateur de grande cité, qui a peut-être manqué à tous les remaniements du règne dernier. Et comme nous lui laissions voir notre étonnement de ce côté nouveau et de cette spécialité que nous ne lui connaissions pas, il nous dit : « Ceci n'est rien ; vous savez ce dont vous m'avez vu occupé, les plans qui ont été si longtemps là-haut, le Palais-Royal, voilà ma grande affaire... Oui, ça m'est venu dans le temps où je tirais le diable par la queue... J'ai songé à gagner de l'argent... J'apportais le plan, j'obtenais le privilège, et je le *lavais* chez un Pereire quelconque. »

Et il nous racontait ce qu'il voulait faire : un Palais-Royal transformé ; les rues qui l'entourent changées en galeries vitrées et devenant un immense bazar ; le jardin métamorphosé en un marché aux fleurs en contre-bas, traversé par une rivière anglaise, avec des allées circulaires d'où l'œil plongerait sur les fleurs et les acheteuses. « Projet énorme, ajoutait-il, qui rapporterait beaucoup d'argent à la Ville, et dans lequel devaient être compris deux privilèges de théâtre. » Comme nous lui disions : « Pourquoi laissez-vous dormir cela ? » il nous parlait de l'ennui des démarches, de mettre un habit, de faire des courses, et il finissait par ce grand mot : « Mes enfants, je remuerais le monde si j'avais des jambes !... »

Toute l'année, il revenait à ces projets, à ces espoirs de fortune subite et de millions imaginaires, avec une exaltation poétique qui montrait bien que les rêves d'argent qu'il faisait, il les faisait bien plutôt pour le rêve que pour l'argent.

CXXXI

A la fin de cette année, Gavarni était repris d'un retour de goût pour la société. Il sentait le besoin de se refrotter à ses contemporains, de se retremper et de se raviver au contact de sympathiques intelligences. Il allait trouver Sainte-Beuve et lui demandait de fonder avec lui un dîner qui aurait lieu tous les quinze jours, où Sainte-Beuve et lui amèneraient leurs amis. C'est ainsi — détail fort ignoré — que

Gavarni fut le promoteur de ce fameux dîner dont on a tant parlé et qu'on a si peu connu : le dîner Magny, dont le premier eut lieu le samedi 22 novembre 1862, et avait seulement pour convives : Gavarni, Sainte-Beuve, le docteur Veyne, de Chennevières et nous deux. La table ne tarda pas à s'allonger et à s'élargir. Elle eut des jours où une rare société d'esprits libres avait peine à y tenir.

Du reste, Gavarni s'y montra peu, chassé bientôt par le tapage de la parole.

CXXXII

Toute la première partie de l'année 1863, Gavarni la passait dans un état d'indifférence triste, de découragement mélancolique, une sorte de démoralisation. Il n'avait plus aucun goût pour son travail et ne faisait plus qu'avec effort, et comme une corvée, les insipides illustrations de *Robinson Crusoé*, de *Gulliver*, et de ces autres livres d'étrennes dont avait la spécialité l'éditeur Morizot.

Une fatigue immense, telle que nous n'en avons jamais vu de pareille sur une figure humaine, lui donnait par moments un abattement brisé ; alors il s'enfonçait et s'affaissait dans son grand fauteuil, laissant tomber ses mains lâches de chaque côté de lui, avec la lassitude muette et suprême d'un homme qui a fini sa tâche. Tous les jours, pour les yeux de ses amis, il allait s'affaiblissant, s'amaigrissant, perdant peu à peu son énergie vitale, sous les progrès du mal qu'irritaient encore des inquiétudes et des regrets. Sa maison du Point-du-Jour, nous l'avons dit, s'était trouvée dans la ligne inexorable du tracé du chemin de fer de Ceinture. Elle était condamnée à disparaître par les plans de l'ingénieur ; et le malade, qui avait d'abord souri à cette expropriation quand elle n'était qu'à l'état de projet, n'était plus sensible aujourd'hui qu'aux tribulations d'un déplacement, qu'au chagrin d'être prochainement chassé, vieux et souffrant comme il l'était, d'une habitation chère et d'un jardin adoré.

Nous allions le voir, au mois d'août, après son expropriation, sachant déjà qu'elle s'était faite dans les conditions les plus désastreuses pour lui. La Ville lui prenait la partie de son jardin où était sa maison, et lui payait une somme qui n'excédait guère ce qu'il devait à ses créanciers. Et elle lui laissait le restant du terrain, mais d'un terrain qu'elle rendait très difficile à vendre en le mettant en contre-bas d'une trentaine de pieds du nouveau boulevard qui le domine. Gavarni se trouvait dans la presque impossibilité d'en réaliser la valeur immédiatement, en même temps qu'il ne lui restait plus assez d'argent sur l'indemnité de la Ville pour se bâtir une nouvelle habitation dans la portion qu'on le contraignait à garder.

Ce fut le jour de cette visite, qu'en nous menant à Gavarni, Mlle Aimée nous dit, en traversant les pièces du rez-de-chaussée : — « Vous savez ? il est très malade... Quand on lui a appris la décision du jury, il a eu une tache de sang à l'œil, comme un coup de sang. »

Nous entrons, et nous trouvons Gavarni dans son grand salon, au milieu de l'espèce d'obscurité que font des persiennes fermées en plein jour. Il nous semble très pâle dans l'ombre, nous entendons sa respiration oppressée, il a peine à nous donner sa chaude poignée de main d'habitude. Il a de l'étouffement dans la voix, et, cependant, il s'essaye à nous faire ses anciennes plaisanteries d'autrefois, mais nous y sentons son effort et son courage. Il nous dit : « C'est toujours la même chose, toujours ce tuyau de soufflet... J'ai eu froid dans mon lit... Tous ces palliatifs, toutes ces inhalations d'eau, je n'y crois pas... Il faudrait un séton, ou me faire un trou là-dessous... là, à la gorge... Mais Veyne ne veut pas. Il me donne des choses à boire... Tenez ! ça... qui n'est pas joli à boire... » Et il sourit à peu près. « Mon Dieu ! le soufflet est bon, très bon... Ce sont les ficelles qui ne vont plus. Oui, les poumons, la poitrine, c'est bon... Il m'a ausculté... J'ai bien le cœur un peu trop petit... Mais, au fond, c'est ce larynx... »

Nous lui parlions alors d'une consultation, à laquelle il ne se refusait pas trop.

Et nous le quittions, très alarmés, effrayés de cette maigreur que nous touchions dans cette main pleine de cordes, que nous devinions sous cette robe de chambre de laine blanche, sous ces deux ou trois paires de chaussettes roulées autour de ses pieds, effrayés de ce lent dépérissement, de cet épuisement, de cet appauvrissement du sang et de la vie, de cette anémie amenée par les longues souffrances, et peut-être encore par tant d'années d'une alimentation insuffisante, où cette pure intelligence ne voulait pas manger, se refusait à manger, trouvait de *l'ennui à manger*.

Mode de 1830
(D'après un dessin de Gavarni.)

CXXXIII

A un dîner chez Magny, au mois d'avril 1864, le docteur Veyne nous disait que Gavarni était en ce moment très frappé de son état. Le docteur croyait l'avoir décidé à partir pour les eaux de Pierrefonds, et à passer l'hiver à Nice, ajoutant qu'il n'était pas sans crainte, qu'il redoutait certains désordres pulmonaires, et qu'il devait mener son malade, dans deux ou trois jours, chez Trousseau.

Le jeudi suivant, jour de la consultation, nous allions voir Gavarni le soir. — Un moment, nous nous arrêtions et regardions à travers les fentes des planches de clôture la démolition commencée de sa maison, les murs en ruine et son atelier qui n'avait plus de toit que le ciel. Puis, nous entrions dans cette misérable maisonnette touchant à son terrain, où il s'était réfugié, où il semblait comme cramponné au reste de sa propriété. C'était un pauvre et humide logement qui avait l'air de l'arrière-boutique d'un commerçant de petite ville de province, avec une teinturerie établie sur le devant. Nous le trouvions un peu rassuré. Le docteur Trousseau, qui avait craint un moment une maladie de cœur, à son essoufflement lorsqu'il était entré dans son cabinet, ne lui avait trouvé qu'un catarrhe.

Aussitôt, laissant de côté sa maladie, il nous entretenait avec une chaleur qu'il n'apportait guère aux choses mêmes qui l'intéressaient le plus, de son expulsion si brusque de sa maison, des mauvais procédés de l'administration, de l'espèce de barbarie dont on avait usé à son égard. Et, comme possédée par une pensée fixe et désespérée, sa parole parlait toujours de cette expulsion, y revenait dans une plainte sans colère, mais pleine d'une amertume profonde, et qui se soulageait en se faisant écouter.

Sa vie alors est toute à son chagrin, à des projets impossibles qu'il roule pour revenir sur un fait accompli, à des démarches infructueuses, parmi lesquelles cependant sa fierté se refuse à une visite au préfet de la Seine. Sa vie se perd dans la lecture machinale des journaux, des grands journaux, des petits journaux, des journaux de toute espèce et de toute sorte, avec lesquels il me semble vouloir étourdir ses idées et user ses longues journées désœuvrées. Et, à chaque nouvelle visite, nous retrouvions le même ressentiment de ce qu'il appelait « l'injustice qui lui avait été faite », les mêmes plaintes, avec une émotion maladive et comme sortant du fond de ses entrailles, une désolation que le temps n'adoucissait pas, ne rendait pas plus raisonnable, et dont la juste indignation, après avoir vu échouer la bienveillante influence d'une princesse prise d'intérêt pour sa situation, éclatait dans cette lettre à l'Empereur :

Si l'Empereur désire savoir exactement ce qui se passe et ce que valent ces sortes de rapports, — si le Préfet même veut savoir ce qu'on commet en son nom, — et comment on fait des ennemis à un gouvernement, — on n'a qu'à ordonner une enquête sérieuse sur ce qui a été exécuté ici, — les pièces sont précises et les constats sont prêts.

Je supplie l'Empereur de ne pas me laisser dans la nécessité de m'adresser au Sénat et d'occuper le public de moi. On ne peut pas, on ne doit pas me forcer à garder ce reste endommagé de la chose qu'on me prend.

. . . .

. . . .

Si l'on agit ainsi envers les personnes auxquelles l'Empereur veut bien dire qu'il s'intéresse, comment fait-on envers les autres ?

. . . .

Depuis huit mois, je suis malade dans une maisonnette du voisinage ; — mes meubles entassés, mes livres et mon œuvre (qui tient de la place) dans une remise et dans l'écurie, — harcelé par des créanciers qui me croient enrichi ; et ce que j'ai d'argenterie et de·bijoux est au Mont-de-Piété.

Cette lettre n'amena rien, ne pouvait rien amener.

La verte création de Gavarni, déjà mutilée, était condamnée à disparaître tout entière, et ce coin de cèdres et de déodoras, où le philosophe promenait sa haute rêverie, allait devenir un jardin de marchand de vin où, le dimanche, la canaille, qu'abhorrait Gavarni, viendrait arroser de *bleu* les tripes à la mode de Caen.

. . . .

. . . .

Au mois de février dernier, deux ans après la mort de Gavarni, attendant l'omnibus américain du Point-du-Jour, nous voyons la petite porte de son terrain entr'ouverte. Nous entrons dans le jardin abandonné, inculte, plein d'herbes des champs, de végétations sauvages, de tas de gravats où poussent des orties ! Devant nous, la jolie arche, toute mangée de lierre et surmontée de la petite terrasse encadrée de cyprès, se dresse ainsi qu'un morceau de ruine d'une villa Adriani. Au fond du jardin, le marchand de vin courbe le bois de ses tonnelles.

Nous revenions par le quinconce de marronniers encore debout, où si souvent nous avions trouvé Gavarni s'avançant au devant de notre rencontre, — quand un homme vient à nous, tendant la main, un revenant, un spectre, Gavarni lui-même ! Il a son air, son costume rustique, sa barbe inculte, son teint rouge, ses yeux saillants. Il a un chapeau de paille comme le sien, et peut-être est-ce celui de Gavarni qu'il a trouvé dans le jardin qu'on l'a chargé de vendre.

L'homme qui nous donnait l'émotion de cette vision était un ancien graveur des *bois* de Gavarni, un pauvre diable goutteux, presque aveugle, campé sur les sept mille cinquante mètres à vendre comme un Vireloque laissé là en sentinelle, vivant en compagnie de deux terriers et du hibou habitant la ruine de la Glacière, où finissait de moisir et de se lézarder la Frileuse d'Houdon.

CXXXIV

Les tracas, les soucis, les tourments de cette expropriation, le cruel spectacle de cette maison tombant morceau à morceau sous le marteau des démolisseurs, lui avaient fait prendre en horreur le Point-du-Jour et la vue de sa propriété ruinée.

Alors Gavarni fut saisi, comme par le caprice fou d'un malade, de la manie d'aller voir de grandes propriétés qu'il rêvait d'acheter avec la vente de son terrain d'Auteuil, des châteaux avec des communs, des écuries, des grands salons, des petits salons, et plus de fenêtres à la façade que n'en auraient pu ouvrir et fermer les deux vieilles femmes qui le servaient. Et c'étaient, tout l'été et tout l'automne, des courses de toute la journée, cahotées dans de mauvais fiacres, sur les chemins de la banlieue, en compagnie de la dévouée Mlle Aimée, déjà mourante de la poitrine, cette longue et maigre fille à l'éternelle robe noire : couple de moribonds s'appuyant l'un sur l'autre, et que les concierges voyaient, avec une curiosité étonnée, s'essoufler à monter des escaliers, pour visiter, haletants tous les deux, les maisons à vendre. Un jour, Gavarni était sur le point d'acheter la magnifique propriété de Tamburini fils, du Bas-Meudon ; un autre jour, il avait envie d'acheter Montalais, la propriété du maréchal Saint-Arnaud.

C'est un des plus douloureux souvenirs de notre existence que cette visite au Montalais, où il nous avait emmenés. Nous l'avions devant nous, dans la voiture, et nous étions péniblement remués et frappés au cœur par sa faiblesse, l'abandon de son corps voûté, les quintes de sa petite toux de gorge et qui ne cessait pas, la souffrance qui passait visiblement sur l'expression de sa figure, l'absorption qui la faisait muette, enfin tout cet aspect navrant d'un homme qui s'en va. Il nous apparaissait pour la première fois, comme quelqu'un vers lequel nous aurions vu s'approcher la mort, et nos yeux s'attachaient involontairement à lui, comme à une personne aimée qu'on va perdre et dont on veut garder le souvenir.

Nous regardions ce visage fouetté aux pommettes, la lumière fiévreuse du gris de son œil, cette tête forte, puissante, comme taillée dans la chair à grands coups d'ébauchoir, s'éclairant un instant d'un sourire resté jeune, d'un sourire qui avait à la fois de la bonhomie du paysan et de la câlinerie d'une femme.

Arrivé au Montalais, il s'essayait à marcher un peu dans le parc qui se trouvait être une montée presque à pic avec des allées pour des chèvres ; il gravissait encore avec un effort infini le grand escalier, au milieu duquel, s'arrêtant las, il nous chargeait de parcourir les étages supérieurs et de les lui raconter.

Remonté péniblement dans le fiacre, comme nous lui demandions ses impressions, il nous faisait signe qu'il ne pouvait parler, avec une main exsangue, aux ongles encore jaunis de ses habitudes passées de fumeur de cigarettes.

CXXXV

Après ces grandes courses errantes, il devenait tout à coup casanier, l'homme seul du coin de son feu, se retirant tous les jours un peu du monde des vivants, de la vie sociale, ne voyant plus personne, n'allant

nulle part, « se couchant à l'heure des poules », pris d'une espèce de
sauvagerie à la Rousseau qui l'éloignait de tout contact avec ses
semblables, enfermé, muré dans sa solitude, d'où on ne pouvait
plus le faire sortir, à cause de son refus de mettre des souliers
neufs « et des chemises amidonnées qui, disait-il, lui faisaient mal
au cou ».

Ce goût constant et passionné qu'il avait eu presque toute sa vie
pour la grande propriété, ce goût qui avait fait sa misère au Point-du-
Jour, avec son loyer de vingt mille francs, et la dépense coûteuse du
jardinage, ce goût qui venait dernièrement de lui donner la tentation
de ces folies du Bas-Meudon et du Montalais, — l'avait rendu acquéreur,
en cette année 1865, malgré le déplorable état de sa fortune, d'une propriété de deux cent soixante mille francs, située avenue de l'Impératrice.
Son imagination, toujours rêveuse en affaires, le berçait de l'illusion de
croire que, au moyen de la revente d'une partie du terrain, il garderait
pour rien ou presque rien la maison. Et, dès son installation, commençaient les embarras, les complications, les difficultés, les terribles
impossibilités du payement qu'amène une acquisition au-dessus des
forces et des ressources d'un homme qui compte sur des chances qui
ne se réalisent pas. C'était une acquisition insensée, qui mettait une
gêne affreuse dans l'intérieur. Par là-dessus, sur le bruit de la
vente de la maison du Point-du-Jour, des dettes qu'on croyait mortes
renaissaient.

Il surgissait un menuisier, avec un compte fantastique de quinze
mille francs, pour des fournitures de portes, exécutées dans l'ancien
appartement de la rue Saint-Georges, qui étaient de la pure ébénis-
terie. Dans cette position sans issue, et dans la dure prévision qu'il serait
encore expulsé de cette habitation, expulsion que retardait seule,
mort de M. Trélat, son vendeur ; en dépit de son indifférence pour les
tracasseries et les misères de ses affaires d'argent, en dépit de son
stoïcisme, que nous n'avons vu faiblir et se démentir qu'une seule fois
dans sa vie, — lors de son expropriation par la Ville, — il y eut un moment où, devant l'horizon si noir de ses jours à venir, il se laissa aller
à dire à un vieil ami « qu'il ne connaissait pas un homme dans une situation plus terrible que la sienne ».

CXXXVI

Alors s'écoulèrent des mois, de longs mois, deux lentes années (1865-1866), pendant lesquelles Gavarni semblait n'avoir ni corps, ni sens, ni estomac, ni quoi que ce soit des appétits et des besoins auxquels est soumise l'humanité ; on eût dit qu'il n'était pas formé de matière, et il paraissait un pur esprit dans le monde de l'abstraction. Il était désintéressé de tout. Il n'appartenait plus à ce qui se faisait, s'agitait, s'imprimait sur notre planète ; pareil à ces anciens solitaires de la Thébaïde, qui, dans le désert, loin des choses d'ici-bas, en soulevant leurs paupières alourdies par la méditation, demandaient au voyageur si l'on bâtissait encore des villes.

Il y avait comme des pelletées d'oubli sur ces souvenirs. Une sorte d'effacement et de reculement de ses anciens amis, de ses connaissances passées, s'était faite en lui, et il lui fallait un effort pour les retrouver dans le lointain de sa mémoire.

La perte de Mlle Aimée, morte en le soignant, était un regret, mais, en même temps, comme une libération de sa dernière compagnie. Cette mort lui donnait l'isolement, plein et entier, que la Recherche voulait à son foyer. Les poursuites judiciaires allaient mettre encore une fois sa vieillesse sur le pavé : on eût cru qu'elles ne s'adressaient pas à sa personne. Sa maladie même, il la traitait par une indifférence stoïque dans laquelle, selon l'expression de son fils, il mettait une certaine coquetterie. État singulier, pour ainsi dire cataleptique ou du moins privé de la sensibilité humaine, état où il se trouvait heureux à sa manière, état sans profondeur de tristesse, et d'où sa pensée, quand on était parvenu à la faire descendre des hauteurs et des sommets où elle se tenait à votre entrée dans la chambre, se laissait peu à peu aller à *gaminer* spirituellement.

Et c'était là une curieuse opposition que, à côté du rendez-vous de Paris, à deux pas de la route triomphale où tourbillonnent tous les désœuvrements oisifs et toutes les mondanités élégantes, il y eût dans une maison, au fond de la solitude qu'il s'y était créée, un homme pour lequel le temps n'existait plus, pour lequel il n'y avait ni heures, ni jours, ni mois, rien qui partageât et qui déterminât l'infinie durée de sa rêverie scientifique.

CXXXVII

Un soir de l'été 1866[1], nous allions le voir. C'est, nous nous le
rappelons, la dernière fois que nous l'avons vu. Nous le trouvions dans
son cabinet, mathématiquant au milieu d'un amoncellement de livres.
On lui apporta pour son souper, — car il ne dînait plus, des pois
et de la salade qui sentait le vinaigre. Il était alors servi par une bonne
auvergnate, une de ces horribles femmes qui sont, à Paris, les bonnes
malheureuses de la misère. Il mangea distraitement et sans pain un peu
de ces pois et de cette salade posés sur la table de noyer, sans nappe,
au milieu de ses papiers et de ses bouquins de science un peu reculés
de son assiette. Nous le quittions à la fois navrés et presque irrités de
cette douce et entêtée obstination, qui lui faisait toujours répondre
un « demain » à tout ce qu'on lui demandait de faire pour sa santé, qui
l'avait empêché d'aller passer un hiver à Nice, où nous l'aurions accompagné, qui se refusait de se rendre à Amélie-les-Bains, malgré les prières
et les supplications de son fils, qui ne pouvait pas même obtenir qu'il
entourât sa maladie d'un peu de confortable.

CXXXVIII

Au commencement de novembre, « il se sentit peur », et pria Veyne
de venir le voir assidûment. Veyne, à une de ses visites, amena avec lui
le docteur Lemaire, chef de clinique de Bouillaud, qui l'examina atten-
tivement et ne croyait pas sa fin si proche.

Huit ou dix jours après, Gavarni, qui venait de lire dans le *Moniteur*

---

1. De ce temps sont les dernières aquarelles de Gavarni dont *l'Illustration* a donné le *fac-
similé* en leur savante et spirituelle ébauche. Pour l'étude des procédés du maître, rien n'était
plus intéressant que ces « Douze mois de l'Année », que ces aquarelles dans lesquelles Gavarni
montre l'ambition de lutter avec certaines lithoteintes anglaises, légèrement bistrées dans le
noir, légèrement *bleutées* dans les ciels. Parmi ces dessins, je me rappelle, comme des merveilles,
un marchand de hannetons, sous lequel était écrit : *Mai* ; je me rappelle surtout un admirable
patineur dans son élancement volant sur la glace, et qui figurait le mois de *Décembre*.

un article sur les travaux du docteur Fournier, le vulgarisateur du laryn-
goscope, dit à Veyne, avec son ton à la fois léger et brusque : « Si nous
allions voir cet homme ? » Le dimanche suivant, Veyne le menait chez
le docteur. Gavarni avait toutes les peines à monter, et ce n'était pourtant qu'un entresol. « J'ai cru mourir en route... » lui disait-il sur le
palier. Le docteur se contentait d'indiquer au malade une station du
Midi. Veyne emmenait Gavarni déjeuner chez Durand. Pour arriver au
bout du café, ce fut un effort, des lenteurs, un étouffement qui faisaient
retourner les gens et regarder ce mourant célèbre qu'ils ne connaissaient
pas. Veyne ne put lui faire prendre qu'un bouillon et un œuf frais.
Enfin on regagna le fiacre, il lui fallut un quart d'heure pour y aller du
fond du café... Veyne, craignant qu'il ne passât en route, le reconduisit
jusque chez lui, à la villa de la Réunion, le fit coucher, et le vit, avec
l'immobilité, retrouver cette apparence de vitalité et cette présence de
parole qui trompaient ceux qui le voyaient dans son fauteuil.

<h2 style="text-align:center">CXXXIX</h2>

Cependant, depuis ce jour, le docteur Veyne voyait Gavarni chaque
matin et chaque soir, un peu plus alarmé chaque jour ; et, n'osant demander l'adresse du fils au père, il envoyait au hasard une dépêche en
Limousin où se trouvait pour le moment Pierre Gavarni. Pierre arrivait
à quatre heures du matin, le 24 novembre 1866. Son père, à son entrée,
resta d'abord immobile et silencieux, puis, sous la pression de la main
de son fils, il lui dit presque rudement, d'une voix qui voulait être
forte : « Ah ! c'est toi, mon garçon ? ...» Et comme s'il faisait sa dernière
et suprême légende, il reprit : « Eh bien, voilà mon caractère...[1] »
Pierre lui parlant de se mettre en route, aussitôt qu'il pourrait se lever,
pour un de ces pays de soleil dont il revenait : « Nous parlerons de cela,
fit Gavarni, je ne te dis pas le contraire... » Ce fut son dernier mot.

---

1. Il lui resta, jusqu'au dernier moment, de ces plaisanteries *bonhomme* qui étaient son mode
de familiarité avec les gens. Il disait le jour de sa mort, à Antoine, vieux domestique qu'il avait
pris à l'avenue de l'Impératrice, il disait devant son lit où il ne pouvait se hisser tout seul :
« Voyez-vous, Antoine, c'est bien dommage de ne pas pouvoir remonter sur son lit par procu-
ration. »

CROQUIS

Dans la journée, son fils, le voyant mal couché, lui demanda s'il voulait qu'il le relevât dans son lit ; il ne lui répondit que par un mouvement du doigt, par le geste familier et amical avec lequel il avait l'habitude de dire : *Non.*

Le soir de ce jour, dans la petite chambre du malade, Pierre, et Busoni, un ami et un voisin, causaient à voix basse près de ce qu'ils croyaient son sommeil. Veyne arrive, tâte le pouls du dormeur, se penche sur lui et entraîne son fils dans la chambre à côté.

C'était la fin. A sept heures, sans souffrance et sans agonie, il s'était endormi dans la mort, le menton posé sur la main, à demi appuyé sur un coude, avec la pose pensive d'une méditation de philosophe, et l'image du Repos accoudé par les Étrusques sur leurs tombeaux.

Le lendemain, ses traits dégonflés laissaient voir ce viril visage sous le beau calme ennoblissant de la mort, avec l'expression de l'élégance robuste, de la bonté mâle et de la douce ironie qui avaient été la physionomie et le caractère de l'homme.

CXL

Après tant de travaux, une Œuvre de dix mille pièces, où se trouve, pour la première fois dans l'histoire de l'art, le talent de l'artiste réuni au talent de l'écrivain, après les épuisantes recherches du mathématicien, du savant et de l'inventeur, il repose à côté de nous, au cimetière d'Auteuil. Il dort là le grand sommeil, sous une dalle de granit, image de la solidité de sa gloire et de la survie de ce nom, simple et fière inscription de sa tombe :

GAVARNI

FIN

APPENDICE

Je donne dans cette nouvelle édition, pour faire apprécier au lecteur l'existence travailleuse, affairée, courante, amoureuse, de Gavarni, toute une année de sa vie, prise dans ses carnets de notes. Je choisis l'année 1833 dont le mois de février est imprimé page 63 et à laquelle manquera aussi le mois de décembre, que le lancement du *Journal des Gens du Monde* n'a pas laissé à l'artiste le temps de remplir.

ANNÉE 1833

JANVIER

1. *Déjeuné chez Feydeau, — des vers sur un petit album à sa femme. — Dîné chez mon père. — Mme Goinbeau. — Le soir, chez Feydeau, une petite seppia (sic) : Procession.*

2. *Continué et terminé deux pierres de figures (15 dans chaque).*

3. *Pour Jeannin, petits travestissements (1 et 2).*

4. *Id.*

6. *Dimanche, Thénot amène des femmes pour poser. — Dîné chez Feydeau (Jour des rois).*

7. *Chez Mme d'Abrantès.*

9. *Chez Mme Aubert sans la trouver avec Berthoud. — Chez Mme de Villeneuve, ensuite nous nous brouillons presque. — Dîné au Palais-Royal. — Le soir, chez Mlle Duchesnois avec Berthoud.*

11. *Vendredi, dîné chez Feydeau.*

12. *Une sépia : Scène de cabaret. — Une aquarelle : Un détachement de Minones. Terminé une des grandes sépias entreprises avec Thénot : Combat de bâton. — Travaillé au pendant : Combat à la pierre.*

13. *Dîné chez Feydeau, — passé tous les soirs chez lui.*

14. *Chez Mme d'Abrantès avec Berthoud. — Mme de Villeneuve, nous causons peu. — Mme Elisa Mercœur.*

15. *Courses pour affaires dans la matinée. — M. Feuillide. — Chez B. Chevalier et Peytel. — Le soir, dîné chez Feydeau, — puis aux Variétés avec eux : La Prima Donna, La Parfumeuse.*

16-17. *Aquarelles.*

18. *Dîné chez Feydeau, — au bal avec eux chez Mlle Mezelle, passage des Petits-Pères (présenté par Thénot).*

20. *Thénot avec ses femmes (elles sont venues aussi dans la semaine). — Mme Barrois. — Le soir, Lafait et Théodore. — Dîné à Montmartre. Collette, Mme Gautier, Eliza, Nathalie.*

les cousins, — nous nous promenons avec Nathalie et Théodore, — le reste de la soirée passé chez Feydeau.

21. *Comptes. — Brouille et raccommodement. — Aquarelle. — Le soir, sépia.*

22. *Aquarelle.— Terminé «* Une femme qui lit une lettre et un mari qui regarde *».*

23. *Commencé une autre aquarelle, un pendant.*

24. *Continué. — Thénot vient avec* Mme Barrois. *— Je travaille à son portrait. — Feydeau monte la garde. — Dîné à Montmartre. — Revenu pour la soirée au deuxième étage. — Travaillé aux grandes sépias...*

25. *Continué la petite aquarelle en pendant. — Peytel, Chevalier, Aubert. — Dîné chez Feydeau, le soir à la Porte-Saint-Martin :* Perrinet-le-Clerc.

26. *Continué la petite aquarelle. — Le soir, Feydeau va à Franconi avec Berthoud. — Soirée au deuxième. — Continué les figures des grandes sépias.*

27. *Comptes. — Thénot vient, nous travaillons. — Delton m'engage à dîner et au bal des Variétés ; je refuse. — Dîné chez Feydeau, — Le soir, terminé les grandes sépias.*

28. *Commencé le portrait de* Mme Feydeau. *— Dîné à Montmartre. — Le soir, chez la Duchesnois avec Berthoud,* Mlle Mercœur, Mme Wilnerre, Mlle Junot, *Dumas, Lafeuillide, et revenu avec Dumas et Berthoud.*

29. *Continué le portrait de* Mme Feydeau. *— Le soir, rangé des lithographies chez Feydeau.*

30. *Continué le portrait de* Mme Feydeau. *— Le soir, classé des lithographies.*

31. *Terminé le portrait. — Dîné chez Feydeau. — Le soir, classé des lithographies.*

Février (voir p. 63)

Mars

1. *A Paris. — Réception définitive. — Courses chez Rittner, Berthet. — Dîné chez Feydeau avec Berthoud. — Le soir, courses pour billets. — Chez Théodore, où je trouve sa petite.*

2. *Le matin, revenu à Montmartre. — Commencé une seconde lithographie (*Le Cabinet chez Pétron*). — La voisine, nous* ginginons, *tout doucement.*

3. *Continué* Dimanche. *— Théodore vient dîner et m'apporte une lettre de Marie. — Le soir, rangements de papiers.*

4. *Continué.*

5. *Id.*

6. *Feydeau vient le matin m'apporter de l'argent. — Terminé la seconde pierre. — Un mauvais croquis d'un enfant.*

7. *Le matin, écrit* Gourmande *et refait un second croquis meilleur du petit* Joseph. *— Vers la nuit, la voisine me montre quelque chose de blanc, un billet peut-être ! et paraît me faire signe de descendre; je me trompe peut-être, il fait noir. Je descends, je ne la trouve pas, puis, revenu, je la vois qui revient. Qu'est-ce ? — Troy est venu dans la journée.*

8. *Le matin la voisine me fait de nouveaux signes et vient au bout de la terrasse, mais elle ne me dit rien. — A Paris, Peytel, Feydeau, Alfred d'Abrantès. — Chez Rittner, chez Messier, chez Muller. — A cinq heures chez Théodore, dîné avec lui rue des Vieux-Augustins. — Ensuite trouvé Marie, avec elle chez Mme Saqui, une parodie de* Lucrèce Borgia. *Je revois la petite femme du boulevard du Temple et son mari, elle ne me reconnaît pas. — Couché chez moi.*

9. *Jour de garde.* — *Marie vient me voir aux Tuileries, avec sa fille ; nous allons manger des gâteaux rue de la Paix.* — *Dîné chez Halavant.* — *Descendu la garde à sept heures.* — *Dans la journée je vais au Musée avec Valmont chercher ma carte d'Exposition.*

10. *Le matin, de bonne heure, à Montmartre.* — *La voisine.* — 2e *croquis d'enfant :* Thérèse. — *Théodore vient dîner.* — *Couché à Montmartre.*

11. 3e *croquis :* Nicolas. — *Le soir à Paris chez Théodore pour affaires.*

12. 4e *croquis :* Pierre. — *Aubert et Alfred d'Abrantès, le matin.* — *Le soir, écritures.* — *Toujours la voisine et rien.* — *J'écris à Marie un adieu.*

13. 5e *croquis : deuxième de* Pierre. — *Le soir, la voisine et rien.*

14. 6e *croquis :* Christi.

15. *A Paris, Feydeau, Mme Feydeau, Mme Aubert, Houpet, Mme Houpet et sa fille, Peytel.* — *Dîné boulevard Montmartre.* — *Ensuite aux Variétés avec Feydeau.* — *Une femme à l'avant-scène avec un genou toute la soirée et rien.*
Mme Aubert me fait souscrire à un bal républicain.

16. *Le matin, chez le relieur Muller, chez Jacotet sans le trouver, et revenu à Montmartre.* — *Ecrit toute la journée.* — *Le soir, découvert une petite femme près du Moulin du couchant.*

17. *Le matin, à Paris, un croquis d'Alfred.* — *Dîné chez Mme Feydeau.* — *Faiblesse.* — *Couché chez moi.*

18. *Le matin, au bain.* — *Chez Berthoud.* — *Revenu chez moi.* — *Folie.* — *Le soir, quelques courses.* — *Acheté un bouquet et un binocle à Mme Feydeau pour sa fête.* — *Chez elle.* — *Ensuite chez la duchesse à qui j'offre quelques lithographies des miennes reliées.* — *Mme de Villeneuve vient à onze heures en Ecossaise de la Mode et ne veut pas se montrer ; une petite scène ; Léon est en pierrot de satin noir, Alfred a mis mon Valencien.* — *Ils vont au bal.* — *Nous fumons chez Aubert.*

19. *Revenu à Montmartre.* 7e *croquis :* Eugénie. — *Le soir, Théodore, il couche à Montmartre. Nous lisons* Lucrèce Borgia.

20. Claudine, 8e *croquis.*

21. *Terminé* Claudine.

22. *Terminé* Gourmande et Curieuse. — *Puis à Paris, Feydeau, sa femme, Peytel, Aubert.* — *Dîner chez Feydeau, avec eux au Gymnase.* — *Berthoud est revenu, le soir, je lui lis* Gourmande ; *il dort.*

23. *Le matin, pris du café chez Mme Feydeau.* — *Revenu à Montmartre, à midi.* — *Croquis pour les* Enfants, *terminé à midi.*

24. *Commencé* Piété. — *Théodore vient dîner.* — *Géométrie.*

25. *A Paris, chez Rittner.* — *Chez moi.* — *Au musée avec Mme Feydeau, nous y rencontrons Mme Clerget, Peytel, Laurent, Guastalla.* — *Dîné chez Feydeau, la soirée passée chez lui.*

26. *Courses pour affaires le matin.* — *Déjeuné chez Feydeau.* — *Chez Gihaut, chez Ricourt.* — *Dîné chez Halavant,* — *un député et la femme de Pont-à-Mousson.* — *Rencontré Berthoud, au café Douix.* — *Soirée chez Feydeau.*

27. *Chez Gihaut.* — *Revenu à Montmartre, flâné, croquis dans les champs.*

28. *Commencé la* Promenade, — *Les enfants* Paris *et le* Valmy.

29. *Recommencé la* Promenade.

30. *Continué et terminé le soir une amie des voisins.* Goinbeau, *elle les attend chez nous, ils ne viennent pas ; je la reconduis, nous nous promenons au Palais-Royal, elle promet de m'écrire.* — *Je me fais couper les cheveux, rue Vivienne, et je reviens chez Feydeau.* — *Je couche chez moi.*

31. *Le croquis d'Ernest.* — *Dîné chez Feydeau. Le soir, nous nous promenons, soirée chez lui.*

Avril

1. *Un croquis de Nini à refaire pour les* Études d'enfants. — *Dîné chez Halavant.* — *Rencontré Berthoud le soir. — Un instant chez Feydeau, Soustras ; nous prenons du thé. — Puis chez Mme d'Abrantès, je lis* Gourmande et Curieuse.

2. *Terminé* Alfred, *commencé* la Croix de Jésus. — *Dîné chez Halavant.*

3. *Continué* la Croix de Jésus. — *Dîné seul chez Douix. — Le soir, les deux d'Abrantès, nous allons avec eux et Feydeau et Berthoud au bal de Peytel.*

Mlle Guilleminot et sa sœur que fait Berthoud, de Feuillide en bandit italien, une batelière, Mme Petit ; rendez-vous pour lundi. — Rentré à sept heures du matin.

4. *Levé à midi. — Avec Berthoud. — Flâné chez Ottoz et dîné à Montmartre. — Revenu chez Mme Feydeau, puis au Palais-Royal :* Vert-Vert.

5. *Continué* la Croix de Jésus.

6. *Le matin, chez Rittner. — Continué.*

7. *Continué, terminé. — Dîné chez Feydeau ; le soir, nous allons nous promener.*

8. *Promenades. — Chez Peytel, avec lui aux Tuileries, rencontré Paris. — Le soir, chez Mme Petit, elle est malade au lit, rendez-vous pour le lundi suivant chez Rittner. — Diverses courses. — Dîné chez Halavant, une femme, je la suis, rien. — Revenu chez Feydeau. — Chez Mme d'Abrantès avec Berthoud, Mme de Villeneuve, rien. Mme Aubert est malade.*

9. *Le matin à Tivoli avec Peytel. — Je tire le pistolet. — Rien. — Dîné chez Feydeau. — Revenu à Montmartre.*

10. *Divers croquis. — Rien.*

11. 2e *et* 3e *pour les* Enfants. — Un Déjeuner *et* Un Petit Bateau.

12. *Continué.*

13. *Ennui.*

14. *Continué et terminé.*

15. *A Paris chez Peytel. — Hardelet qui me fait escompter un effet Peytel, avec lui chez Loiselet ; nous déjeunons chez Capucin. — Je reviens rue Saint-Georges. — Clément qui revient de Marseille. — Mme de Batz et Mme Lefranc. — Dîné chez Halavant avec Berthoud. — Le soir, chez Mme d'Abrantès et chez Mme Aubert malade. — Revenu avec de Feuillide.*

16. *Le matin, M. de Valmy ; je lui fais son portrait à l'aquarelle. — Ensuite chez Mme d'Abrantès, je fais un croquis sur pierre... Mme d'Abrantès me donne les deux derniers volumes de ses* Mémoires. — *Dîné avec Alfred chez Halavant. — Le soir, revenu chez Feydeau.*

17. *Le matin, chez Berthet et chez Lemoine qui m'escompte un effet Peytel. — Avec Berthoud chez Mme Lefranc. — Ensuite chez Mme Petit que je trouve occupée avec un ex-voisin à moi. — Dîné avec Berthoud chez Halavant. — Revenu chez Feydeau, ensuite chez Mme Duchesnois, la soirée.*

18. *Le matin, folie. — Ensuite à Tivoli avec Peytel, j'y passe une partie de la journée. — Revenu à Montmartre. — Promenade, une jeune fille qui montre ses jambes, accompagnée de je ne sais qui, rendez-vous pour le lendemain. — Clément et Théodore dînent et couchent.*

19. *Elisa vient le lendemain matin, nous la reconduisons. — Ensuite les femmes d'hier, elles ont le front de me demander chez ma mère, nous allons dans la campagne. C'est moins que rien, nous jouons au plus fin : elles veulent déjeuner, je n'ai pas faim. Rendez-vous pour le jeudi suivant. — Clément reste jusqu'à midi. — Le reste de la journée, rien fait, lu le procès de la* Tribune. — *Ensuite descendu voir Julia, elle pleure, sa grand'mère va mourir, je la console et l'embrasse ; nous causons longuement, elle doit venir demain à la fontaine.*

20. *Elle ne vient pas. — A Paris, courses, chez Mme Petit. — Avec Théodore dîné. —*

Rencontré Julia, promené avec elle aux terrains de Tivoli et Berthoud, aussi rencontré Mme Pichenat (du passage de l'Opéra), rencontré Arsène. — Après dîné au Palais-Royal, où je l'attendais, promenade en fiacre au Rond-Point, et revenu chez Théodore et chez moi le soir.

21. Dimanche, le matin avec Berthoud, cherché Arsène. — Puis revenu chez Théodore, puis avec lui et sa femme au bois de Romainville. — Chez Robert. Joie. Déjeuner. Course à cheval, nous nous perdons. — Je reviens dîner chez Feydeau et la soirée.

22. Lundi, le soir, chez la duchesse. — Courses pour argent ; le matin, Berthet me donne 400 francs. — Guastalla vient. — Avec Peytel à Tivoli. — Dîné chez Mme d'Abrantès.

23. Flâné à Paris. — Revenu à Montmartre. — Rien fait.

24. Quelques fonds sur la pierre des Enfants. — Théodore vient dîner. — Le soir, nous allons chez Julia.

25. Le matin, promenade à la Chapelle, en revenant j'achète un chevreau et le ramène à Montmartre (Djaly). — Ensuite une femme à la promenade avec un homme, des bonnes, un enfant ; elle demeure sur le Chemin-Neuf. — Chez Julia. — A Paris, courses chez Lemoine, Jeannin, Ricourt. — Dîné chez Feydeau, le soir à la Gaîté avec Berthoud ; on donne la première représentation de Georges par Gaillardet, avec les d'Abrantès. J'avais composé le costume de Georges.

26. Le matin, chez Berthet. — Je monte la garde.— Berthet me donne 500 francs. Revenu passer la soirée chez Feydeau.

27. Courses en cabriolet pour un autre effet Berthet. — Chez Lemoine. — A Tivoli. — Puis chez Lemoine avec Peytel, puis chez l'huissier. — Flâné au Quai aux fleurs avec Peytel. — Revenu chez Lemoine. — Dîné à Montmartre. — Le soir, chez Feydeau.

28. Un croquis de Ernest (9e pl. des Enfants). — Dîné chez Feydeau. — Le soir, à Tivoli avec lui et sa femme, au spectacle. — Peytel. — J'ai perdu un pari qui me met huit jours à la disposition de Mme Feydeau. — Nouveau bail.

29. Flâné. — Clément revient, il vient dîner à Montmartre et y couche. — Je reviens la soirée chez Feydeau, Soustras.

30. Terminé Ernest. — Le matin chez M. Straswicz, le Polonais. — Puis diverses courses. — Dîné avec Clément chez Halavant. — 30 avril, double anniversaire. — Le matin j'étais allé savoir des nouvelles de Mme Aubert. — Je passe la soirée chez Feydeau. — Francine, qui a mis une de mes bottes, ne peut plus la retirer et en la lui tirant je l'entraîne, elle casse sa chaise, tombe sur le derrière et se coiffe du dossier de la chaise brisée. Nous rions beaucoup.

Mai

1. 10e planche des Enfants : Léonie. — Théodore vient, puis Clément, nous allons chez Théodore, et de là à Montmartre d'où nous voyons les deux feux de la Saint-Philippe. — Je reviens passer la soirée chez Feydeau.

2. Terminé Nini. — Dîné chez Feydeau, au Gymnase avec eux.

3. Maladie. — Rien. — Jeannin, Berthet. — Dîné chez Feydeau avec Soustras. — Le soir, promenade à Montmartre avec Francine, Soustras.

4. Commencé une Conversation.

5. Continué. — Dîné à Montmartre.

6. Continué le marquis de Valmy. Le marquis d'Abrantès, Boulonnier, Peytel, Berthet. — Dîné au Palais-Royal avec Berthoud et d'Abrantès. — Le soir, chez la duchesset

7. Un portrait de Mme Berthoud. — Continué Conversation. — Dîné chez Halavan.

avec Théodore ; avec lui aux Tuileries pour trouver une femme que nous emmenons au petit café des Champs-Elysées. — Revenu chez moi. — Chez Mme Duchesnois qui n'y est pas. — Rencontré Lassailly au Palais-Royal, causerie.

8. *Continué* Conversation. — *Terminé le portrait d'un Polonais pour* les Polonais et les Polonaises.

10. *Continué.*

11. *Le matin, courses pour argent chez Lemoine. — Hardelet, avec lui Place Royale.— Tivoli. — Hardelet me fait escompter un effet de 300 francs avec Feydeau. — Chez Thénot. — Puis aux Tuileries, une petite Anglaise, rien. — Chez Mme Aubert. — Chez Mme d'Abrantès. — Dîné chez Halavant avec Alfred. — Le marquis. — Puis chez Douix. — Revenu chez Feydeau un moment.*

12. *Terminé deux aquarelles : deux enfants et commencé ma troisième. — Théodore vient à cinq heures, nous allons dîner à Montmartre, nous revenons flâner à Paris, deux femmes dans le Palais-Royal, presque rendez-vous pour mercredi.*

13. *Terminé le troisième enfant. — Mme la vicomtesse de Saint-Marc que Berthoud m'amène, dîné à Montmartre. — Le soir, chez Mlle Duchesnois. — Le général Castellane. — Ensuite chez Mme d'Abrantès.*

14. *Recommencé une aquarelle. — Visite de Laurent et Thomire. — Dîné à Montmartre. — Le soir flâné, rencontré Mme Bertrand, promené avec elle toute la soirée.*

15. *Terminé le portrait polonais. — Théodore vient me prendre, nous dinons chez Halavant, puis nous flânons au Palais-Royal où les femmes de dimanche ne viennent pas. — Puis rue du Vingt-neuf Juillet où l'Anglaise... et rien. — Le soir, autres flâneries et rien.*

16. *Refait une aquarelle. — Peytel. — Puis chez Théodore, avec lui à Montmartre. — Puis flâné et rien.*

17. *Courses pour argent, chez Lemoine. — Puis à Tivoli. — Puis au faubourg pour billet. — Je mets ma montre en gage et je commence une autre aquarelle. — Dîné chez Feydeau. — Lafait un instant. — Le soir, une sépia dans l'album.*

18. *Aquarelles.*

19. *Aquarelles. — Dîné chez Feydeau, le soir à Tivoli avec Mme Feydeau et lui, Peytel, Ricourt, Mme Petit. — Ennui. — Brouille.*

20. *Chez Mme Petit, rien. — Chez Mme de Saint-Marc. — Chez Mme Lefranc. — Dîné au Palais-Royal chez Halavant. — Berthoud m'entraîne boulevard du Temple, il va chez son Alphonsine des Folies-Dramatiques, et, en l'attendant, je vais chez Mme Leblanc ; madame est en jupon court. — Je retrouve Berthoud au Café Turc, nous rencontrons une femme, je le quitte, rien ! — Rentré chez moi. — Puis chez Mme d'Abrantès où Mme Straswiez, Mme de Villeneuve, nous causons un peu, léger raccommodement.*

21. *Continué des aquarelles.*

22. *Le matin à Tivoli avec Thénot et Feydeau. — Continué des aquarelles le soir. — Dîné à Montmartre. — Mme Feydeau va au bal, nous allons flâner au Palais-Royal avec Feydeau, je retrouve les femmes du 13.*

23. *Commencé les portraits (quatre petits) du Polonais, du poète Lassailly. — Avec lui et Berthoud dîné chez Halavant. — Puis chez Mme Aubert. — Revenu avec Théodore au Palais-Royal, où sont les deux femmes du 13 ; nous ne leur parlons pas.*

24. *Théodore suit une femme : mais je trouve, moi, une autre femme avec son père, et je la suis rue Sainte-Croix-de-la-Bretonnerie. — Continué les petits portraits.*

25. *Terminé. — Terminé le portrait de Mme d'Abrantès. — Le soir, au Palais-Royal, rien.*

26. *Dimanche, fait l'affiche pour le* Cheveu du diable *de Berthoud. — Le soir, dîné à Montmartre avec Théodore. — Puis au Palais-Royal où rien, et de là à Tivoli.*

27. *Rien fait. — Alfred d'Abrantès, Aubert. — Le soir chez M. Lefebvre, commissaire-priseur, qui me donne 200 francs sur mes aquarelles qu'il doit vendre. — Puis chez Dut. — Payé un effet de 77 francs, puis rue Sainte-Croix. — Dîné au Palais-Royal où rien encore. — Trouvé Théodore. — Chez Mme d'Abrantès. — Revenu avec Lassailly, Berthoud ; ils nous reconduisent.*

28. *Ecrit. — Arrangement. — Dîné à Montmartre. — Le soir au Palais-Royal, rien.*

30. *Ecrit. — Arrangement. — Dîné à Montmartre avec Théodore. — Le soir au Palais-Royal où je le retrouve, je suis une autre femme (nouvelle de quelques jours) rue de Grammont, hôtel des Etats-Unis. On m'a l'air de vouloir suspendre l'épée du tyran · sur une autre tête.*

31. *Le matin, Soustras. — Ecrit. — Arrangement. — Puis avec Berthoud en cabriolet chez Lemoine. — Seul chez Mme d'Abrantès. — Chez Mme Aubert. — Chez Martinet. — Dîné au Palais-Royal, je trouve mon étrangère, flâné troubadouresquement à l'hôtel des Etats-Unis.*

J U I N

1. *Monté la garde. — Flâné rue Sainte-Anne. — Diverses courses pour affaires. — Le soir, au Palais-Royal.*

2. *Le matin à six heures chez Alphonsine, la maîtresse de Berthoud. — Trouvé Camille, ensemble au Pré-Saint-Gervais, île de Calypso, bois de Romainville, sorte de fiançailles. — Le soir, il pleut, resté chez Berthoud.*

3. *Le matin, Alphonsine et Berthoud à déjeuner. — Ensuite dormi, flâné. — Chez Berthet pour affaires. — Avec Berthoud en omnibus faubourg Saint-Marceau, revenu par la Bastille. — Le soir, dîné chez la duchesse.*

4. *Rien. — Dormi. — Visite du curé de Montmartre. — Le soir au Palais-Royal, rien.*

5. *Camille et Alphonsine viennent, elles déjeunent chez moi. — Camille est malade, elle s'en retourne. — Flâné toute la journée. — Dîné au Palais-Royal. — Grippé. — Chez Aguarite. — Revenu au Palais-Royal, rien.*

6, 7, 8, 9, 10, 11, 12, 13. *Maladie au lit. — Soustras, Aubert, etc.*

14. *Aubert et un de ses amis ; ensuite M. Morice, ami de Dussert (qui est maire de Bône), et puis M. Berthier, le directeur de Bagatelle. — Le soir, une course en cabriolet. — Palais-Royal. — Chez Dut. — Soirée passée chez Berthoud. — Convalescence. — Ecritures, etc. — Dîné chez moi. — Le soir au Palais-Royal. — Flâné sur le boulevard.*

16. *Convalescence. — Dîné avec Théodore à Montmartre. — Au petit café. — Revenu chez moi. — Arrangement de papiers.*

17. *Quelques croquis. — Dîné au Palais-Royal avec Berthoud. — Revenu chez moi, jusqu'au pont des Arts... point de sou, revenu chez moi en cabriolet chercher le sou chez Mme d'Abrantès. — Mme Junot, Mme de Mercœur, Gigoux, etc.*

18. *Le matin, Soustras, puis Hardelet et Loizelay. — A Tivoli avec Peytel. — Course en cabriolet pour argent. — Dîné à Tivoli (mardi). — Fanny.*

19. *Le matin, écritures. — Dîné à Montmartre. — Le soir au Palais-Royal.*

20. *Ecritures. — Rangements. — D'Arpentigny. — Courses en cabriolet pour achats, payements (reçu d'Houdetot 500 francs). — Dîné au Palais-Royal. — Puis à Tivoli. — Punch chez Mme Salicottes. — Mme Feydeau plus aimable, et sa famille.*

21. *Le matin, Soustras. — Puis descendu chez Feydeau. — Hubert vient. — Je pars pour Montmartre, il m'accompagne. — Rencontré Nathalie qui vient aussi à Montmartre. — Cuisine dans le belvédère.*

22. *Une nouvelle pierre pour la suite des Enfants : Athénaïs. — Théodore vient le soir. — Divers arrangements.*

23. *Dimanche. Un croquis de Théodore. — Un croquis de trois têtes d'enfants. — Une seconde pierre : Pascal.*

24. *Lundi à Paris, chez Berthet. — Course pour une canne. — Revenu chez moi. — Portrait de Peytel. — Mme Feydeau. — Dîné au Palais-Royal. — Au noble faubourg Mme V. — Première querelle.*

25. *Terminé le portrait de Peytel. — Le matin, démangeaisons, velléités. — Dîné au Palais-Royal. — Le soir à Tivoli. — La famille Feydeau. — Le baron Didelot, la petite baronne aimable d'abord, boudeuse et réservée ensuite.*

26. *Au diable ! Je reviens à Montmartre à midi. Soustras m'accompagne, il me propose un voyage à Londres. — Un mauvais croquis. — Ecritures. — Rangements.*

27. *1ʳᵉ planche de Bagatelle : Causerie.*

28. *2ᵉ planche : Première loge, — à Paris. — A la ville pour un appel d'un jugement du conseil de discipline ; je suis acquitté. — Revenu chez Feydeau.*

29. *Déjeuné chez Feydeau, etc. — Avec lui chez Caillet. — Revenu à Montmartre. — 3ᵉ planche de Bagatelle : Deux sœurs.*

30. *Dimanche. Fête à Montmartre. Théodore vient. — 4ᵉ planche après dîner. — Le soir, à la fête, une veuve; Théodore fait Marie.*

JUILLET

1. *5ᵉ planche pour Bagatelle : Le Verre d'eau. — Le soir à Paris, chez Mme d'A., Mme de V., Mme A., Mme J. toujours aimable. Mme Fr. très aimable. Alfred me donne un billet de Léon de Sainte-Pélagie.*

2. *Le matin chez Berthet, revenu chez moi. — Puis, visite à Mme Duchemin, à Mme de Saint-Marc, un peu aimable. — Dîné chez Feydeau. — Le soir chez M. Petit-Morlot et soirée sur la terrasse, au clair de lune ; étude expérimentale.*

3. *Courses encore chez Gigoux, à la préfecture de police, à Sainte-Pélagie. — Léon, Fournier, Verneuil. — Chez un huissier. — Nouvelle rupture à Tivoli. — Peytel se marie. — Je trouve une femme qui va au cimetière, puis sur la butte, rendez-vous pour vendredi. — Le soir, des vers.*

4. *Jeudi, des vers. — Le soir, ma veuve ne vient pas à la fête. — Je descends voir Julia. — Je retrouve une autre femme que j'avais beaucoup suivie dimanche : la femme au lorgnon, — des macarons à la rouge et à la noire.*

5. *A Paris. — Au cimetière du Père-Lachaise à une heure je n'y trouve point ma belle. — Promenade ensuite au bois de Romainville. — Le bois. — J'ai vu dans l'ombre d'un bois solitaire, assise sur les feuilles sèches, une femme blonde, élégante, jolie et chantant joyeuse et de toute sa voix la Mère aveugle, de Béranger : « Lise, vous ne filez pas », elle cousait je ne sais quoi, une autre femme cousait avec elle. — Dîné dans le bois, puis promenade à cheval. — Le soir, aux Funambules. Une femme et des coups de pieds sous le banc.*

6. *Samedi, des vers.*

7. *Je monte la garde avec Bassano. — Dîné chez Halavant. —Le soir, revenu à Montmartre et travaillé malgré la fête. — Théodore y était et couche à Montmartre.*

8. *A Paris. — Chez Feydeau, arrangé les yeux au portrait de Peytel qui part. — On m'avait attendu pour déjeuner. Je ne vois point Peytel. — Je reviens dîner à Montmartre et voir un lundi de la fête. — Puis au petit café, Julia et la femme au lorgnon. — Chez la duchesse, j'y retrouve Berthoud et Mme Hubert.*

9. *Le matin, Alfred. Je vais le reprendre au cabinet de la lecture de la Tente au Palais-Royal. Nous allons ensemble à Sainte-Pélagie. Léon est ivre. J'y rencontre Mme Junot*

*et Mme de la Morlière. — Revenu chez Mme Fisson où je trouve Hertz. — Chez Mme de
Saint-M., où je trouve un aimable. — Feydeau et sa femme vont aux Français. — Je
dîne au Palais-Royal. — Puis chez M. P., qui ne me reçoit pas d'abord, mais fait courir
après moi. Je rencontre Valmont et B. Chevalier. — Soirée chez Mme P. — Revenu chez
Feydeau.*

10. *Le matin, Herdelet et Loizelay que j'avais invités à déjeuner à Montmartre et que
j'avais oubliés. Je les traite à Paris. Causerie. — Descendu chez Feydeau. — Le docteur
Pactot et le trompette. Gambetti. — Chez Berthoud, chez Mme de Saint-M., qui me lit des
vers ; je dîne chez Douix et je reviens chez elle. Elle me donne des vers pour le* Journal des
Jeunes Personnes *et me lit de la prose. — Nous grimpons à l'échelle pour arranger un
store chez Mme Aubert.*

11. *Le matin, descendu chez Feydeau et je reviens à Montmartre. — Spleen. — Commencé une pierre.*

12. *Un peu de courage. — Commencé les* Travestissements de 1834. 1re *Pierrette.*

13. *2e travestissement : Un Pêcheur. — Le soir, Théodore : nous allons au Café des
Artistes, elles y sont toutes deux, l'autre est jolie et aimable.*

14. *3e travestissement. — Ce soir, Poulain qui revient de Bordeaux. — A la fête, la
veuve ; je la reconduis... Je la salue à peine et je reviens triste.*

16. *Courses en cabriolet à Bagatelle. — Chez Rittner qui me donne 120 francs et des
billets. — Puis rupture dernière sans doute. — Chez Berthet. — Je reviens chez Adèle
Petit. — Avec elle et Mlle Leverd, des Français, nous allons à Belleville. — Promenade à
cheval au pas dans le bois de Romainville. — Nous allllons manger des groseilles dans un
champ, assis entre les groseilliers, sous l'ombrelle, causant, riant. — Nous revenons dîner
à l'Isle de Calypso. J'y oublie mes derniers vers que je leur avais lus. Nous nous promenons
après dîner. — Adèle est aimable. — Nous tirons le pistolet tous deux ; puis nous revenons
au bois. — Il fait nuit, etc. Les femmes ont peur, nous revenons à Paris. — Reconduit
Mlle Leverd place de l'Odéon. — Nous rentrons chez Adèle ; elle se couche, adieu. — Je
rentre à une heure.*

17. *Ce matin, Alfred d'Abrantès. Je fais un croquis de lui sur l'album de Mme Junot. —
A trois heures, je trouve un vieil et doux souvenir sur la côte de Montmartre. On m'y attendait. Nous allons promener, — une étrange explication autour du cimetière. — Nous nous
quittons à la barrière de Clichy, j'ai menti. — Je reviens au Café des Artistes. Je les
trouve toutes les deux. Nous convenons d'aller ce soir au Gymnase. Je les retrouve après
dîner. Cerfberr nous a donné une avant-scène. — La jolie femme est demi-boudeuse. Elle
me laisse et me reprend sa main, appuie et retire son genou.*

18. Bonjour *pour les Amours.*

19. *Terminé* Bonjour. — *Commencé le* Petit Frère *le soir au café.*

20. *Terminé le* Petit Frère.

21. *Ecrit des vers. — Théodore. — Dimanche, le soir à la fête. — La jolie femme (Zoé).
Nous montons dans la balançoire russe. Mal de cœur, mal de nerfs et bonheur ! — La veuve
aussi, je ne lui dis rien. Nous reconduisons Julia (Julia a un amant, me dit Zoé) et Zoé avec
son mari au Café des Artistes. — Eau sucrée et je remonte heureux.*

22. *A Paris, chez Lemoine et plusieurs autres pour des billets. — Chez Hardelet. —
Chez Fanny que je trouve chez une madame Louis. — A Sainte-Pélagie, — Léon joue aux
cartes. — Chez Dut. — Dîner chez Halavant. — Berthoud. — Chez Feydeau. — Chez
Mme d'Abrantès.*

23. *Le matin, arrangements. — Chez Feydeau. — Chez Berthet. — Dîné chez Feydeau. —
Le soir, avec Francine et sa sœur, barrière de l'Etoile en fiacre. — Il pleut. — Dans un café.
— Revenu aux Tuileries. — Querelle, etc.*

24. *Le matin, etc., et revenu à Montmartre.* — Promenade *pour les Amours.*

25. *Terminé* Promenade. — *Des vers. Théodore. Nous allons le soir au* Café *des* Artistes.

26. *Des vers :* la Lettre du Bon ami.

27. *Des vers :* l'Intrigue à domicile. — *Le soir, au* Café *des Artistes. Zoé, toujours aimable, mais toujours timide ou coquette femme !*

28. *Continué.* L'Intrigue *est terminée. — Des vers. — Le cousin Lafait à coucher à Montmartre. — Le soir à Paris aux Champs-Elysées avec Théodore. — Une femme aux Tuileries : soirée de troubadours ! — Boulevard de la Madeleine.*

29. *Des vers. — A Paris, boulevard de la Madeleine où je revois mon inconnue. — Au Palais-Royal. — Dîné avec Théodore. — Je reviens à la Madeleine. — Rencontré Arsène, rue Saint-Honoré. — Mon inconnue va voir la fête avec son mari et ses enfants. — Soirée passée à la suivre pas à pas dans la foule, parmi les lampions, les musiques, les pains d'épices, pour lui remettre une épître dont elle ne veut pas, tout en la demandant. Nous revenons chez elle, étrangers comme devant, et je reviens chez moi le soir en* troubadourant; *j'avais été rencontré par la dame Fisson.*

30. *Le matin chez Feydeau. — Puis à la Madeleine. — Je trouve un appartement de garçon à louer dans la maison. — J'entre, l'appartement est voisin du sien, je loue, je la vois un peu. — Dîné chez Douix où je trouve Bernard Chevalier. — Revenu à la Madeleine et puis par la rue Caumartin où je me querelle pour une chandelle avec un boulanger. — A Tivoli, et de Tivoli au* Café *des Artistes, où ma Zoé me donne un rendez-vous pour mardi : et du* Café *des Artistes à la Madeleine à minuit.*

31. *Jour de garde. — Je la vois un peu le soir. — Course en cabriolet à Sainte-Pélagie : où je trouve dans le salon Mme d'Orgeville vieille et triste qui vient voir son mari prisonnier pour dettes et en bras de chemise. — Mme d'Orgeville à Sainte-Pélagie : souvenir et contraste !*

AOUT

1. *Matinée passée à flâner chez Feydeau. — Ensuite dîné à Montmartre après avoir été un peu à la Madeleine. — Le soir, revenu chez Mme Aubert, puis à la Madeleine. — Puis chez Théodore, puis avec lui à la Madeleine et aux Champs-Elysées, au concert. — Couché chez lui.*

2. *Arrangements le matin. — A onze heures et demie je porte mes pistolets au Mont-de-Piété pour 25 francs et je cours en cabriolet à la barrière des Martyrs où je trouve Zoé. Nous allons au bois de Boulogne et nous dînons à Boulogne où j'avais dîné avec Louisa. Nous revenons à Paris assez tard. Elle est inquiète. Journée d'amour sur les feuilles sèches. Soleil et premiers baisers. Demi-confiance, demi-abandon. Serment d'aimer toujours. — Couché chez Théodore.*

3. *Ce matin chez Jeannin. — Toute la journée flâné chez Feydeau. Dîné chez Feydeau. Le soir avec sa femme à Tivoli. — Je couche chez moi sur mon divan ; je n'ai pas de lit.*

4. *Le matin chez Jeannin. — Revenu à Montmartre où Théodore termine le Déjeuner, scène d'enfants. — Ce soir, flâné un moment au bal de Roger. La veuve n'y est pas.*

5. *Ce matin, chez Jeannin. — Puis à la Madeleine. Je la vois tout près, de ma fenêtre à la sienne, puis chez le tapissier. — Je reviens chez Jeannin, et à Montmartre. — Continué le Petit Bateau, scène d'enfants. — Revenu à Paris chez Jeannin. — Soirée passée chez Mme Aubert. — Couché à Montmartre.*

6. *Ce matin, des vers. — Terminé le Petit Bateau. — Le soir à Paris. Boulevard de la Madeleine. Je la suis aux Tuileries où elle rencontre un homme et fait la coquette avec lui*

tout le soir. — Moi, je rencontre Aubert ; puis je rencontre Mme Fisson et je monte un moment chez elle. — Je couche rue Saint-Georges.

7. *Ce matin, course en cabriolet, chez un huissier. — Déjeuné avec Mme Feydeau. — Chez la duchesse. — Dîné à Montmartre. — Puis au cimetière. — Puis à Tivoli. — Boulevard de la Madeleine. Je ne la vois pas. — Revenu coucher à Montmartre.*

8. Bonne Aventure *et* Amours. *— Des vers. — Le soir, Théodore qui me rend compte d'un message à Zoé. — Puis Adèle, je ne sais qui nous reconduisons. — Je devais passer la soirée chez M. Clerget, je devais même y dîner, je n'y vais point. — Rendez-vous pour mardi avec cette Adèle-là. — Je vais coucher une première fois à la Madeleine. Elle ne veut rien de moi.*

9. *Des vers. — Terminé* Bonne Aventure. *— A Paris. — Zoé n'est pas au petit café. — Je vais à la Madeleine et j'y couche. — Toujours rien.*

10. *Je rentre chez moi. — Chez Delton. — Berthoud. — A la Madeleine. — Chez M. Straswicz. — Chez M. Corvini. — Mme Clerget toujours bonne et aimable. — Chez Mme Heirel sans la trouver. — Chez Fay. — Déjeuner chez Halavant. — Revenu chez Feydeau. — Puis à la Madeleine encore. — Dîné chez Douix. — Rencontré Théophile. — A la barrière Rochechouart. — Zoé ne veut pas d'un billet. — Revenu chez moi. — Couché à la Madeleine.*

Enfin elle change de fenêtre, vient là plus près, baisse la jalousie et me parle.

11. *Revenu chez moi. — Flâné et déjeuné chez Feydeau. — Faiblesse. — Revenu à Montmartre à trois heures. — Théodore et le voisin Auguste. Il nous lit de drôles de lettres. — Un dessin sur l'album de Mercœur. — Je vais coucher à Paris. — Nous causons encore.*

12. *Revenu chez moi. — Chez Berthet pour affaires. — Chez Hardelet, à la banque, chez un banquier place Royale, etc. — Dîné chez Feydeau. — Ce soir chez Théodore, avec lui au petit café. Zoé n'y est pas. — Chez Berthoud, avec lui et son médecin chez la duchesse (je n'étais pas allé à la fête), j'y lis mes drôles de lettres. Mme Aubert, M. le marquis de Villeneuve. Réconciliation. — Couché chez moi. — Mme F. me donne un buvard pour ma fête. — J'écris (dessus) à Zoé.*

13. *Revenu à Montmartre. — Ecritures. — Dîné à Montmartre. — Le soir, trouvé Adèle je ne sais qui à la barrière Blanche. Avec elle au bois de Boulogne. — Presque rien. — Revenu à la Madeleine où je lui donne le n° du Salmigondis par la fenêtre avec ma canne et une lettre. Nous causons.*

14. *Ce matin revenu à Montmartre. — Ecritures. — Une aquarelle :* Causerie *(deux femmes dans un lit). — Théodore vient ce soir. Il était chargé de remettre un billet à Zoé qu'il a rencontrée en route. Je descends avec lui à Paris. — Je couche à la Madeleine. — Elle me donne une réponse un : impossible. Et puis un morceau de sucre après pour mon rhume. Tigresse ! — et puis elle me donne sa main ce soir. — Je reviens le 15 matin. Fête de ma mère. — Terminé l'aquarelle. — Couché à Montmartre le soir.*

16. *Musardé.*

17. *A Paris. — A la Madeleine. Je ne la vois pas. — A Sainte-Pélagie. J'arrive trop tard. — Dîné au Palais-Royal. — Revenu à la Madeleine. Je ne la vois pas. Revenu chez Feydeau, il est tout seul. — Couché à la Madeleine. Nous causons assez froidement. — Ecritures, lettres.*

18. *Commencé* Paul et Virginie, *des* Amours. *— Le soir, couché à la Madeleine. — Nous sommes au mieux. Mais rien cependant. — Sa main et du sucre.*

19. *Continué* Paul et Virginie. *— Le soir à Paris, chez mon portier, prendre des lettres. — Puis chez Théodore. — Couché à Montmartre.*

20. *Terminé* Paul et Virginie. *— A Paris chez Berthet. — Aux Tuileries. A la Madeleine. Je ne la vois point, je la vois le soir. — Couché à la Madeleine.*

21. *Ce matin chez Berthoud. — Courses en cabriolet. — Ile-Saint-Louis. — Revenu chez Berthet. — Chez moi. — Berthet. — A Sainte-Pélagie. Léon. — Des hommes, des femmes, le Manteau. — Chez Mme de Saint-Marc qui part. — A la Madeleine. Rien. — Dîné au Palais-Royal. — Couché à la Madeleine. — Aux Français, au concert. Je l'y trouve.*

22. *On colle du papier chez moi. — Rangements. — Dîné à Montmartre. — Ce soir, couché à la Madeleine.*

23. *Rangements. — Chez Comte. — Je la vois, toute joyeuse, toute heureuse. Causerie le soir. Elle part à la campagne pour sa fête et pour trois jours.*

24. *Continué les rangements. — Dîné à Montmartre. — Le soir chez Théodore qui me donne des détails de sa mission infructueuse près de Zoé. Zoé a pris son parti de ne plus me voir. Je la regrette. — Couché à Paris. — Soirée chez M. Aubert.*

25. *Rangements. — Théodore vient. Nous allons à Montmartre. — Le cousin philosophe. — Nous descendons au Café des Artistes. — Julia plus aimable, Zoé n'y est pas. — Le reste de la soirée chez Adèle revenue. Elle s'est brûlée avec les rideaux de son lit.*

26. *Rangements. — Dîné à Montmartre. — Le soir chez Mme Feydeau. — Je me fais arracher une dent.*

27. *Le matin, Berthoud vient me faire je ne sais quel cancan de M. J., qui est furieux contre moi, je ne sais pourquoi. — Rangements.*

28. *Rangements. — Dîné chez Adèle avec l'architecte Trélat dans l'appartement d'un M. V. (absent), rue Cadet. — Ensuite aux Champs-Elysées. Glaces au café des Ambassadeurs. — Couché rue Saint-Germain.*

29. *A Sainte-Pélagie le matin. L'on n'y est plus. — Déjeuné au Palais-Royal. — Revenu chez Mme Aubert. — Querelle avec M. J. — Berthoud est là. — Chez Mme Lefiaux. — Le soir, un portrait de Mᵉ Duchesnois. — Revenu dîner à Montmartre. — Revenu chez moi. — Couché à la Madeleine. Je la revois après quatre ou cinq jours d'absence. Elle est plus aimable.*

30. *Flânerie. — Rangements. — Rien. — Chez Berthet. — Chez Berthoud. — Dîné avec Berthoud et Lafont, rue du Bouloi, je crois. — Puis avec eux aux Variétés. — La Consigne, la Salle de bains. — Je reçois le matin une jolie et bonne lettre d'amitié et de réconciliation, j'y réponds en la rendant. On me la renvoie. — A minuit, couché à la Madeleine. Il est trop tard. Je ne la vois pas.*

31. *Rangements. — Le soir, couché à la Madeleine. — A la Gaîté avec Berthet et sa femme. Jules Morère au foyer.*

SEPTEMBRE

1. *Berthet et sa femme. — Commencé le portrait de Berthet. — Nous partons au village de Maisons. — Une mauvaise aquarelle (un enfant). — Lafond. — Théodore. — Nous dînons à Montmartre. — Je fais ma toilette à dix heures et vais à la Madeleine chercher une carte qu'elle doit avoir jeté dans ma chambre par la porte. Je ne l'y trouve point. Je reviens chez moi. Puis je retourne. Nous causons.*

2. *Le matin chez Berthet pour un effet Lemoine. Il me donne 250 francs. — Course près la halle. — Revenu chez moi. — Rangements. — Flâné. — Dîné à Montmartre. — Commencé un portrait de Mme Hubert dans l'album de M. J. — Le soir chez la duchesse. Mme de W. très aimable.*

3. *Rangements. — Ecritures. — Corrections. — Dîné à Montmartre. — Le soir chez moi.*

4. *Ecritures. — Chez Mme de V. Je lui fais un petit calque. — Sa fille. — Causerie. — M. de Cayeux. — Revenu dîner chez Halavant. — Couché à la Madeleine.*

5. *Un article pour le Voleur. — Diverses écritures et rangements. — Chez Mme Aubert. — Dîné à Montmartre. — Auguste vient chez moi le soir. — A la Madeleine. Nous causons. Première entrevue sur le carré. Elle vient dans ma chambre. Je suis un peu désenchanté. — Rien.*

6. *Ecritures. — Le soir en omnibus chez Fay. — Rencontré Gigoux. — Couché à la Madeleine. Elle vient une seconde fois et me supplie de ne lui demander rien. Je fais de la niaiserie et de la générosité. Soirée d'amour. Elle part encore à la campagne pour trois jours.*

7. *Le matin, courses. — Chez Lafitte. — Je souscris pour deux toto à Manon (sic). — A Bagatelle où je donne : A toi prisonnier. — Je reviens chez moi. — Mme Aubert. Nous commençons un autre portrait. — Ensuite Léon, ensuite Aubert, ensuite Feydeau. — Dîné chez Mme Aubert avec Léon. — Soirée. — Maladie.*

8. *Berthet pour son portrait. — Je suis malade. — Lafont, Berthoud, Théodore, le soir.*

9. *Maladie, congestion cérébrale, petite vérole volante.*

10. *Id.*
11. *Id.*
12. *Id.*
13. *Id.*
14. *Id.*

15. *Rangements. — Lafond.*

16. *Rangements. — Première sortie. — Chez Berthoud. — Dîné au Palais-Royal avec lui et Lafond. — Le soir chez la duchesse.*

17. *Rangements. — Camille vient chez mon portier, inquiète d'une si longue absence. — Je sors l'après-midi. — A la Madeleine sans la voir. — Dîné chez Halavant. — Le soir chez Mme Aubert, convalescente aussi. Mme Junot. — Reviens chez moi et à la Madeleine. Je ne la vois point. — J'y couche.*

18. *Rangements. — A la Madeleine avant dîner. Je la vois un peu. — Dîné chez Halavant. — Le soir à la Madeleine. — Nous causons. Le mari entre sans bruit et entend parler. Elle dit qu'elle chantait. Puis elle vient plus tard chez moi. Lui se lève et vient l'appeler. Alerte.*

19. *Commencé un dessin pour* Bagatelle. *Manqué. — Hardelet. — Dîné à Montmartre. Le soir chez Théodore. — A la Madeleine. Elle me dit un mot à la hâte, et me donne un premier rendez-vous.*

20. *Recommencé le dessin pour* Bagatelle. *— Théodore vient travailler. — Nous dînons à Montmartre. — Le soir, flâné.*

21. *Deuxième dessin de cette suite pour* Bagatelle : le Phénokisticope. *— Dîné à Montmartre. — Le soir, flâné. Nous rencontrons Zoé que je laisse passer.*

22. *Troisième dessin pour* Bagatelle : Travestissement. *Dîné à Montmartre avec Théodore. — Le soir au petit café un moment. — Julia est malade ; point de Zoé. — Soirée chez Berthet, M. Floriot, Depréaux, Berton, Schwarts.*

23. *Continué le Travestissement. — Mme Feydeau m'envoie chercher. — Longue conversation. — Dîné à Montmartre. — Le soir au petit café. Julia qui revient du bain. Point de Zoé. — Le soir chez la duchesse. Mme de Mercœur.*

24. *Le matin chez Berthet qui me donne 100 francs. — Rendez-vous de Tivoli avec Camille. Promenade en citadine. — Je reviens chez moi trouver Théodore. — Dîné avec lui, Berthoud et Lafond chez Halavant. Colique. Je reviens me coucher.*

25. *Quatrième* Mascarade. *— Théodore. Nous dînons à Montmartre. — Soirée passée chez Mme Aubert.*

26. *Continué* Mascarade. *Nous dînons chez Douix avec Théodore et ensuite au Gymnase avec Feydeau. — Le soir, causerie avec M. F.*

27. *Le matin, Alfred pose pour une pierre :* le Carnaval. *Terminée le soir chez la duchesse. J'y porte le* Phénokisticope.

28. *Flâné chez Feydeau. — Sixième* Écossaise. *— Le soir, faiblesse.*

29. *Mme Aubert. Je recommence son portrait. — Dîné à Montmartre. Elisa, ce soir. Faiblesse, presque par contumace.*

30. *Le matin, quiproquo de lettres, par un commissionnaire qui se trouve entre M. J., et moi de la part de M. A. — Rencontré une femme. — Causerie. Je la laisse (rue des Filles-Saint-Thomas au coin de la rue Monsigny au quatrième). — Chez Berthoud. Alfred avec lui. — A* Bagatelle. *Nous rencontrons M. Aubert. — Voir des logements. — A la Madeleine où personne. — Dîné avec Berthoud et Lafond chez Halavant. — Le soir chez la duchesse. — Explication au sujet du départ. Singulière position.*

OCTOBRE

1. *Mardi. Camille vient me voir. Dernier chapitre du roman. Nous passons la matinée ensemble. — Ensuite à* Bagatelle. *— Je trouve en bas Fournier le libraire. Dîné à Montmartre. — Le soir chez M. Aubert. Arago m'a envoyé une loge que je donne aux Feydeau.*

2. *Le matin, Berthet vient crier au sujet d'un effet impayé. Nous nous fâchons. — Courses chez B. Chevalier. — A* Bagatelle. *— Chez Berthoud, j'y trouve Lesguillon. — Dîné à Montmartre. — Le soir chez M. B. — Chevalier vient me voir.*

3. *Le matin avec Berthoud. Faubourg Saint-Honoré chez M. Strasfort pour des renseignements de domestique. — Ensuite chez Léon. — Allée de Marbeuf. — Ensuite flâné pour des voitures de Saint-Germain ou de Courbevoie. — Nous ne trouvons pas de place. Je vois Camille à sa fenêtre deux fois. — Nous voulions aller à Maisons. Nous revenons. Nous allons voir les Sauvages de la rue du Mont-Blanc. — Nous revenons chez Berthoud, où je fais des charges de lui, de Lafond et d'Alfred et nous allons dîner tous ensemble. — Ensuite chez Mme Aubert.*

4. *Le matin, une charge de moi pour la collection. — Congédié Marguerite. — Visite d'Adèle Petit le soir.*

5. *Un troisième dessin pour* les Amours. *— La troisième livraison :* Les Agrafes. *— Le soir chez M. Feydeau. Croquis à la plume.*

6. *Le matin chez Morère. — Au bain. — Déjeuné chez Berthoud. — Continué* les Agrafes. *— Dîné à Montmartre.*

7. *Aquarelles pour Poulain et Jalon. — Le soir chez la duchesse. Mme de V. Rendez-vous pour samedi, huit heures. Mme Regnault de Saint-Jean-d'Angely. — La duchesse reste la soirée chez V. Hugo.*

8. *Camille. Journée passée ensemble. — Delton était venu me prendre le matin pour un duel à Montmartre avec Feydeau. — Rien. — Dîné à Montmartre. Ce soir, croquis chez M. Feydeau. Son frère Amédée qui revient d'Alger.*

9. *Continué et terminé* les Agrafes. *— Ensuite à Tivoli. — Rencontré M. Feydeau. — Ensuite couru pour des logements de bureaux. — Dîné à Montmartre. — Le soir chez Feydeau.*

10. *M. Bance, éditeur, m'achète* la Croix de Jésus *150 francs. Courses chez Berthet, chez l'huissier Fabien. — Ensuite à cheval à Montmartre et de Montmartre à Maisons voir l'architecte Maquet. — Promenade. — Ce soir chez Feydeau.*

11. *Garde. — Le matin je passe par la Madeleine et je la vois. — J'y retourne dans le jour. Dîné chez Halavant. — Soirée chez Feydeau. — Chez Berthet pour un billet.*

12. *Commencé une pierre pour* Amours *:* Confidence. *Je ne la termine pas. — Théodore*

vient le soir. — Jeannin me manque de parole. — Nous allons dîner à Montmartre. — Je manque de parole à Mme de V. — Soirée chez Feydeau.

13. Le matin, à huit heures, nous prenons la voiture de Maisons chez Lafitte. — Journée dans le parc avec Théodore et le Maquet. Une femme. — Nous dînons chez le concierge. — Soirée chez Feydeau.

14. Courses pour affaire. — Le soir chez la duchesse. Mme J. qui part pour revenir.

15. Le matin avec Aubert, arrêter le logement du Journal et à la poste une belle jambe de femme. — Déjeuner chez Halavant. — Courses d'affaires par la pluie. — Dîner à Montmartre. — Le soir, épouvantable querelle à propos du Journal. Raccommodement.

16. Camille vient. — Inquiétude. — Tourments de femmes. Tourments d'affaires. — Le soir chez Lafitte. — Dîner chez Feydeau. — Chez Mme Aubert. Mme Junot.

17. Inquiétudes d'affaires. — Rien. — Dîner chez la duchesse. — A la Gaîté.

18. Idem rien. — Journée à attendre le caprice des escompteurs. — Le soir chez M. Aubert.

19. Léon Bertrand, Lafond, Lassailly, Arago, Morère, Jalon, Alfred, etc. — Dîné à Montmartre. — Ensuite au petit café. — Julia. — Chez Fay. — Revenu chez moi.

20. Le portrait de Mme Aubert. — Le matin, chez Morère pour mon journal. — Le soir, dîné chez Halavant. — Rencontré mon objet de la rue de Grammont au Palais-Royal, et une autre jolie petite fille que je perds dans la foule. — Soirée chez Feydeau.

21. Première annonce dans la Quotidienne. — Courses pour argent. — La Tendresse d'une Sœur pour le Journal des Jeunes Personnes, par Mme Aubert.

22. Courses d'argent les 23, 24, 25, 26. — Le soir chez Mme Aubert, chez Mme Feydeau, etc., etc. — Signé chez Lafitte.

27. Une seconde planche pour ledit Journal : l'Agonie.

28. Terminé l'Agonie. — Le soir, chez la duchesse avec Lassailly. — Le 25, couché chez M. Delpech avec Aubert.

30, 31. Courses pour argent. — Ennuis. — Visites.

NOVEMBRE

1 et 2. Courses et visites. Ennuis et tourments d'argent. — Le 3 chez Johannot, le matin, avec Berthoud. Nous ne le trouvons pas. Nous allons flâner à la Revue. — Camille à la fenêtre. — Dîner chez Halavant. — Le soir chez Feydeau. Soustras.

4. Courses. — Le soir chez la duchesse avec un M. Babo, présenté par Berthoud. — Inauguration d'un portrait de M. Aubert offert à Mme Junot.

5, 6, 7, etc. — Courses. Ennuis. Tourments d'argent.

8. Courses chez Adam, Devéria, Charlet, Dumas, Johannot que je ne trouve pas. Dîné à Montmartre. — Le soir encore chez M. Aubert.

9. Prospectus. — Le soir, Mme Junot chez Mme Aubert. — Première représentation d'Indiana.

10. Je monte la garde. — Chez Martinet, Rittner, etc. — Mon domestique s'ennuie chez moi et me quitte.

11. Lundi. Chez la duchesse le soir. J'y dîne.

12, 13, 14, 15, 16, etc. Courses, pourparlers pour affaires du journal. Je reçois une visite d'une Mme Tavern très aimable, qui vient en jouant me demander un travestissement pour le Petit Courrier. — Les travestissements de Rittner se vendent à Martinet. — Le lundi.

18. Chez la duchesse. Mme Junot est partie pour Orléans. — Travaillé à une préface pour les Gens du Monde. — Chez Alfred de Vigny avec Lassailly, Antony Deschamps. Il vient chez moi le lendemain. — M. Turpin. Arago. — Mme Maisonneuve meurt. — A l'enterrement avec Théodore. — Dîné chez Dufraine, que je revois après longtemps. — Un quatrième travestissement pour la suite de Rittner-Martinet (Andalouse). Bagatelle se meurt et veut se rendre. — Morère vient. — Bertin vient le 22 matin, c'est presque conclu. — J'achète un journal et n'ai point le sou (le 22).

    23. Je n'achète point Bagatelle. — *Courses, pourparlers. — Préparation de mon journal.*

    24. *Première planche de modes terminée le 25.*

    26. *Fête de village* (pour Mᵉ Acker).

        Un petit bois : La Muse de l'ouvrier.

        Un autre : Un petit chapeau.

    27, 28, 29, 30. *Courses,* etc.

DÉCEMBRE

Le mois de décembre manque.

———

Au journal de 1833, je joins un billet de Gavarni, annonçant au ménage Leroy la naissance de son fils Pierre Gavarni, le survivant des deux frères, l'aquarelliste charmant, applaudi aux dernières expositions.

Pierre-Auguste (le frère de Pierre-Jean) est au monde. — La mère Gigogne est fort gaillarde. — Le petit ne demande qu'à prendre quelque chose, — une goutte de n'importe quoi.

On est donc en mesure, chers amis, de vous tendre ici quatre poignées de mains.

G.

    Vendredi.

———

Je clos cet appendice par une note sur Balzac, retrouvée dans les journaux de Gavarni, et mitigeant un peu la dureté des premiers jugements de l'artiste sur le romancier :

Balzac a fait de belles choses. Certes on ne poussera guère plus loin la rigueur de l'analyse. — Son œuvre, composé d'imagination et d'intuition, est une grande œuvre. Mais l'esprit d'analyse y domine visiblement l'invention, surtout dans les choses par trop en dehors de la nature de l'auteur. — Ce qu'il appelle la « vie élégante », par exemple, pour être dans ses livres mieux traitée que dans beaucoup d'autres, y est encore d'une assez médiocre peinture, surtout en comparaison de ses autres peintures, et cela surtout par cette raison

*que cette « vie élégante » n'existe pas, — qu'elle est de la comédie et non de la « Comédie
humaine ». — Et c'est là le côté niais de ce bel et grand esprit. Rien n'aura pu éblouir ce
regard si ferme, si ce n'est le vernis qu'on met sur les boîtes. — Il est à remarquer que,
tout affreux et mal peigné qu'il se montrât, il avait de ces physionomies que la moindre
toilette rendrait toutes charmantes, et, quand il lui arrivait de se ganter et de se parer de
quelque gilet blanc, c'était avec le sérieux le plus comique et c'était le plus ridicule des gilets.*

*Les senteurs de la toilette lui donnaient le vertige, — se brosser les ongles était pour lui
une action en dehors de toute autre, un fait par lequel son animal familier, l'homme, lui échappait; — personne mieux que lui n'aura su montrer, et plus bravement, comme les vanités
étaient des vanités, comment en dehors des sentiments (?), c'est-à-dire des faits de notre être,
tout notre être était mensonger, tout, excepté certain jabot, certain ruban. Il avait trouvé un
roman nouveau dans la carcasse éparpillée du romanesque, mais toute nue qu'il la montrât,
il laissait à l'héroïne le corset. — Il n'y avait à ses yeux ni rois, ni papes, ni philosophes,
il n'y avait point de rêveurs sincères, point de héros, point de goujats, point de scélérats,
ni Othello ni George Dandin véritables, — il voyait partout l'homme sous les défroques,
partout le comédien, — le comédien ou « l'homme élégant ». Comme ce fou qui prenait des
petits cailloux pour des diamants, mais des petits cailloux et pas autre chose, Balzac nous
disait clairement de quoi était fait chaque caractère, — de quels limons divers nous étions
pétris et tout crûment le nom des limons, mais il pensait que la «femme élégante» était de
pied en tête un composé d'élégances. — C'était la superstition, et la seule, de l'homme le plus
inélégant qui soit au monde.*

FIN DE L'APPENDICE

TABLE DES PARAGRAPHES

CVIII

TABLE DES ILLUSTRATIONS

ACHEVÉ D'IMPRIMER
LE 15 OCTOBRE 1924
PAR L'IMPRIMERIE KAPP
LITHOGRAPHIES REPRODUITES
PAR CLOT